W0096176

KidsAway

1. Auflage Dezember 2016
Besuchen Sie uns im Internet: www.kidsaway.de

© KidsAway Verlag, Kassel
Umschlaggestaltung und Herstellung:
feb-factory, Dani Hornung, Hamburg , www.feb-factory.de
Satz: Isolde Kommer und Tilly Mersin, Großerlach, www.mersinkommer.de
Lektorat: Frauke Manninga, www.foerdelektorat.de
Druck: CPI books GmbH, Leck
In Deutschland gedruckt

ISBN 978-3-98-170313-9
1 12 16

Die Autorin

Jenny Menzel, freie Journalistin und Lektorin, ist Mutter von drei Kindern zwischen 2 und 11 Jahren. Ihr Hobby: Reisen, am liebsten lange und weit weg. Sie hat bereits mehrere Reiseratgeber veröffentlicht und schreibt seit 2011 für das Familien-Online-Reisemagazin KidsAway.de.

Jenny Menzel

Reisebudget-Planung für Familien

180 Fragen und Antworten

Ein Familien-Ratgeber von KidsAway.de

KidsAway

Inhaltsverzeichnis

Ein paar Worte vorab

Reisen mit Baby und Kind ist teuer? Stimmt ... nein, stimmt nicht! Wenn Sie geschickt planen, clever buchen und Ihre Fixkosten zu Hause minimieren, geben Sie auf Reisen weniger Geld aus als im Alltag.

Das klingt nur so lange erstaunlich, bis Sie einmal Ihre ganz normalen täglichen Ausgaben aufgelistet haben. Das Leben in Deutschland ist teuer, vor allem für Familien. Wenn Sie sich das leisten können, dann können Sie sich mit hoher Wahrscheinlichkeit auch eine längere Reise leisten. Die vielen reiselustigen Familien, von denen keine im Lotto gewonnen hat, zeigen, dass es möglich ist.

Dieses Buch richtet sich an alle Familien, die mit Baby und Kind eine Reise machen wollen. Egal, ob Sie zu dritt, zu sechst oder allein mit Ihrem Kind unterwegs sind, wie lange Sie verreisen möchten und ob es an die Nordsee gehen soll oder einmal um die Welt.

Planen Sie einen Sommerurlaub, eine Elternzeitreise, ein Halbjahres-Sabbatical oder den kompletten Ausstieg aus dem deutschen System? Auf den folgenden Seiten werden alle Ihre Fragen dazu beantwortet.

Dieser Ratgeber konzentriert sich bewusst auf die finanzielle Seite einer Familienreise: Kosten und Ausgaben, Spartipps für die Reisebuchung und Tricks für günstiges Reisen. Daneben sollten Familien aber auch einige wichtige gesetzliche Vorgaben kennen. Deshalb informiert Sie dieses Buch auch über Reisedokumente für Kinder, Elterngeldvorschriften oder Regelungen für Sabbaticals.

Fangen Sie jetzt an, Ihren gemeinsamen Reisetraum zu planen und das Budget anzusparen – die beste Zeit für das Reisen mit Ihren Kindern ist jetzt, und Sie werden keinen dafür ausgegebenen Cent bereuen.

Jenny Menzel, im Dezember 2016

SO NUTZEN SIE DIESEN RATGEBER

Jede Familie reist anders und jede Familie hat andere Fragen. Deshalb ist dieses Buch bewusst kurz und knapp gehalten. Sie finden auf den folgenden Seiten 180 Fragen, die Familien vor einer Reise oft haben – und natürlich die Antworten darauf.

- Wollen Sie sich allgemein einen Überblick verschaffen, wie Sie an die Planung Ihrer Traumreise herangehen, lesen Sie den Ratgeber von vorn nach hinten komplett durch. Die 180 Fragen sind chronologisch nach ihrem Auftauchen bei der Reisevorbereitung sortiert. Sind Sie am Ende des Buches angelangt, wissen Sie alles über die Reisefinanzierung für Familien.

- Gibt es eine Frage, die Sie bei der Reiseplanung konkret beschäftigt, können Sie diese mit Hilfe des Fragenverzeichnisses gezielt nachschlagen. Querverweise in den Antworten leiten Sie bei Bedarf zu ähnlichen Fragen weiter, die in diesem Zusammenhang ebenfalls für Sie hilfreiche Informationen enthalten.

●● INFO

Links zu nützlichen Websites sind in diesem Ratgeber in einer anderen Schriftart hervorgehoben und im Anhang noch einmal thematisch geordnet aufgelistet. Einige dieser Links sind *in dieser Schriftart* direkt ausgeschrieben, andere Links sind mit einer Ziffer ① versehen. Auf *www.kidsaway.de/reisebudget-links* sind alle Ratgeber-Links nummeriert aufgelistet. Mit einem Klick können Sie sich eingehender zu den einzelnen Themen informieren.

Gesetze und Verordnungen ändern sich schnell und häufig. Für reisende Familien existieren außerdem Grauzonen, für die es schlicht noch keine verbindlichen Regelungen gibt. Jegliche Ratschläge und Hinweise können daher nie als rechtlich verbindlich gelten und sollten von Ihnen in jedem Fall durch Rücksprache mit der betreffenden Behörde abgesichert werden.

Fragen und Antworten

Vorüberlegungen: Wann und wie reisen?

DER BESTE ZEITPUNKT

Wann ist ein Ausstieg auf Zeit am günstigsten für uns?

Genau jetzt! Was Ihre Kinder angeht, kann man generell sagen: Je jünger sie sind, desto besser.

Für Erwachsene scheint nie der optimale Zeitpunkt gekommen. Steht eine größere Veränderung in Ihrem Leben an – ein Jobwechsel, eine berufliche Versetzung oder ein Umzug mit der Familie –, können Sie diesen Umbruch nutzen, eine Auszeit in Form einer Reise einzuschieben. Auch die Elternzeit eignet sich hervorragend für eine längere gemeinsame Reise (→ *Darf man in der Elternzeit verreisen?*, Seite 63).

Eher ungünstig sind Langzeitreiseideen für beruflich stark eingebundene Menschen oder Existenzgründer. Gibt es Verwandte, die zu Hause Ihre Hilfe benötigen, ist eine längere Abwesenheit am Stück ebenfalls schwierig, aber nicht unmöglich (→ *Wir müssen in regelmäßigen Abständen nach Hause kommen. Können wir trotzdem eine Weltreise machen?*, Seite 16).

●● ACHTUNG

Es klingt paradox, aber wenn Ihnen der Familien- und Berufsalltag komplett über den Kopf gewachsen ist und Sie kurz vor einem Burn-out stehen (oder bereits diese Diagnose erhalten haben), sollten Sie *keine* Auszeit in Form einer längeren Reise planen. So ein Projekt fordert mehr Kraft und Vorbereitungszeit, als man denkt.

> **●● TIPP**
>
> Lassen Sie sich nicht von Ihren Plänen abhalten, weil Oma und Opa bei der Idee die Hände über dem Kopf zusammenschlagen! Solange niemand direkt auf Ihre Anwesenheit angewiesen ist, können und sollten Sie Ihren Traum von einer Reise verwirklichen.

Sollen wir lieber mit kleinen Kindern reisen oder warten, bis sie älter sind?

Je jünger die Kinder sind, desto einfacher gestaltet sich das Reisen. **Babys** zahlen auf Reisen wenig oder gar nichts, sie brauchen kaum Gepäck, kein eigenes Bett und keinen eigenen Sitzplatz und vor allem: Sie haben noch keine eigenen Wünsche. Nutzen Sie die Elternzeit für eine Reise, haben Sie außerdem noch den finanziellen Bonus (→ *Wie können wir das Elterngeld für die Reisefinanzierung nutzen?*, Seite 64), und Sie verpassen im Job wenig, weil Sie während der Babyzeit sowieso beruflich kürzer treten würden.

Kitakinder sind in vielerlei Hinsicht die idealen Reisebegleiter: klein und kostengünstig, leicht zu begeistern und (noch) leicht zu tragen, genügsame (manchmal mäkelige) Esser, die oft noch mit im Elternbett schlafen können.

Mit älteren Kindern werden längere Reisen aus verschiedenen Gründen schwieriger. In Deutschland steht Ihnen mit **Schulkind** die Schulpflicht im Weg (→ *Wie beantragen wir eine Beurlaubung für unser schulpflichtiges Kind?*, Seite 69). Und selbst wenn es mit der Freistellung klappt: Das Pensum an nachzuholendem Lernstoff wächst mit der Klassenstufe. Die Oberstufe des Gymnasiums lässt sich kaum noch im Selbststudium bewältigen, erst recht nicht während einer spannenden Reise.

Nicht zuletzt steigen die Kosten für ein mitreisendes Kind mit dessen Alter exorbitant: Ab dem Schulalter beanspruchen Kinder mehr Platz für sich – ob zum Schlafen, Sitzen oder auch zum

Rückzug –, sie essen deutlich mehr und brauchen mehr Gepäck. Fluggesellschaften und viele andere Anbieter veranschlagen für Kinder ab zwölf Jahren Erwachsenenpreise, **Teenager** bekommen allenfalls noch einen geringen Jugendrabatt.

Mit zunehmendem Alter orientieren sich Kinder zudem stärker an ihrer Peergroup und haben häufig sehr enge Freunde (oder gar erste Liebschaften), von denen sie sich nur ungern für lange Zeit trennen.

Sie selbst werden auch nicht jünger – und mit der Zeit mehren sich die Zipperlein. Auf unbequemen Matratzen finden Sie kaum noch Schlaf, lange Flüge werden anstrengender und das Gepäck trägt sich auch nicht mehr nebenbei. So manche unverhoffte Erkrankung kann bei älteren Semestern den lang gehegten Traum von der Reise platzen lassen. Denken Sie auch an Ihre eigenen **Eltern und andere Verwandte.** Mit deren Alter steigt die Wahrscheinlichkeit, dass Sie sich um pflegebedürftige Angehörige kümmern müssen, und das harmoniert selten mit längeren Reisen.

Trotzdem bietet eine Langzeitreise mit Kindern immer wertvolle Erfahrungen, egal in welchem Alter. Wo ein Baby einfach auf Mamas Rücken oder im Kinderwagen dabei ist, entdeckt ein Kitakind bereits mit staunenden Augen die Welt. Und mit einem Teenager zu reisen, kann genauso bereichernd sein wie eine Reise mit einem guten Freund.

●● ACHTUNG

Je nach Reiseziel kann es gesundheitliche Einschränkungen geben, die einer Reise mit Babys und sehr jungen Kindern entgegenstehen (Stichwort Reiseimpfungen, Malaria oder auch die Höhe) – ein Beratungstermin beim Kinderarzt sollte daher fester Bestandteil Ihrer Reiseplanung sein. Auch als Schwangere sollten Sie nicht ohne vorherige ärztliche Beratung auf Reisen gehen.

Wir erwarten ein Baby und wollen die Elternzeit für eine Auszeit nutzen. Planen und buchen wir jetzt gleich oder warten wir lieber, bis unser Baby da ist?

Mit der Planung Ihrer gemeinsamen Elternzeit sollten Sie so früh wie möglich nach Bekanntwerden der Schwangerschaft beginnen. Dann können Sie in Ruhe die Reiseroute recherchieren, rechtzeitig die Reisedokumente beantragen, Impfungen auffrischen etc. Auch gibt es viele Preisvorteile, wenn Sie Unterkünfte, Mietwagen und andere Reisebausteine frühzeitig buchen.

Mit der Flugbuchung sollten Sie allerdings warten, denn Flugtickets werden nur für bereits geborene Personen ausgestellt (→ *Wann sollten wir unsere Flugtickets spätestens buchen*, Seite 184).

Auch einen Kinderreisepass für das Baby können Sie erst beantragen, wenn das Kind geboren ist. Die Ausstellung dauert aber in den meisten Gemeinden nur wenige Tage (→ *Welche Reisedokumente brauchen Kinder auf einer Weltreise?*, Seite 78).

•• TIPP

Worauf Sie bei der Planung einer Familienreise während der Elternzeit achten müssen, erfahren Sie im Kapitel → *Elternzeit nutzen* ab Seite 63.

Wir studieren noch. Können wir trotzdem schon unseren Traum von einer Reiseauszeit verwirklichen?

Entgegen der traditionellen Ansicht – „Nun mach doch erstmal dein Studium fertig!" – kann eine Reise während des Studiums für Familien eine gute Idee sein.

Denn:

- Sie stecken noch nicht „im Job" und auf der Karriereleiter fest, was eine längere Auszeit ungleich schwerer (wenn auch nicht unmöglich) macht.
- Sie haben vielfältige Möglichkeiten, um einen Auslandsaufenthalt sinnvoll für Ihr Studium zu nutzen – Sie schlagen dann quasi zwei Fliegen mit einer Klappe.
- Studierende profitieren häufig von Vergünstigungen und Rabatten, etwa bei Flügen oder Eintrittsgeldern.
- Sie sind noch jung genug, um etwa ein Working-Holiday-Visum für Australien, Neuseeland oder Kanada beantragen zu können (→ *Können wir als Familie „Work and Travel" machen?*, Seite 232).

Um während des Studiums längere Zeit zu verreisen, bieten sich die Semesterferien an. Daneben gibt es aber noch mehr Zeiträume, die sich nutzen und eventuell zusammenlegen lassen:

- Auslandspraktika, Sprachkurse im Ausland oder Auslandssemester so einrichten, dass man die Familie mitnehmen kann
- Urlaubssemester nehmen (→ *Kann ich während des Studiums ein Urlaubssemester für eine Reiseauszeit nehmen*, Seite 62)

Auch direkt im Anschluss an ein Studium oder zwischen Bachelor- und Masterstudium passt eine Reiseauszeit gut; immer mehr Arbeitgeber finden solche Unterbrechungen des klassischen Lebenslaufs attraktiv.

Wir haben vier Kinder und träumen von einer Weltreise. Ist das realistisch?

Es hängt nicht von der Zahl Ihrer Kinder ab, ob Sie eine Weltreise machen können. Die entscheidenden Faktoren sind Ihr Wille, Ihren Traum in die Tat umzusetzen, und die Finanzen, die Ihnen dafür zur Verfügung stehen.

Stöbern Sie in Reiseblogs und Erlebnisberichten im Internet und Sie finden viele Familien mit drei, vier oder mehr Kindern, die sich ihren Traum von einer Reiseauszeit erfüllt haben. Sie alle

haben sich nicht einschüchtern lassen – nicht von finanziellen Hürden, nicht von Zweiflern und nicht von der organisatorischen Herausforderung.

Wenn Sie sicher sind, dass Sie diese Reise machen wollen, dann fangen Sie an zu planen – egal, wie viele Kinder Sie haben.

●● **TIPP**

Zum Stöbern und Inspirieren finden Sie einige Links zu Blogs von reisenden Großfamilien auf → Seite 275.

Können wir eine Langzeitreise machen, wenn einer von uns arbeitslos ist?

Nein. Zumindest nicht, solange er oder sie als arbeitssuchend gemeldet ist und Arbeitslosengeld bezieht. Denn wenn Sie reisebedingt abwesend sind, stehen Sie dem Arbeitsmarkt nicht zur Verfügung, Sie können keine Weiterbildungsangebote wahrnehmen und nicht zu Bewerbungsgesprächen gehen.

Nach den ersten drei Monaten der Arbeitslosigkeit dürfen Sie aber bei der Arbeitsagentur einen Erholungsurlaub beantragen. Maximal sechs zusammenhängende Wochen sind möglich. Ob dem Antrag zugestimmt wird, hängt von der Einschätzung Ihres Sachbearbeiters ab.

Während dieses bewilligten Urlaubs erhalten Sie weiter Arbeitslosengeld, aber nur für höchstens drei Wochen. Ist die Reise länger, wird der gesamte Reisezeitraum nicht bezahlt. Eine Auszeit von mehreren Monaten werden Sie mit hoher Wahrscheinlichkeit auch nicht bewilligt bekommen.

Verzichten Sie für die Zeit Ihrer Reise auf Zahlungen der Arbeitsagentur, sieht das natürlich anders aus: Ordnungsgemäß abgemeldet, können Sie verreisen, wohin Sie wollen. Beachten Sie dabei die Rahmenfristen für Ihren Anspruch, damit Sie nach Ihrer Reise weiterhin Arbeitslosengeld erhalten (→ *Arbeitslosengeld I:*

Was muss ich beachten, wenn ich für eine Reise meinen Job kündigen will?, Seite 58).

> **●● ACHTUNG**
>
> Spielen Sie mit dem Gedanken, einfach zu verreisen, ohne das Arbeitsamt zu informieren, denken Sie bitte zweimal nach, denn das erfüllt den Tatbestand des Betrugs nach §263 StGB. Werden Sie erwischt, müssen Sie mindestens mit zurückgeforderten Zahlungen, wenn nicht gar einer Strafanzeige und einer hohen Geldstrafe rechnen.

> **●● INFO**
>
> Auch für den Bezug von Sozialhilfe oder Grundsicherung müssen Sie Ihren „gewöhnlichen Aufenthalt" in Deutschland haben. Dieser erlischt bei Abwesenheiten von mehr als einem Monat.

Wir müssen in regelmäßigen Abständen nach Hause kommen. Können wir trotzdem eine Weltreise machen?

Nicht jeder kann sich den Traum von einer einjährigen Abwesenheit erfüllen –ein eigenes Geschäft oder pflegebedürftige Angehörige gehen vor. Auch wenn Sie sich nur für kürzere Zeiträume am Stück freimachen können, heißt das nicht, dass Sie nicht mit Ihrer Familie die Welt entdecken können.

Werden Sie kreativ und „stückeln" Sie Ihre Reise nach Ihren Bedürfnissen. Wenn es zu teuer ist, alle zwei Monate Langstreckenflüge für die ganze Familie zu buchen, genügt es vielleicht, wenn einer von Ihnen die Familie für den Abstecher in die Heimat zurücklässt? Oder Sie buchen gezielt günstige Flüge zu mehreren Zielen, ohne diese zu einer Weltreise-Route zu verbinden? Das

muss, wenn Sie frühzeitig buchen, nicht teurer als ein Round-the-World-Ticket sein.

Es hat sogar Vorteile, wenn man immer wieder an den Start zurückkehrt: Sie könnten eine Weile arbeiten und so die Reisekasse wieder auffüllen und Sie sparen sich unter Umständen die teure Langzeit-Auslandsreisekrankenversicherung (→ *Was kostet eine Auslandsreisekrankenversicherung für Langzeitreisen?*, Seite 105). Ihre Kinder freuen sich bestimmt auch, wenn sie liebe Verwandte für kurze Zeit wiedersehen und Freundschaften pflegen können.

> **•• TIPP**
>
> Machen Sie das Beste aus dem „Handicap": Reihen Sie zum Beispiel Reiseziele aneinander, die sich auf einer echten Weltreiseroute nur schwer verbinden lassen, wegen fehlender Flugverbindungen oder nicht passender Wetterlagen. Damit sparen Sie Geld und Gepäck.

Wann sollten wir mit der Planung unserer Traumreise anfangen?

Abhängig von der Reiselänge sollten Sie mindestens drei, besser sechs Monate vor Reisebeginn anfangen zu planen. Wollen Sie eine Weltreise machen, für die Sie aus dem Job aussteigen, die Kinder aus der Schule nehmen und andere Hürden meistern müssen, beginnen Sie mit den Vorbereitungen und Recherchen mindestens 1,5 Jahre vorher.

> **•• TIPP**
>
> Erstellen Sie am besten sofort eine Checkliste mit allen Dingen und Aufgaben, die Sie während der Planungsphase im Blick behalten und bewältigen müssen (→ *Checkliste Reisevorbereitung: Was muss wann erledigt werden?*, Seite 144). So viel Zeit bis zur Abreise ist gar nicht mehr, oder?

Welche Schritte gehören zur Planung einer längeren Reise?

Eine Reise zu planen, verlangt mehr Organisation und Zeit, als man anfangs denkt.

- Sie müssen das Reiseziel und Ihre Route festlegen; gerade bei einer Weltreise kann es sehr aufwendig werden, eine günstige und praktikable Route zusammenzustellen (→ *Wie stellen wir unsere Reiseroute zusammen?*, Seite 37).
- Sie müssen bezahlbare und praktische Flugverbindungen recherchieren, eventuell geeignete Mietwagen/Wohnmobile finden und reservieren, Unterkünfte suchen etc. (→ *Wie finden wir möglichst günstige Flugtickets?*, Seite 189).
- Sie müssen sich informieren, welche Reiseimpfungen für Ihr Reiseziel anzuraten sind, und die Impfungen absolvieren. Teilweise sind dafür mehrere Auffrischungen mit großem zeitlichen Abstand nötig (→ *Welche Impfungen brauchen wir vor unserer Reise und was kosten diese?*, Seite 122).
- Sie müssen das Budget für Ihre Reise errechnen und ansparen (→ *Wie stellen wir unser Reisebudget auf?*, Seite 150).
- Sie müssen eventuell Visa und Reisedokumente beantragen (→ *Wie teuer sind Visa?*, Seite 85).
- Sie müssen sich darum kümmern, was während Ihrer Abwesenheit mit Ihrer Wohnung, Ihrem Auto und Ihrem Haustier passiert, vielleicht auch Verträge, Abonnements und Mitgliedschaften rechtzeitig kündigen (Kapitel → *Organisatorisches zu Hause* ab Seite 131).
- Mit einigen Behörden könnte langwieriger Schriftverkehr erforderlich werden, wenn Sie Ihr Kind von der Schule beurlauben wollen, Ihren Job oder Ihre Krankenversicherung kündigen.
- Sie müssen unter Umständen noch Reiseausrüstung anschaffen (Kapitel → *Reiseausrüstung* ab Seite 108).

Diese Liste ist nicht erschöpfend. Fangen Sie also am besten gleich an, dieses Buch zu studieren, lesen Sie die → *Checkliste Reisevorbereitung: Was muss wann erledigt werden?*, Seite 144, und beginnen Sie mit dem Abarbeiten!

Wann starten wir unsere Langzeitreise am besten?

Prinzipiell gibt es keinen „besten Zeitpunkt" für einen Reisestart. Der beste Starttermin hängt ganz von Ihrer geplanten Reiseroute und Ihren persönlichen Umständen ab.

Ein paar Anregungen für zu beachtende Faktoren:
- die Jahreszeiten und das Wetter an Ihren Reisezielen (je kälter es ist, desto mehr Gepäck brauchen Sie)
- wichtige Feiertage oder Ferienzeiten auf Ihrer Reiseroute (vermeiden!)
- Schulzeiten Ihrer Kinder (Reisebeginn bei langen Auszeiten möglichst vor den Schuleintritt oder auf den Schuljahresbeginn legen, kürzere Reisen auf einen Ferienanfang legen oder zwischen zwei Ferienzyklen einpassen)
- Geburtstage und andere Jubiläen im Familienkreis (möglichst nicht auf den Ab- oder Rückreisetag legen, Ruhezeit zum Feiern einplanen)
- bei Babys und kleinen Kindern: abgeschlossene Grundimpfungen und anstehende U-Untersuchungen
- bei Schwangerschaft: möglichst nach der 10. Schwangerschaftswoche, Rückkehr spätestens in der 35. Schwangerschaftswoche (danach ist Fliegen nicht mehr erlaubt)

•• TIPP

Eine gute Startzeit für Reisen nach Europa, Nord- und Mittelamerika oder das südliche Südostasien ist der Sommer. Ziehen Sie im Herbst los, beginnen Sie besser mit Brasilien, China oder Nordindien. Wollen Sie zuerst die nördlichen Länder Südostasiens, Zentralamerika, Neuseeland oder Südafrika auf Ihre Route setzen, sollten Sie im Winter aus Deutschland abreisen.

Steuerlich kann es sich unter Umständen lohnen, wenn Sie Ihre Reise genau in der Mitte des Jahres antreten oder beenden (→ *Welche legalen Steuertricks helfen beim Sparen?*, Seite 170).

Wie bereiten wir uns auf die Zeit nach der Reise vor?

Wenn Sie nicht komplett aus Ihrem bisherigen Leben aussteigen wollen, planen Sie am besten schon vor der Reise für Ihre Rückkehr:

- Falls Sie Ihren Job kündigen wollen, wählen Sie das Datum Ihrer Kündigung geschickt (Kapitel → *Sabbatical & Co.: eine Auszeit vom Job nehmen* ab Seite 45).
- Informieren Sie Kita und Schule über das Datum Ihrer Rückkehr und sprechen Sie schon vor der Abreise den groben Ablauf der Wiedereingliederung Ihres Kindes ab.
- Ganz wichtig: Legen Sie ein finanzielles Polster an, von dem Sie in den ersten ein bis zwei Monaten leben können (→ *Sollten wir auch Geld für nach der Reise zurücklegen?*, Seite 157).

Was passiert, wenn wir unsere Reise abbrechen müssen?

Dann fliegen oder fahren Sie zurück nach Hause. Das ist wahrscheinlich das Schlimmste, was Ihnen passieren kann – schade, aber nicht tragisch.

Sobald Sie (wieder) an Ihrem Wohnsitz angemeldet sind, haben Sie Anspruch auf eine gesetzliche Krankenversicherung und auf soziale Grundsicherung. In aller Regel haben Sie auch Freunde, Bekannte oder Verwandte, die Ihnen in der ersten Zeit ein Dach über dem Kopf bieten können, falls Sie alle Zelte hinter sich abgebrochen hatten.

Im besten Fall hilft Ihnen eine Reiseabbruchversicherung, damit Sie nicht auf den Kosten für einen vorzeitigen Rückflug oder für umsonst gebuchte Flugtickets sitzenbleiben (→ *Brauchen wir eine Reiserücktrittsversicherung?*, Seite 97).

Macht Ihnen der Gedanke an den Worst Case zu schaffen, dann sorgen Sie einfach vor: Brechen Sie nicht alle Zelte ab, lagern Sie Ihre Möbel ein, anstatt sie zu verkaufen, behalten Sie Ihren Wohnsitz in Deutschland, kündigen Sie Ihre Krankenversicherung nicht komplett und sprechen Sie mit Freunden oder Verwandten über Notfallpläne (→ *Wie sichern wir uns gegen Notfälle ab?*, Seite 209).

•• TIPP

Legen Sie ein finanzielles Notpolster an. Dann können Sie hoffentlich mit gutem Gewissen auf Reisen gehen.

FINANZPLANUNG

Wie viel Geld müssen wir für unsere Traumreise ansparen?

Die Antwort darauf hängt von mindestens vier Faktoren ab:
- Welche Länder wollen Sie bereisen?
- Wie lange wollen Sie unterwegs sein?
- Wie wollen Sie reisen?
- Welche Einkünfte werden während Ihrer Reise weiterlaufen?

Je nachdem, wie Ihre Reiseroute aussieht und was Sie unterwegs erleben wollen, kann eine Reise als Familie überraschend günstig oder auch sehr teuer werden.

Für die grobe Planung rechnen Sie als vierköpfige Familie mit einem durchschnittlichen Tagesbudget (→ *Wie hoch ist ein normales Tagesbudget für eine Familie?*, Seite 152) von mindestens 100 Euro. Sind es in einem Land weniger, ist das sehr gut, denn wenn Sie Ihre Reiseroute nicht auf Entwicklungsländer beschränken, wird es höchstwahrscheinlich auch Länder auf Ihrer Route geben, in denen dieses Budget (weit) überschritten wird.

Auch die laufenden Kosten zu Hause, die während der Reisezeit anfallen, müssen in Ihr Reisebudget „eingepreist" werden. Von den sich hieraus ergebenden Ausgaben ziehen Sie nun in einem letzten Schritt Ihre Einnahmen ab. Das Ergebnis ist der Betrag, den Sie für Ihre Reiseauszeit beschaffen müssen.

●● TIPP

Auf *Numbeo.com* (7) finden Sie für fast jedes Land der Welt genaue Preisangaben.

Wie Sie Ihr Reisebudget genau aufstellen und welche Kostenpunkte Sie dabei beachten müssen, lesen Sie im Kapitel → *Reisebudget planen und ansparen* ab Seite 150.

Was kostet eine Weltreise mit der Familie?

Als „Durchschnittsfamilie" mit einem oder zwei Kindern im Kita- oder Grundschulalter können Sie mit Gesamtausgaben von etwa 50.000 Euro für ein Jahr Reisezeit rechnen. Das gilt für die klassische Reiseroute von Europa über Südostasien, Australien oder Neuseeland und Südamerika.

Wenn Sie bereit sind, absolut *low budget* zu reisen, also unterwegs auf jeden Komfort verzichten und Ihre Reiseziele bewusst nach einem niedrigen Preisniveau auswählen, dann können Sie aber auch mit mehreren Kindern für nur 25.000 Euro um die Welt reisen.

•• TIPP

Einige Familien haben für Sie ihre Reisekosten offengelegt und geben Ihnen einen guten Einblick in die Bandbreite möglicher Reisekosten (→ *Familienbudgets* ab Seite 254).

Bis zu welchem Alter sind Kinder auf Reisen kostenlos dabei?

Familien mit Kindern haben beim Reisen einen Vorteil: Für kleine Kinder gibt es oft Rabatte bis zu 100 Prozent. Das kann man ausnutzen, indem man die passenden Verkehrsmittel, Unterkünfte und Aktivitäten auswählt. Beispiele:

- Im öffentlichen Nahverkehr, in Fernbussen und in vielen Zügen werden Kinder bis zum fünften oder sechsten Geburtstag oft kostenlos befördert (haben dann allerdings nicht immer einen Anspruch auf einen eigenen Sitzplatz).
- Die Deutsche Bahn nimmt Kinder in Begleitung ihrer Eltern bis zum 15. Lebensjahr kostenfrei mit. Nur der Sitzplatz muss kostenpflichtig reserviert werden.

- In vielen Hotels dürfen Kinder bis zwei Jahre kostenlos übernachten, wenn sie im Bett der Eltern schlafen. Ältere Kinder zahlen ebenfalls weniger, wenn sie kein eigenes Bett brauchen, Zustellbetten gibt es oft für 50 Prozent Rabatt.
- An Hotelbuffets dürfen sich Kinder bis zum sechsten Geburtstag mitunter kostenlos bedienen.
- Bei Aktivitäten wie Bootstouren dürfen Babys und Kleinkinder oft kostenlos mitkommen (wenn es kein Mindestalter für die Teilnahme gibt).
- Bei Linienflügen zahlen Kinder bis zum zweiten Geburtstag nur 10 Prozent des Ticketpreises oder gar nichts, wenn sie auf dem Schoß der Eltern fliegen (was wir aus Sicherheitsgründen nicht empfehlen!). Die Steuern und Gebühren auf das Ticket werden allerdings trotzdem meistens in voller Höhe fällig.

Sollen wir uns für die Reisebuchung an ein Reisebüro wenden oder zahlen wir dabei drauf?

Einfache Flüge, Unterkünfte oder Mietwagen für Ihre Reise können Sie ohne Probleme selbst online buchen. Das braucht zwar oft viel Zeit für die Suche nach dem besten Angebot, aber es lohnt sich: Gerade im Billigflieger-Bereich haben Reisebüros nicht immer den kompletten Überblick, und sie können auch keine familiengeeigneten Mitwohn-Unterkünfte (→ *Was sind Mitwohnportale?*, Seite 223) oder Haustauschpartner für Sie finden.

Da Reisebüros oft mit bestimmten Veranstaltern zusammenarbeiten, sind sie natürlich daran interessiert, deren Angebote zu verkaufen – die (vor allem in der Kombination von Flug und Unterkunft/Mietwagen) viel günstiger sein können, aber nicht sein müssen. Das können Sie nur im Einzelfall über Vergleiche mit Ihren eigenen Rechercheergebnissen herausfinden.

Reisebüros sind vor allem für zwei Gruppen von reisenden Familien zu empfehlen:

- Wenn Sie mehrere Flüge kombinieren wollen (Gabelflüge oder Round-the-World-Flüge) und keine Flugbuchungsexperten sind, kann ein auf Fernreisen spezialisiertes Reisebüro solche Flugstrecken günstiger buchen. Round-the-World-Tickets und Airpässe (→ *Was kostet ein Round-the-World-Ticket?*, Seite 195) sind ohne Reisebüro fast gar nicht buchbar. Und bestimmte günstige Veranstaltertarife geben die Airlines auch nur an Reisebüros heraus.

- Wenn Sie in Sachen Reisen oder in einer bestimmten Region noch keine eigenen Erfahrungen gemacht haben, kann Sie ein spezialisiertes Reisebüro ebenfalls unterstützen. Sie können sich bei der Routenplanung helfen lassen, bekommen Informationen über Sehenswertes vor Ort und notwendige Reisedokumente (Kapitel → *Reisedokumente und Visa* ab Seite 78).

●● INFO

Der Aufschlag, den Sie für Ihre Hotel- oder Rundreisebuchungen im Reisebüro zahlen, kann bereits durch die Rechtssicherheit, die Sie dabei gewinnen, aufgewogen werden. Sie haben nun einen einzigen Ansprechpartner mit Sitz in Deutschland, was rechtliche Streitigkeiten, Umbuchungen oder notfalls auch den Reiserücktritt sehr erleichtert.

Können wir auch ohne große Ersparnisse eine Familienreise machen?

Ja. Es kommt immer darauf an, wie Sie Ihre Ausgaben und Einnahmen während der Reise in Balance halten.

Haben Sie keine Reserven, um die Einstiegskosten einer Familienreise (meist sind das die Flugtickets) zu bezahlen, bietet sich eine Reiseart ohne Einstiegskosten an – etwa ein Roadtrip im eigenen Auto oder (nur für Mutige!) ein offener Start mit einem günstigen Oneway-Flugticket.

Ohne Geldreserve wird die Frage zentral, womit Sie Ihre Ausgaben während der Reise bestreiten können. Bekommen Sie Elterngeld (→ *Wie können wir das Elterngeld für die Reisefinanzierung nutzen?*, Seite 64) und Kindergeld (→ *Bekommen wir Kindergeld, auch wenn wir eine längere Reise unternehmen?*, Seite 126)? Beziehen Sie Ihr Gehalt aus einer Sabbatical-Regelung weiter (→ *Was ist ein Sabbatical und wie kann ich es nehmen?*, Seite 51)? Haben Sie Einnahmen aus der Vermietung Ihrer Wohnung (→ *Dürfen wir unsere Wohnung/unser Haus untervermieten?*, Seite 175)?

Ohne Ersparnisse können Sie sich vielleicht keine Traumreise um die ganze Welt gönnen. Aber wenn Sie Ihre Reiseziele und Transportmittel mit Blick auf das Budget auswählen und bereit sind, auf Komfort zu verzichten, kommen Sie mit überraschend wenig Geld aus – auch als Familie.

•• TIPP

Rechnen Sie zusammen, was Sie in einem Monat oder einem Jahr zu Hause ausgeben – Sie werden (wahrscheinlich) erstaunt sein. Ein Reisebudget von 1.000 bis 2.000 Euro pro Monat, was viele weltreisende Familien als Durchschnitt angeben, ist dagegen vergleichsweise gering.

•• INFO

Zeit ist Geld – diese Weisheit stimmt tatsächlich, allerdings im Fall einer Reise umgekehrt: Je länger eine Reise ist, desto günstiger wird sie, relativ gesehen. Die Kosten für die An- und Abreise bleiben gleich hoch, verteilen sich aber auf einen längeren Zeitraum. Und die Tagespreise vieler Unterkünfte sinken, je länger man sie belegt. An der Dauer Ihrer geplanten Reise müssen Sie also gar nicht unbedingt knapsen, wenn Sie mit niedrigem Budget reisen wollen.

Wir wollen einfach mal aussteigen, haben aber kaum Geld. Wie kriegen wir das trotzdem hin?

Ideen für günstige Reiseauszeiten sind etwa:

- Wwoofing (→ *Was ist Wwoofen?*, Seite 233)
- Couchsurfing (→ *Können wir mit Couchsurfing völlig kostenfrei übernachten?*, Seite 227)
- Haushüten (→ *Können wir auf Reisen als Haushüter arbeiten?*, Seite 230)
- Reisen mit eigenem Auto/Wohnmobil
- Reisen zu Fuß oder per Fahrrad

Das Teuerste am Reisen sind für Familien meist die Transportkosten. Lassen Sie sich für mehrere Wochen oder Monate in einem anderen Land nieder, nehmen Sie intensiv am Alltagsleben teil, machen weniger „touristische" Dinge (die mehr kosten) und geben kaum Geld für Transportmittel aus. Unter Umständen können Sie dort sogar Geld verdienen oder wenigstens für Kost und Logis arbeiten (→ *Dürfen wir unterwegs arbeiten, um unsere Reisekasse aufzubessern?*, Seite 29).

•• TIPP

Wie Sie das Geld für Ihre Traumreise ansparen und Ihre Fixkosten senken können, erfahren Sie im Kapitel → *Geld ansparen und dazuverdienen* ab Seite 159.

•• ACHTUNG

Es gibt viele kreative Möglichkeiten, um seine Träume umzusetzen. Seien Sie aber sehr vorsichtig damit, einen Kredit für Ihre Reisekosten aufzunehmen (→ *Was ist so schlimm daran, wenn wir einen Kredit für unsere Traumreise aufnehmen?*, Seite 31).

Unsere Traumreiseziele sind für unser Familienbudget zu teuer. Was können wir tun?

Der wichtigste Spartrick: möglichst früh in einem spezialisierten Reisebüro anfragen. In einer ausführlichen Beratung lassen sich die Prioritäten feststellen und die dafür nötigen Sparziele rechtzeitig festlegen.

Die entscheidende Frage lautet: Wie weit sind Sie bereit, für Ihre Traumreise zu gehen? Jede Familie muss selbst entscheiden, worauf sie im Alltag verzichten kann, wie viel Mehrarbeit der Eltern sie verkraftet oder wie lange sie auf ihren Traum hinsparen möchte.

Wenn der Gesamtpreis der gewünschten Traumroute zu hoch ist, kann außerdem noch an einigen Stellschrauben gedreht werden (Kapitel → *Reiseziele und Reiseart wählen* ab Seite 33). Bei Round-the-World-Tickets (→ *Was kostet ein Round-the-World-Ticket?*, Seite 195) ist es zum Beispiel oft ein einzelnes Ziel, das den Gesamtpreis in die Höhe treibt. Können Sie darauf partout nicht verzichten, heißt es auswählen: Kann die Reise vielleicht insgesamt kürzer sein, wenn dafür das Traumziel dabei ist? Können Sie die Zahl der Stopps reduzieren? Man muss und kann auf einer einzigen Reise nicht alles von der Welt sehen.

Dürfen wir unterwegs arbeiten, um unsere Reisekasse aufzubessern?

Als Reisender betreten Sie Länder außerhalb der EU-Zone in aller Regel mit einem Touristenvisum. Dieses erlaubt Ihnen grundsätzlich keine Arbeitstätigkeit; auch kein unentgeltliches Helfen gegen freie Kost und Logis.

Streng genommen machen Sie sich strafbar, wenn Sie ohne Arbeitserlaubnis jedwede Form von Arbeit erledigen. Überlegen Sie also gut, ob Sie das Risiko einer Ausweisung, einer mehrjährigen (oder lebenslangen) Wiedereinreisesperre oder gar einer Haftstrafe auf sich nehmen wollen.

Im Allgemeinen können Sie davon ausgehen, dass Sie niemand belangen wird, wenn Sie irgendwo unentgeltlich mit anpacken und dafür eine bargeldlose Gegenleistung erhalten. Aber ganz legal ist es eben nicht. Um auf Nummer sicher zu gehen, müssten Sie ein Arbeitsvisum und/oder eine Arbeitserlaubnis beantragen. Dieser Aufwand wiederum wird sich nicht lohnen, wenn Sie nur einige Monate im Land sind und nur nebenbei ein wenig arbeiten wollen, um die Reisekasse aufzubessern. In einigen Ländern ist es auch schlicht nicht möglich.

●● TIPP

Einzige Ausnahme vom Arbeitsverbot sind bestimmte organisierte Formen von Freiwilligenarbeit (*volunteering*), vor allem im Rahmen von sozialer Arbeit und im Naturschutz. Organisieren Sie solche Aufenthalte über eine gemeinnützige Organisation oder einen spezialisierten Veranstalter, ist in vielen Ländern das Touristenvisum ausreichend. Erkundigen Sie sich aber vorsichtshalber vorher genau, ob das auf Ihr Projekt zutrifft!

Manche Länder bieten das Working-Holiday-Visum an, das für Reisende konzipiert ist, die sich unterwegs etwas dazuverdienen wollen. Für Familien kommt dieses allerdings nur bedingt in Frage (→ *Können wir als Familie „Work and Travel" machen?*, Seite 232).

Was ist so schlimm daran, wenn wir einen Kredit für unsere Traumreise aufnehmen?

Von größeren Krediten für eine Weltreise raten alle Finanzberater und Verbraucherschützer dringend ab. Dafür gibt es diverse Gründe:

- Mit einem Reisekredit finanzieren Sie etwas, das keinen feststellbaren materiellen Wert hat – anders als etwa bei einem Auto oder einer Immobilie. Entsprechend können Sie der Bank keine Sicherheit bieten, falls Ihre Ratenzahlungen ausbleiben.
- Während Ihrer Langzeitreise werden Sie höchstwahrscheinlich kein oder ein wesentlich geringeres Einkommen als bisher haben. Wovon wollen Sie dann Ihre Kreditraten bezahlen?
- Je unsicherer es für die Bank ist, ihr Geld wiederzubekommen, desto höher fallen die Zinsen für den Kredit aus, insbesondere im Fall von rückständigen Zahlungen.
- Sie treten Ihre Reise mit der Gewissheit im Hinterkopf an, dass Sie spätestens bei Ihrer Rückkehr für das Erlebte „bezahlen" müssen – ein unschönes Gefühl, vor allem wenn Sie noch nicht einmal wissen, wie Ihr Leben nach der Rückkehr genau aussehen wird (Kapitel → *Nach der Reise* ab Seite 237).

●● INFO

Wollen Sie eine relativ kurze Reise machen, während der Sie Ihr Einkommen weiterbeziehen und für die Sie Ihren Job nicht kündigen müssen? Dann lässt sich gegen einen Urlaubskredit nur wenig sagen. Ist zum Beispiel die geplante Elternzeitreise von zwei Monaten zu teuer für Ihre Reserven, dann nutzen Sie die wertvolle Zeit, die Sie nur jetzt mit Ihrer Familie haben. Sie allein können abschätzen, ob sich die Höhe der anfallenden Kreditraten mit Ihrem Einkommen vereinbaren lässt.

REISEZIELE UND REISEART WÄHLEN
Welche Reiseziele sind am günstigsten?

Ein Großteil der Länder dieser Welt hat ein enorm anderes Preisgefüge als Deutschland – das können und sollten Sie bei Ihrer Reiseplanung nutzen. Setzen Sie gezielt Länder auf Ihre Reiseroute, wo Sie im Vergleich zu Deutschland sehr viel weniger für Unterkunft und Verpflegung zahlen, dann können Sie sich auch mit einem kleineren Reisebudget einige hochpreisige Kandidaten „leisten".

Nach dem Preisberechnungen der Website *Numbeo.com* (7) haben die folgenden Länder die weltweit niedrigsten Lebenshaltungskosten:

- Europa: Moldawien und Mazedonien
- Asien: Indien, Nepal und Pakistan
- Afrika: Tunesien, Algerien und Ägypten
- Nord- und Südamerika: Kolumbien

Als Tourist zahlen Sie allerdings fast immer viel höhere Preise als Einheimische für Ihre Unterkunft und andere Dienstleistungen – und das ist in Ordnung, wenn Sie sich im Vergleich dazu die Einkommensverhältnisse vor Ort anschauen.

Der „Travel Price Index" von *Numbeo.com* beurteilt gezielt die Kosten für Reisende (unter anderem anhand von Hotel- und Hostelpreisen sowie Kosten für Restaurants). Zu den günstigsten Zielen für Reisende zählten im Jahr 2016 demzufolge mehrere Städte in Indonesien, Indien und Malaysia, aber auch in der Ukraine und Mazedonien.

●● ACHTUNG

Auch wenn Sie ein sehr günstiges Reiseland gewählt haben, können die Preise in der Hauptstadt oder in touristischen Gegenden deutlich höher sein. Recherchieren Sie also möglichst genau nach dem geplanten Ort Ihres Aufenthalts und kalkulieren Sie einen zusätzlichen Sicherheitspuffer von 20 Prozent in Ihr Budget ein (→ *Können wir auch ein Budget aufstellen, ohne unsere Route komplett festzulegen?*, Seite 151).

Welche Reiseroute ist die günstigste für eine Weltreise?

Je besser ein Land an internationale Flugrouten angebunden ist, desto günstiger gelangt man dorthin und desto besser ist in der Regel auch die Infrastruktur vor Ort ausgebaut.

Ausgehend von den reinen Flugkosten heißt die beliebteste und günstigste Weltreise-Variante:

Südostasien – (Australien) – Neuseeland – Nordamerika, plus eventuell ein Zwischenstopp auf einer Südseeinsel

Ein Round-the-World-Ticket mit dieser Route ist ab 2.000 Euro zu haben. Allerdings sind die Lebenshaltungskosten genau in diesen Ländern (mit Ausnahme Südostasiens) eher hoch (→ *Welche Reiseländer sind am teuersten?*, Seite 37).

In Südamerika sind die Andenländer die günstigsten Stopps, diese Ziele sind aber für Reiseneulinge nicht unbedingt als Einstieg zu empfehlen. Besser geeignet sind hier Chile oder Argentinien.

Statt die Route über Süd- oder Nordamerika zu legen, können Sie auch einen Stopp in Afrika einlegen. Hier wird am ehesten der Klassiker Südafrika gewählt, wobei die Kosten sehr abhängig vom aktuellen Währungskurs und der Jahreszeit sind. Auch Mietwagen können dort sehr teuer sein. In anderen Ländern Afrikas sind die Kosten geringer; sie werden aber von internationalen Airlines kaum angeflogen und sind auch nur für Familien mit einer gewissen Reiseerfahrung geeignet.

Welche Länder sind am familienfreundlichsten?

In jedem Land der Erde werden Sie als Familie mit Kindern auf freundliche Menschen und ein herzliches Willkommen stoßen. Für ihre besonders kinderlieben Einwohner sind vor allem die Länder Südostasiens und Japans, Nordafrikas und Kleinasiens, aber auch Australiens und Neuseelands bekannt.

Weniger verbreitet sind jedoch Standards der Kinderfreundlichkeit, wie wir sie aus Mitteleuropa kennen: Wickeltische, Kinderhochstühle im Restaurant, ein breites Sortiment an Bio-Babynahrung im Supermarkt, Kindersitze in Autos oder auch Spaßbäder und Freizeitparks finden Sie kaum, wenn Sie außerhalb von Europa und Nordamerika auf Reisen gehen.

Ein kinderfreundliches (Welt-)Reiseziel zeichnet sich eher durch andere Kriterien aus: Achten Sie bei Ihrer Recherche vor allem darauf, welche Krankheiten in einem Land übertragen werden können, ob es dagegen Impfungen gibt und wenn ja, ob diese auch für Kinder im Alter Ihrer eigenen Kinder verträglich sind. Für Familien mit Kleinkindern fallen viele Regionen Afrikas, Südamerikas und Südostasiens wegen der Gefahr von Gelbfieber und Malaria aus.

In engem Zusammenhang damit steht die Frage der Infrastruktur: Wie dicht ist das Netz von Kliniken und Krankenhäusern und wie gut sind diese personell und materiell ausgestattet, wie sieht es mit dem Straßenverkehr aus und wie hoch ist das Risiko für Unfälle und andere Gefahren? Meiden Sie Krisengebiete wie Nigeria, Palästina oder den Kongo auf Reisen mit Kindern. Auch Südafrika, viele Länder Süd- und Mittelamerikas und Osteuropas verzeichnen hohe Kriminalitätsraten.

Schließlich ist es insbesondere für Familien mit kleineren Kindern auch wichtig, auf relativ komfortable Weise von A nach B zu kommen, ohne Angst vor Keimen essen und sich verständigen zu können. Das alles kann in großen Teilen Indiens, Russlands und Zentralasiens, aber auch in weniger beliebten Ländern Südostasiens oder in Afrika schwierig werden.

Das heißt nicht, dass Sie diese Reiseziele von Ihrer Wunschliste streichen sollten – aber rechnen Sie hier mit wesentlich mehr Zeit für Vorbereitung (zum Beispiel für das Erlernen der Landessprache oder die Recherche nach Streckenverbindungen) und seien Sie bereit, (deutlich) mehr zu bezahlen, um ein annehmbares Niveau an Reisequalität zu bekommen.

Wir wollen mit unserem Baby verreisen. Welche Länder sind da am sichersten und günstigsten?

Grundsätzlich sind alle Länder, die Sie als normaler Tourist bereisen können, auch für Babys sicher. Jedoch sind Ihre Ansprüche an Sicherheit und Hygiene höher als bei Reisen mit älteren Kindern. Das muss nicht bedeuten, dass alle Länder außerhalb Europas und Nordamerikas nicht in Frage kommen.

Achten Sie bei der Wahl Ihrer Wunschreiseziele einfach darauf, welche gefährlichen Krankheiten dort übertragen werden könnten und dass Ärzte und gut ausgestattete Krankenhäuser verfügbar sind. Regionen, die sehr hoch gelegen sind oder in denen große Hitze herrscht, fordern den Organismus von Babys stark heraus; hierhin sollten Sie nur mit viel Zeit zum Akklimatisieren reisen.

An Transportmöglichkeiten und Unterkünften sollte die Auswahl so breit sein, dass Sie mit ein wenig mehr Komfort und Sicherheit reisen können. Züge oder Mietwagen mit Chauffeur sind bequemer und sicherer als Busse oder Mopedtaxis, in Hotelzimmern mit Klimaanlage sind Sie besser vor Moskitos geschützt als in einfachen Strandbungalows. Das wird wahrscheinlich ein wenig teurer, als wenn Sie allein als Backpacker unterwegs wären. In generell günstigen Ländern kosten aber auch gute Hotels, Mietautos und bessere Restaurants einen Bruchteil davon, was Sie dafür in unseren Breiten bezahlen würden.

Fangen Sie am besten vorsichtig an und schrauben Sie Ihre Ansprüche dann, wenn Sie sich mit dem Reisen vertraut gemacht haben, Stück für Stück herunter. Sie werden schnell merken, dass Babys ganz unkomplizierte Reisebegleiter sind.

Welche Reiseländer sind am teuersten?

Zu den Ländern mit den weltweit höchsten Lebenshaltungskosten gehören vor allem nord- und mitteleuropäische: die Schweiz, Norwegen, Island, Dänemark, Großbritannien, Irland, Luxemburg, Finnland, Frankreich und Belgien führen das Ranking an.

Nur Singapur und Kuwait, Venezuela und Australien mischen als nicht-europäische Vertreter mit.

Für Reisende sind diese Rankings nicht allzu aussagekräftig, da sie keine Wohnungen mieten, seltener Großeinkäufe im Supermarkt machen und kaum Ärzte besuchen. Hier können Sie den „Travel Price Index" der Website *Numbeo.com* ⑦ zu Rate ziehen. Er listet als teuerste Reiseziele für das Jahr 2016 mehrere Ziele in der Karibik sowie in der Schweiz und Norwegen auf.

•• TIPP

Auch in teuren Ländern sind die Preisgefüge regional unterschiedlich. Große Städte und touristische Zentren sind am teuersten, weshalb Sie diese auf Ihrer Route meiden sollten. Wenn Sie sich für längere Zeit in einem Land aufhalten und dort abgelegenere Orte aufsuchen, werden auch „teure Länder" bezahlbar.

Wie stellen wir unsere Reiseroute zusammen?

Der erste Schritt macht am meisten Spaß: Machen Sie ein Familien-Brainstorming und listen Sie alle in Frage kommenden und gewünschten Länder und Orte auf. Nach aller Erfahrung wird diese Liste viel zu lang sein für eine einzige Reise. Es heißt nun also streichen. Dabei sollten Sie sich zuerst an praktischen Kriterien orientieren:

- **Wie teuer ist das Land?** Auch wenn Sie nicht knapsen müssen, bietet es sich an, teure (→ *Welche Reiseländer sind am teuersten?*, Seite 37) und weniger teure Länder (→ *Welche Reiseziele sind am günstigsten?*, Seite 33) zu kombinieren. Reisen Sie mit schmalem Budget, wird diese Vorgabe noch wichtiger. Ihr durchschnittliches Tagesbudget wird vom Preisniveau jedes Landes bestimmt, das Sie bereisen. Auf teure Länder müssen Sie nicht komplett verzichten. Halten Sie Ihr Tagesbudget (→ *Wie hoch ist ein normales Tagesbudget für eine Familie?*, Seite 152) mit längeren Aufenthalten in sehr günstigen Ländern unter dem Durchschnitt, sind auch Abstecher nach Neuseeland, Kanada oder in die Südsee drin.

- **Wie viel Vorbereitung erfordert das Land?** In vielen Ländern kommen Sie mit Ihrem Schulenglisch, einer Kreditkarte und einem Reiseführer wunderbar zurecht. Aber das gilt nicht für jedes Land. In Südamerika kommen Sie ohne Spanisch nicht weit, in Vietnam oder China wird häufig nur die Muttersprache verstanden. In vielen Ländern am Äquatorkreis müssen Sie vorbeugend Malaria-Medikamente einnehmen, die für Kleinkinder kaum verträglich sind; in Gebirgsländern wie Peru oder Nepal brauchen Sie Tage bis Wochen, um sich an die extreme Höhe zu gewöhnen. Das heißt nicht, dass Sie solche Länder mit Kindern nicht bereisen können – aber Sie sollten wissen, worauf Sie sich einlassen, und vorbereitet sein.

- **Wie einfach lässt sich das Land/die Region bereisen?** Wenn Sie keine Reiseprofis sind, schlagen Sie auf Ihrer Reise mit Kind nicht direkt den schwersten Weg ein (→ *Welche Länder sind am familienfreundlichsten?*, Seite 35). Suchen Sie gezielt nach Informationen, wie gut das Verkehrsnetz und das Gesundheitssystem eines Landes ausgebaut sind, wie die Sicherheitslage ist und wie es der Bevölkerung geht. In Ländern mit großen Unterschieden zwischen Arm und Reich müssen Sie nicht nur länger nach bezahlbarem, sauberem Essen und Unterkünften suchen, Sie sind auch mit teils aggressivem

Betteln, Kleinkriminalität und Betrügereien konfrontiert. Um überhaupt etwas zu sehen, müssen Sie sich wahrscheinlich auf (teure) Guides und geführte Touren verlassen. Wenigstens als Einstieg sind Länder wie Indien, Peru oder das ländliche China nicht geeignet.

- **Wie ist das Wetter zu der Zeit des Jahres, in der Sie hinreisen würden?** In Ländern südlich des Äquators herrschen „umgekehrte" Jahreszeiten. Im tropischen Malaysia oder Nordaustralien mag das egal sein, im Süden von Chile oder Neuseeland herrscht jedoch von Mai bis September klassischer Winter; es ist kalt, regnerisch und die Tage sind kurz – nicht eben die beste Reisezeit. In Ländern in Äquatornähe sollten Sie nach der Verteilung der Monsun- und Regenzeiten schauen, und die Häufigkeit von Taifunen beachten. In der Karibik oder in Florida kann es von Mai bis November häufig stürmen und regnen, was Kreuzfahrten oder Badeurlaube ungemütlich macht.

- **Wie viel Zeit können Sie an jedem Ort verbringen?** Rechnen Sie nun aus, wie viel Zeit Sie an jedem Ihrer Ziele haben, wenn Sie alle besuchen wollen. Sie brauchen Zeit zum Ankommen, zum Eingewöhnen, zum Aufnehmen der Stimmung, für die Erledigungen des Alltags und auch zum Erholen und Genießen. Das Tempo asiatischer Reisegruppen („Europa in einer Woche!") halten Sie als Familie höchstens drei Wochen aus, danach werden die Kinder streiken. Wollen Sie Geld sparen, indem Sie langsam reisen oder Couchsurfing machen, müssen Sie ebenfalls mehr Zeit einkalkulieren; eventuell bleiben Sie dann sogar für mehrere Monate an einem Ort.

Bringen Sie nun die verbleibenden Reiseziele in eine sinnvolle Reihenfolge. Denken Sie dabei nicht nur an die geografische Lage, sondern recherchieren Sie auch, ob es zwischen Ihren Zielen gute Flugverbindungen gibt, ob und welche Einreisebeschränkungen gelten. Einige Länder haben so strenge Einreisebestimmungen, dass es eine Herausforderung wird, überhaupt hineinzukommen (etwa China, Bhutan oder Tibet). Ein gutes Reisebüro kann Sie

bei diesem Schritt unterstützen (→ *Sollen wir uns für die Reisebuchung an ein Reisebüro wenden oder zahlen wir dabei drauf?*, Seite 25).

Beachten Sie, dass sich viele Flugstrecken auch auf dem Landweg zurücklegen lassen: per (Nacht-)Zug, auf einem Flussschiff oder mit einem Wohnmobil. Dabei sparen Sie nicht nur Geld, sondern sehen auch viel vom Land. Berühmte Landpassagen, die von vielen Reisenden genutzt werden, sind zum Beispiel die „Ruta Maya" durch Zentralamerika, die Mekong-Route durch Südostasien oder die Strecke von Sydney nach Cairns.

●● TIPP

Legen Sie kürzere Reisen nicht einmal um den Erdball, sondern erkunden Sie stattdessen lieber einen Kontinent oder einige benachbarte Länder intensiv. Ideal sind zum Beispiel die Regionen Thailand – Kambodscha – Laos (– Vietnam), Neuseeland – Australien, Südafrika – Namibia – Botswana, Mexiko – Guatemala – Belize, Chile – Bolivien – Peru oder USA – Kanada.

Passt ein Land nicht (mehr) auf Ihre geplante Route, ist das kein Weltuntergang. Mit hoher Wahrscheinlichkeit werden Sie nach Ihrer Rückkehr auch noch weitere Reisen unternehmen. Aufgeschoben ist nicht aufgehoben!

Passt Ihre Wunschroute nicht in den vorgegebenen Rahmen eines Round-the-World-Tickets, überlegen Sie gut, was Ihnen Ihr Traum wert ist – Sie können sich an die Vorgaben des Tickets anpassen, um Geld zu sparen, oder aber die Flugverbindungen selbst zusammenstellen (lassen).

•• INFO

Die Faustregel bei längeren Reisen lautet: Planen Sie nicht mehr als ein Land pro Monat. Auch die zu bewältigenden Strecken zwischen den Stopps dürfen nicht zu lang sein, wenn Sie mit Kindern reisen.

Sind Rucksackreisen für Familien empfehlenswert?

Rucksackreisen sind seit jeher eine der günstigsten Arten zu reisen, vor allem in Backpacker-Ländern mit guter Infrastruktur, wie in Südostasien und Südamerika. Man ist sehr flexibel, wenn man kein (teures) Fahrzeug bei sich hat, auf das man achten, für das man einen Parkplatz finden und das man betanken und reparieren muss.

Um von Ort zu Ort zu gelangen, müssen Sie allerdings zum Teil lange Strecken in überfüllten (und unsicheren) Verkehrsmitteln zurücklegen. Auch das günstigste Bus- oder Zugticket fällt für Sie als Familie drei- oder viermal an. So kommen dann höhere Kosten zusammen.

Backpacking mit Kindern ist anstrengend. Sie müssen mit sehr wenig Gepäck auskommen (und alles selbst tragen). Je mehr Kinder Sie haben und je jünger diese sind, desto kniffliger wird das Packen. Täglich alle Habseligkeiten ein- und auspacken zu müssen und immer wieder nach Kleinigkeiten im Rucksack zu kramen, nervt.

Davon abgesehen, ist Backpacking für Familien jedoch oft bequemer. Im Hotel oder Hostel fallen Alltagspflichten wie Kochen, Putzen und Aufräumen größtenteils weg, und in Hotelzimmern ist mehr Platz als in der Wohnkabine eines Campervans oder auf der Rückbank eines Autos.

> **●● INFO**
>
> In günstigen, warmen Reiseländern mit guter Infrastruktur, wo Sie mit wenig Gepäck auskommen, bieten sich Rucksackreisen als preiswerte und bequeme Reiseart an. Mit einem privaten Fahrer oder einem günstigen Moped können Sie abgelegenere Orte erreichen, und das Essen in Garküchen kostet Sie weniger, als wenn Sie es selbst zubereiten würden.

Was kostet eine Reise im Auto oder Wohnmobil für Familien?

Ein Roadtrip im eigenen Fahrzeug (oder auch in einem gemieteten oder vor Ort gekauften Fahrzeug) bietet viel Komfort. Rechnen Sie aber genau nach, welche Zusatzkosten für Stellplätze, Benzin und Reparaturen auf Sie zukommen.

Der Tagesmietpreis eines Wohnmobils liegt in der Hochsaison locker über den Kosten für ein Hotelzimmer. Dagegen ist es mit etwas Glück möglich, ein gebraucht gekauftes Auto oder einen kleinen Campingbus am Ende der Reise fast ohne Wertverlust wieder zu verkaufen – Reisekosten gleich null (→ *Lohnt es sich, für die Reise ein Wohnmobil zu kaufen?*, Seite 202).

Die Sicherheit der „eigenen vier Wände" ist auf Reisen mit Kindern sehr praktisch (Sie können viel mehr mitnehmen, haben evtl. Ihre eigene Küche und einen vertrauten Schlafplatz). Müssen Sie lange Strecken zurücklegen, sind Sie flexibler und unabhängig von Fahrplänen. Sie gelangen auf eigene Faust auch dorthin, wo die Masse der (Rucksack-)Touristen nicht hingelangt. Damit sparen Sie auch in Ländern oder Regionen mit hohen Preisen bares Geld (→ *Welche Reiseländer sind am teuersten?*, Seite 37).

> **•• TIPP**
>
> Planen Sie Ihre Route mit Rücksicht auf die Kinder: Sie sollten nicht täglich fünf Stunden angeschnallt in ihren Kindersitzen hocken müssen.

> **•• INFO**
>
> Autoreisen bieten Flexibilität und Komfort auf längeren Reisen, in Ländern mit hohen Lebenshaltungskosten und wechselhaftem Wetter. Sie können aber sehr teuer werden und schränken Sie in der Wahl Ihrer Reiseziele ein. Für rechtzeitiges Mieten, Reparaturen unterwegs oder für Kauf- und Verkaufsverhandlungen ist viel Extrazeit vor der Reise und auch unterwegs nötig.

Ich bin alleinerziehend. Wie kann ich eine Reiseauszeit mit meinem Kind finanzieren?

Ohne einen Partner mit eigenem Einkommen brauchen Sie vielleicht länger, um das Startkapital für Ihre Reise anzusparen. Sie haben aber auch weniger Ausgaben, zumindest bei den Transportkosten und der Verpflegung.

Hotels sind für Single-Eltern mit Kind leider oft sehr teuer. Hier müssen Sie nach Alternativen schauen: Buchen Sie Bungalows auf Campingplätzen, suchen Sie in Städten nach Zimmern mit Familienanschluss über *Airbnb.de* (59) oder *Couchsurfing.com* (63) (→ *Können wir mit Couchsurfing völlig kostenfrei übernachten?*, Seite 227).

•• ACHTUNG

Bei gemeinsamem Sorgerecht benötigen Sie das Einverständnis des anderen Elternteils, um mit Ihrem Kind das Land verlassen zu können (→ *Brauche ich eine Reisevollmacht, um allein mit meinem Kind verreisen zu können?*, Seite 88).

Was müssen wir beachten, wenn wir mit unserem eigenen Fahrzeug reisen wollen?

Bleiben Sie im europäischen Raum, müssen Sie nicht allzu viel beachten. Grenzübertritte außerhalb der EU werden mit dem eigenen Fahrzeug komplizierter und teurer. Recherchieren Sie für jedes Land auf Ihrer geplanten Route, welche Bestimmungen dort für die Einreise gelten.

In manche Länder dürfen Sie mit einem eigenen Fahrzeug überhaupt nicht einreisen (zum Beispiel nach Vietnam), in manchen gelten sehr strenge Quarantänebestimmungen (in Australien steht Ihr Auto wahrscheinlich einige Wochen am Hafen), in anderen dürfen Sie sich als Fahrzeugführer nur wenige Wochen aufhalten (in China wird das sehr streng überwacht, die Erlaubnis zur Passage ist außerdem sehr teuer).

Weitere wichtige Fragen:

- Gibt es Strecken, die Sie mit Autofähren überbrücken müssen?
- Müssen Sie Ihr Fahrzeug über bestimmte Strecken im Container verschiffen?
- Eignet sich Ihr Fahrzeug für die Verschiffung und was kostet diese?
- Wie dicht ist das Werkstattnetz für Ihre Marke in den Ländern auf Ihrer Route?
- Ist der benötigte Treibstoff überall erhältlich?

Um teure Pannen zu vermeiden, sollte Ihr Fahrzeug vor der Reise gründlich gewartet und kontrolliert worden sein. Reifen und andere Verschleißteile sollten neu oder in einem Topzustand sein, regelmäßig zu wartende Teile wie Bremsbacken oder der Zahnriemen ebenfalls. Lassen Sie sich in der Werkstatt Ihres Vertrauens gründlich beraten und erklären, was wann passieren und kaputtgehen könnte. Ein Handbuch mit Anleitungen und die wichtigsten Ersatzteile sollten Sie dabeihaben, wenn Sie außerhalb Europas unterwegs sind.

Überprüfen Sie vor der Abfahrt auch Ihre Versicherungen: Haben Sie neben der Kfz-Haftpflicht und der Kaskoversicherung auch einen Schutzbrief, der für Bergungskosten und Pannenhilfe im Ausland aufkommt? Und gilt dieser Schutzbrief für die gesamte Dauer Ihrer Reise und für alle Länder (→ *Welche Versicherungen brauchen wir, wenn wir mit dem Auto oder Wohnmobil reisen?*, Seite 96)?

●● TIPP

Bei der Volkshochschule kann man Mechaniker-Grundkurse belegen, um kleinere Reparaturen unterwegs selbst durchführen zu können. In abgelegene Gegenden sollten Sie mit dem eigenen Fahrzeug aber nur reisen, wenn Sie solide Automechanikerkenntnisse haben.

SABBATICAL & CO.: EINE AUSZEIT VOM JOB NEHMEN

Sollte ich für eine Reiseauszeit meinen Job kündigen?

Manchmal will man einfach raus, die Arbeit macht keinen Spaß mehr und die Reiseauszeit ist eine willkommene Gelegenheit, beruflich neu anzufangen. Den Job zu kündigen, kann Sinn machen, sollte aber gut überlegt sein.

Vorteile einer Kündigung:

- Sie sind in der Dauer Ihrer Auszeit nicht eingeschränkt (solange die Finanzierung steht).
- Sie sind während der Reise „frei" von Gedanken an die zurückgelassene Arbeit und die Rückkehr in die Firma.
- Sie können sich durch die Reise vollkommen neu orientieren.
- Sie können Ihren Wohnsitz in Deutschland abmelden (→ *Wie melden wir unseren Wohnsitz ab?*, Seite 129), die Krankenversicherung kündigen (→ *Müssen wir während unserer Reise weiterhin unsere Krankenversicherung bezahlen?*, Seite 99) und damit die Fixkosten während der Reise stark reduzieren.
- Sie haben nach Ihrer Rückkehr unter Umständen Anspruch auf Arbeitslosengeld. So lässt sich der Wiedereinstieg in das Berufsleben einigermaßen absichern.

Nachteile einer Kündigung:

- Bei Eigenkündigung setzt eine dreimonatige Sperrfrist für den Bezug von Arbeitslosengeld I ein, Sie verringern also unter Umständen Ihren Gesamtanspruch von zwölf Monaten auf neun Monate (→ *Arbeitslosengeld I: Was muss ich beachten, wenn ich für die Reiseauszeit meinen Job kündigen will?*, Seite 58).
- Ein nachwirkender Krankenversicherungsschutz besteht nur bis zu einem Monat nach Beendigung des Arbeitsverhältnisses. Danach müssen Sie sich selbst versichern.
- Ohne (ruhendes) Arbeitsverhältnis verzichten Sie auf Beitragszeiten und -zahlungen zur Rentenversicherung. Das kann sich bei längeren Auszeiten später negativ auswirken (→ *Läuft meine gesetzliche Rentenversicherung weiter, wenn ich eine Jobauszeit nehme?*, Seite 50).

•• TIPP

Um den Gesamtanspruch von zwölf Monaten Arbeitslosengeld I zu erhalten, bitten Sie Ihren Arbeitgeber um die Aussprache einer fristgerechten betriebsbedingten Kündigung.

Wie kann ich eine berufliche Auszeit nehmen?

Für eine Auszeit vom Beruf bieten sich mehrere Möglichkeiten mit sehr verschiedenen Vor- und Nachteilen an:

- **Kündigung:** bietet sich bei längeren Reisen an, deren Ausgang und Ende man weder planen will noch kann – eine berufliche Neuorientierung wird hier quasi mitgedacht (→ *Arbeitslosengeld I: Was muss ich beachten, wenn ich für die Reiseauszeit meinen Job kündigen will?*, Seite 58).
- **Kündigung mit vertraglich vereinbarter Wiedereinstellung oder Abfindung:** vorteilhaft für den Arbeitgeber, da er während der Auszeit keine Kosten hat oder günstig Personal abbauen kann.
- **Kündigung der Stelle und Weiterbeschäftigung als freier Mitarbeiter:** mit allen Vor- und Nachteilen einer selbstständigen Tätigkeit, dies kann gerade für Journalisten und Kreative eine denkbare Option sein.
- **Firmeninterne Versetzung in ein anderes Land:** Dabei entstehen keine finanziellen Einbußen, jedoch sehen Sie nur wenig vom Land, weil Sie ja weiter (und unter Umständen noch intensiver) arbeiten müssen.
- **(Unbezahlter) Urlaub:** Bei bestehendem Kündigungsschutz ruht hier das Arbeitsverhältnis für eine festgelegte Zeit. Sozialversichert sind Sie allerdings nur während der ersten vier Wochen!
- **Sabbatical:** Ansammeln von Stunden auf Lebensarbeitszeitkonten oder Teilzeit-Modelle (→ *Was ist ein Sabbatical und wie kann ich es nehmen?*, Seite 51)
- **Jobsharing:** Wird eine Vollzeitstelle auf mehrere Teilzeitstellen aufgeteilt, sind hier abwechselnd mehrmonatige Auszeiten möglich. Die einzelnen Regelungen sind dann ähnlich wie beim Sabbatical.
- **Elternzeit:** Sie kann nicht nur während der ersten drei Lebensjahre eines Kindes genommen werden, sondern bis zum achten Geburtstag – vorausgesetzt, Sie haben die Übertragung des

dritten Elternzeitjahres vorher beim Arbeitgeber angemeldet (Kapitel → *Elternzeit nutzen* ab Seite 63).

- **Forschungsfreisemester:** für wissenschaftliche Angestellte an Universitäten denkbar

Wie überzeuge ich meine Vorgesetzten von einem Sabbatical?

Um zweifelnde Arbeitgeber vom Sinn und Nutzen einer Jobauszeit für alle Beteiligten zu überzeugen, ist eine gute Argumentation wichtig und erreicht mehr als das Pochen auf einen Rechtsanspruch.

Vorteile Ihrer Reiseauszeit für die Firma können neue Inspirationen, Kontakte, der Erwerb von Fremdsprachen oder anderen Fähigkeiten im Ausland sein.

Von Rücksichtnahme und Verantwortung für die Firma zeugt es, wenn Sie Ihre Pläne mindestens ein Jahr im Voraus ankündigen und für Ihre Auszeit günstige Zeiträume anvisieren – etwa schwache konjunkturelle Phasen im Betrieb (in denen der Arbeitgeber Personalkosten spart), die Zeit nach einem Projektabschluss oder nach einer betrieblichen Umorganisation.

Denken Sie strategisch: Schlagen Sie Ihre Auszeit dann vor, wenn Sie für Ihr Unternehmen besonders wichtig oder gar unersetzbar scheinen; etwa kurz nach einer langen, teuren Fortbildung (die man umsonst in Sie investiert hätte, wenn Sie nun kündigen würden), nach einem sehr erfolgreichen Projektabschluss oder einer Projektakquise durch Sie.

Niemand ist unersetzbar; sind Sie bereit, nach der Auszeit auf einer anderen Stelle oder an einem anderen Standort zu arbeiten, mit weniger Stunden oder zu geringerem Gehalt wieder einzusteigen, über die Länge der Auszeit zu verhandeln oder notfalls während Ihrer Abwesenheit erreichbar zu sein? All dies sollten Sie vor dem Gespräch mit Ihrem Vorgesetzten gründlich durchdenken, damit Sie Ihr Anliegen als rundes Angebot mit Vorteilen für beide Seiten – und vor allem für die Firma – präsentieren können.

●● TIPP

Tim Ferriss stellt in seinem Buch „Die 4 Stunden Arbeitswoche" eine Art Salamitaktik vor, um Chefs von immer längeren Reiseauszeiten zu überzeugen. Sträubt sich Ihr Vorgesetzter schon beim Wort „Sabbatical", versuchen Sie, ihn oder sie zunächst von einer kürzeren Auszeit oder einer anderen Regelung zu überzeugen, aus der Sie auffallend viel kreative Energie oder einen anderen Mehrwert für die Firma mitbringen.

●● ACHTUNG

Drohen Sie nicht mit Kündigung, wenn Sie das nicht wirklich als ernsthafte Option in Betracht ziehen!

Was mache ich, wenn ich während meiner Auszeit gekündigt werde?

Arbeitsrechtlich besteht in dieser Zeit kein besonderer Kündigungsschutz. Während Ihrer Abwesenheit im Rahmen eines Sabbaticals können Sie zwar nicht gekündigt werden; nach Ihrer Rückkehr kann das allerdings schon passieren.

Zwar müssen Sie nach Ablauf Ihres Sabbaticals weiterbeschäftigt werden. Ist aber während Ihrer Abwesenheit Ihr Arbeitsplatz weggefallen, wird nach Ihrer Rückkehr eine betriebsbedingte Kündigung möglich. Das gilt allerdings nur, wenn sich keine andere Position für Sie im Unternehmen findet. Eine Garantie auf Ihren alten Arbeitsplatz haben Sie nur, wenn Sie dies ausdrücklich vertraglich vereinbart haben.

Andere Auszeitformen wie die Elternzeit sind mit einem besonderen Kündigungsschutz versehen; aber auch hier kann es passieren, dass Sie nach Ihrer Rückkehr an den Arbeitsplatz betriebsbedingt gekündigt werden.

> **•• TIPP**
>
> Setzen Sie unbedingt einen Sabbatical-Vertrag auf, der die Möglichkeit einer Kündigung regelt (→ *Was muss ich beim Beantragen eines Sabbaticals beachten?*, Seite 54).

Kann ich nicht einfach unbezahlten Urlaub für eine Reiseauszeit nehmen?

Im Bundesurlaubsgesetz ist unbezahlter Urlaub nicht vorgesehen. Sie haben also keinen rechtlichen Anspruch darauf, wenn es Ihr Arbeits- oder Tarifvertrag nicht vorsieht.

Ist Ihr Chef mit unbezahltem Urlaub einverstanden, sollten Sie bedenken, dass Sie in der unbezahlten Urlaubszeit nur für einen Monat kranken- und sozialversichert sind. Erkranken Sie während Ihres unbezahlten Urlaubs, haben Sie in dieser Zeit keinen Anspruch auf bezahlte Krankheitstage.

Schließlich beziehen Sie in der unbezahlten Urlaubszeit weder Gehalt, noch haben Sie Anspruch auf Lohnersatzleistungen wie Arbeitslosengeld. Auch Gratifikationen wie das Weihnachtsgeld und Urlaubsgeld können um den Anteil des Jahres, den Sie unbezahlt freigenommen haben, gekürzt werden.

Der Kündigungsschutz und Ihr Anspruch auf bezahlten Urlaub bleiben aber unbeeinflusst weiterbestehen.

Läuft meine gesetzliche Rentenversicherung weiter, wenn ich eine Jobauszeit nehme?

Sind Sie während Ihrer Reise nicht sozialversicherungspflichtig erwerbstätig, zahlen Sie auch keine Rentenversicherungsbeiträge ein. Je nach der Reisedauer, der Höhe Ihres sonstigen Einkommens und der Dauer Ihrer bisherigen Erwerbstätigkeit hat das Auswirkungen auf die spätere Rentenhöhe.

Den vollen Rentenanspruch erlangen Sie erst nach 45 Beitragsjahren, der Grundanspruch besteht nach frühestens fünf Jahren. Sind Sie weniger als fünf Jahre erwerbstätig oder haben Sie nach langem Studium oder freiberuflicher Tätigkeit gar keine Chance, im Leben noch auf 45 Beitragsjahre als Angestellter zu kommen, haben Sie sowieso schlechte Karten.

•• TIPP

Wenn Sie durch zu lange Beitragsfreiheit später Einbußen erleiden würden, können Sie sich freiwillig rentenversichern, auch wenn Sie nicht (sozialversicherungspflichtig) arbeiten. Der Mindestbeitrag liegt bei monatlich etwa 90 Euro. Die freiwillige Rentenversicherung können Sie auch rückwirkend beantragen, die Frist dafür endet jeweils am 31. März des folgenden Jahres.

•• INFO

Eine genaue Auskunft über die Höhe der eigenen Rente und darüber, ob sich solche freiwillige Versicherung im Einzelfall lohnt, kann nur eine Beratung bei der Rentenversicherung geben. Holen Sie sich hierfür rechtzeitig einen Termin!

Was ist ein Sabbatical und wie kann ich es nehmen?

Ein Sabbatical ist eine bezahlte berufliche Auszeit von mehreren Monaten. So etwas bieten in Deutschland nicht viele, aber immer mehr Unternehmen an – Nachfragen kostet zuerst einmal nichts. Zeit für sich, seine Familie und seine persönliche Entwicklung zu wollen, ist nichts Peinliches und schadet einer Firma nicht, im Gegenteil.

Laut Teilzeit- und Befristungsgesetz (TzBfG) von 2001 ist in Betrieben mit mehr als 15 Mitarbeitern prinzipiell jedem Angestellten, der seit mehr als sechs Monaten beschäftigt ist, eine flexible Gestaltung der Arbeitszeit erlaubt. Einen Rechtsanspruch auf eine Auszeit haben Sie jedoch nicht. Ihr Antrag auf ein Sabbatical kann aus betrieblichen Gründen abgelehnt werden.

Große Firmen, Universitäten und der Staatsdienst regeln berufliche Auszeiten oft in Rahmenverträgen oder Betriebsvereinbarungen. Die genaue Ausgestaltung kann sehr verschieden aussehen und sollte in Verhandlungen mit dem Arbeitgeber möglichst genau an Ihre individuellen Bedürfnisse angepasst werden:

- **Zeitwertkonto-Modelle** (auch Lebensarbeitszeitkonto oder Langzeitkonto): Sie sparen systematisch Stunden aus Überstunden oder nicht genutztem Urlaub an, die Sie dann am Stück „abfeiern". Dies empfiehlt sich in Branchen, wo ohnehin oft Überstunden anfallen. Sie können dann wenigstens sinnvoll genutzt werden.

- **Arbeitszeitreduzierung:** Bei Teilzeitmodellen wird über einen bestimmten Zeitraum in einem Teilzeit-Arbeitsverhältnis von zum Beispiel 30 Wochenstunden Vollzeit (also 40 Wochenstunden) gearbeitet. Die „überzähligen" zehn Wochenstunden werden in einem anschließenden oder auch davor liegenden Zeitraum ausgezahlt, in dem Sie nicht arbeiten. Innerhalb von 18 Monaten sparen Sie so das Zeitguthaben für eine halbjährige Freistellung an. Haben Sie vorher nur Teilzeit gearbeitet, fällt auch der Lohnverzicht in der Ansparphase nicht auf.

- **„Time-out-Modell"** (auch „Flex-leave-Modell"): Hier werden Sie für einen bestimmten Zeitraum von Ihrer Arbeitspflicht befreit, erhalten aber weiterhin einen Teil Ihrer Bezüge. Zwar bedeutet das für den Arbeitgeber mehr Kosten, große Unternehmen federn so aber konjunkturbedingte Auftragsschwankungen ab.

•• ACHTUNG

Die Sozialversicherungsbeiträge während Ihres Sabbaticals bemessen sich nach der Höhe des Arbeitsentgelts, nicht nach der Höhe der tatsächlich geleisteten (Mehr-)Arbeitszeit. Entsprechend fällt die Lohnsteuer auf angesparte Beträge auch erst dann an, wenn das Geld an Sie ausgezahlt wird.

•• INFO

Sonderzahlungen und Beihilfen fließen während des Sabbaticals weiter. Der Arbeitgeber zahlt auch weiterhin die Sozialversicherungsbeiträge.

Anders als unbezahlter Urlaub wirkt sich ein Sabbatical im öffentlichen Dienst nicht auf die Gehaltseinstufung nach Lebensalter aus.

Habe ich einen Anspruch auf ein Sabbatical?

Als Angestellter haben Sie keinen prinzipiellen Rechtsanspruch auf eine Auszeit (→ *Ich bin Beamte/r. Kann ich auch ein Sabbatical nehmen?*, Seite 56). Das Bundesarbeitsgericht hat aber entschieden, dass Arbeitnehmer einen Anspruch auf ein Sabbatical oder auf unbezahlten Urlaub haben können, der sich aus dem Grundsatz der Gleichbehandlung aller Mitarbeiter ergibt.

Das heißt: Hat Ihr Vorgesetzter einem Ihrer Kollegen die Bitte um ein Sabbatical oder unbezahlten Urlaub gewährt, dann haben Sie das gleiche Recht darauf – es sei denn, wichtige betriebliche Gründe sprechen zum aktuellen Zeitpunkt dagegen.

> **•• TIPP**
>
> Hören Sie sich in Ihrer Firma um und fragen Sie im Kollegenkreis nach, bevor Sie in das Gespräch mit Ihrem Chef gehen!

Was muss ich bei der Beantragung eines Sabbaticals beachten?

Da die wenigsten Unternehmen eine feste Sabbatical-Regelung haben, ist meistens ein individueller Vertrag nötig. Das empfiehlt sich auch deshalb, weil sich ein Sabbatical mitsamt seiner Ansparphase auf einen langen Zeitraum beziehen kann.

Bei den Vertragsgesprächen sollten Sie folgende Punkte bedenken und schriftlich festhalten:

- Wann beginnen und enden Anspar- und Freistellungsphase?
- Welches Monatseinkommen wird in beiden Phasen gezahlt?
- Welche Sonderzahlungen (Urlaubsgeld, Weihnachtsgeld, Erfolgsprämien) werden auch in der Freistellungsphase gezahlt?
- Wird der normale Jahresurlaub während der Freistellungsphase trotzdem gewährt und angerechnet?
- Was passiert, wenn Sie während des Sabbaticals krank werden und den eigentlichen Zweck der Auszeit damit nicht mehr genießen können? Ein fairer Sabbatical-Vertrag regelt solche Krankheitszeiten genau wie Erkrankungen während der Urlaubszeit – sie werden nicht angerechnet.
- Welche Funktion, welche Arbeitszeit und gegebenenfalls welcher Einsatzort sind nach der Rückkehr aus der Freistellung vorgesehen?
- Was soll passieren, wenn das Sabbatical zum vereinbarten Zeitpunkt nicht angetreten werden kann (etwa, weil ein naher Angehöriger schwer erkrankt)? Der Arbeitgeber hat sich auf die geplante Auszeit dann meist schon vorbereitet und eine Vertretung eingestellt. Das führt zu einer doppelt besetzten

Stelle, wenn Sie nun doch im Betrieb bleiben und Ihre Auszeit verschieben. Arbeitgebern wird daher dringend empfohlen, im Sabbatical-Vertrag ausdrücklich festzulegen, dass die Arbeitsbefreiung „nicht von der Realisierung des Verwendungszwecks abhängig" ist.

- Bei längeren Ansparphasen und längeren Auszeiten sollte der Vertrag die ordentliche Kündigung während der gesamten Sabbatical-Phase ausschließen (→ *Was mache ich, wenn ich während meiner Auszeit gekündigt werde?*, Seite 49). Auch im Hinblick auf andere nicht planbare Situationen, etwa einen plötzlichen Todesfall oder eine längere Erkrankung, freiwillige vorzeitige Kündigung oder Ähnliches, muss unbedingt festgelegt werden, was im Fall einer „Störung des Ansparziels" geschehen soll.

- Bei einer Insolvenz des Betriebs droht der Verfall Ihrer angesparten Arbeitsstunden. Der Vertrag sollte daher ausdrücklich die Insolvenzsicherung des Zeitguthabens regeln.

- Falls der Wiedereinstieg nach einer längeren Auszeit nicht gelingt (oder dann nicht mehr beabsichtigt ist), sollte bereits im Vorhinein eine Abfindung vereinbart werden.

•• ACHTUNG

Bei einem Teilzeit-Modell muss die vereinbarte Verringerung der Arbeitszeit zeitlich befristet festgeschrieben werden, genauso wie die Verwendung der geleisteten Mehrarbeitsstunden für die geplante Auszeit.

Ich bin Beamte/r. Kann ich auch ein Sabbatical nehmen?

Ja, auch als Staatsdiener/in können Sie eine bezahlte Auszeit von Ihrem Beruf nehmen.

In Deutschland können Beamte zwischen zwei und sechs Jahre lang für zwei Drittel bis sechs Siebtel des Gehalts arbeiten und sich danach für ein Jahr freistellen lassen. In dieser Zeit beziehen Sie dann ebenfalls zwei Drittel bis sechs Siebtel Ihrer Dienstbezüge.

Darf ich als Freiberuflerin oder als Angestellter im Home Office auch auf unserer Reise arbeiten?

Ohne Arbeitserlaubnis und/oder Arbeitsvisum dürfen Sie in keinem Land außerhalb der EU-Zone legal arbeiten. Das gilt auch für Freiberufler oder Angestellte, die während einer Reise im Home Office arbeiten wollen.

Trotzdem finden sich überall im Internet Tipps, wie man sich mit freiberuflicher Arbeit auf Reisen finanzieren kann (Stichwort „digitale Nomaden"). Immerhin arbeiten Sie für deutsche Kunden, zahlen in Deutschland Ihre Steuern, haben keinen Kontakt mit einem ortsansässigen Arbeitgeber, nehmen keinem Einheimischen die Arbeit weg und keine sozialen Absicherungsleistungen in Ihrem derzeitigen Aufenthaltsland in Anspruch.

Trotzdem ist es den Behörden nicht egal, was Sie da tun – also überlegen Sie sich genau, ob Sie die Strafen für illegales Arbeiten riskieren wollen.

●● TIPP

Falls Sie den gefährlichen Weg wählen: Hängen Sie es nicht an die große Glocke. Besonders die USA schauen sehr streng hin, wer da bei ihnen einreist. Kommen Sie mit einer professionellen Fotoausrüstung, einem hochgerüsteten Laptop oder einem Koffer voller Aktenordner an den Check-in, wird man Ihnen unangenehme Fragen stellen. Gefragt nach Ihrem Beruf, machen Sie deutlich, dass Sie derzeit nicht arbeiten, dass Sie von Erspartem leben und den Laptop nur für private E-Mails oder Ihr Reisetagebuch brauchen.

Arbeitslosengeld I: Was muss ich beachten, wenn ich für die Reiseauszeit meinen Job kündigen will?

Nach einer Kündigung, egal, von welcher Seite sie erfolgt ist, müssen Sie sich umgehend *persönlich* bei der Arbeitsagentur als arbeits*suchend* melden (falls Sie einen befristeten Arbeitsvertrag haben, müssen Sie sogar drei Monate vor dessen Ende dort vorstellig werden). Auch, wenn Sie wegen Ihrer geplanten Reise zunächst gar keinen Anspruch auf Arbeitslosengeld I haben werden. Da Sie nämlich während Ihrer Reisezeit dem Arbeitsmarkt nicht zur Verfügung stehen, gelten Sie nicht als arbeitslos (→ *Können wir eine Langzeitreise machen, wenn einer von uns arbeitslos ist?*, Seite 15).

Die zusätzlich erforderliche Arbeits*losigkeits*meldung muss spätestens am ersten Tag der Arbeitslosigkeit erfolgen, Sie können das aber schon bis zu drei Monate im Voraus erledigen. Eine eventuelle dreimonatige Sperrfrist wegen Eigenkündigung kann dann während Ihrer reisebedingten Abwesenheit ablaufen, sodass Sie direkt nach der Rückkehr zum Bezug von Arbeitslosengeld I berechtigt sind.

Hier ein Beispiel: Sie kündigen am 31. Januar Ihre Stelle zum 30. Juni, denn am 1. Juli möchten Sie Ihre Reise starten. Nun melden Sie sich umgehend bei der Arbeitsagentur persönlich als arbeitssuchend. Ab dem 1. April melden Sie sich zusätzlich als arbeitslos und stellen den Antrag auf Arbeitslosengeld I. Die dreimonatige Sperrfrist wegen Eigenkündigung gilt vom 1. Juli bis zum 30. September. Zum 2. Juli melden Sie sich bei der Arbeitsagentur wieder ab, weil Sie jetzt verreist sind. Wenn Sie im Juni des darauffolgenden Jahres zurückkommen, ist die Sperrfrist abgelaufen. Sie haben jetzt noch Anspruch auf neun Monate Arbeitslosengeld I.

•• TIPP

Wollen Sie für mehr als ein Jahr verreisen, beantragen Sie unbedingt schon vor Beginn Ihrer Reise Arbeitslosengeld I, sodass Sie es für mindestens einen Tag bewilligt bekommen. Nur so bleibt Ihr Anspruch bis nach Ihrer Rückkehr erhalten.

Die Höhe des Arbeitslosengelds I wird nach dem Durchschnittsgehalt in den letzten zwölf Monaten berechnet, in denen Sie sozialversicherungspflichtig beschäftigt waren. Es lohnt sich also, vor einer Kündigung noch einmal richtig ranzuklotzen und eventuell vorausschauend die Steuerklasse zu wechseln (→ *Welche legalen Steuertricks helfen beim Sparen?*, Seite 170).

•• ACHTUNG

Besteht ein wichtiger Grund zur Kündigung wie zum Beispiel ein Burn-out, darf die Arbeitsagentur keine Sperrzeit verhängen.

> **●●● ACHTUNG**
>
> Sehr wichtig: Um überhaupt einen Anspruch auf Arbeitslosengeld I zu haben, müssen Sie innerhalb der vergangenen zwei Jahre mindestens 360 Tage gearbeitet haben (diese müssen aber nicht zusammenhängend sein, und es zählen auch sonstige Anwartschaftszeiten, wie etwa Zivildienst oder der Bezug von Mutterschaftsgeld). Reisen Sie länger als ein Jahr, kann daher Ihr Anspruch auf Arbeitslosengeld I erlöschen. Die Lösung: Sobald Sie einmal Arbeitslosengeld I bewilligt bekommen haben, gilt dieser Anspruch für vier Jahre. Während Sie dem Arbeitsmarkt nicht zur Verfügung stehen, wird nur der Bewilligungsbescheid aufgehoben, aber der Anspruch an sich bleibt bestehen und ruht.

Ich möchte meinen Job nicht kündigen, bekomme aber auch keine längere Auszeit genehmigt. Wie können wir trotzdem verreisen?

Wenn Ihr Arbeitgeber Ihnen nicht entgegenkommt, Sie auf die Sicherheit Ihres Jobs aber nicht verzichten wollen oder können, gibt es noch diverse Möglichkeiten, um trotzdem die Welt sehen zu können:

- **Geschickt Urlaub nehmen:** Bei 20 Urlaubstagen, auf die jeder deutsche Arbeitnehmer in Vollzeit Anspruch hat, ergeben sich je nach Verteilung der gesetzlichen Feiertage und Brückentage locker zwei Monate Auszeit am Stück – wenn Sie zum Beispiel den gesamten Dezember und direkt anschließend den Januar freinehmen. Vorteil: Das ist wirklicher Urlaub, Sie bekommen also Ihr Gehalt weitergezahlt und müssen sich nicht um lästigen Behördenkram kümmern. Mit dem finanziellen Polster können Sie sich einiges leisten und müssen kaum etwas ansparen. Allerdings besteht kein rechtlicher Anspruch darauf, alle Urlaubstage am Stück nehmen zu dürfen; schauen Sie dazu in Ihrem Arbeitsvertrag nach.

- **Überstunden sammeln:** Wenn es möglich ist, sammeln Sie gezielt Überstunden zu Urlaubstagen an und/oder nehmen Sie nicht genutzte Urlaubstage ins neue Jahr mit. So lassen sich Jahresurlaube noch ordentlich auspolstern.
- **Unbezahlten Urlaub nehmen:** Das ist nicht rundweg empfehlenswert, aber als Ergänzung durchaus möglich (→ *Kann ich nicht einfach unbezahlten Urlaub für eine Reiseauszeit nehmen?*, Seite 50).
- **Restliche Elternzeit nehmen:** Haben Sie das dritte Jahr Ihrer Elternzeit nicht direkt im dritten Lebensjahr Ihres Kindes in Anspruch genommen, können Sie es unter Umständen bis zum achten Lebensjahr noch nachträglich nehmen (→ *Unsere Kinder sind schon älter, können wir trotzdem die Elternzeit noch nutzen?*, Seite 68).
- **Arbeit auf die Reise mitnehmen:** Viele Tätigkeiten lassen sich heutzutage im Home Office erledigen. Verhandeln Sie mit Ihrem Arbeitgeber, ob er Sie (länger) freistellt, wenn Sie sich im Gegenzug bereit erklären, von unterwegs zu arbeiten. Das ist streng genommen nicht legal (→ *Dürfen wir unterwegs arbeiten, um unsere Reisekasse aufzubessern?*, Seite 29) und auch nicht ideal, weil die Arbeit Sie vom Reisen abhält und Ihnen die Zeit mit Ihrer Familie nimmt. Sie müssen unterwegs Arbeitszeiten einplanen, für Arbeitsmöglichkeiten sorgen (Platz zum Schreiben, gutes WLAN usw.). Aber es ist besser, als gar nicht zu reisen.
- **Getrennt reisen:** Noch weniger ideal, aber eben manchmal die letzte Lösung, ist eine – teilweise – getrennte Familienreise. Der Teil der Familie, der sich freistellen kann, fährt dann schon mal los, während Papa oder Mama weiterarbeitet und später nachkommt oder eher wieder abreist. Sie könnten Ihre Familie auch irgendwo auf der Welt gemütlich einrichten und allein auf eine Stippvisite ins Büro nach Deutschland zurückkehren. So muss nicht die ganze Familie auf die Traumreise verzichten, wenn sich diese (zum Beispiel wegen der anstehenden Schul-

pflicht eines Kindes) nicht aufschieben lässt (→ *Wir müssen in regelmäßigen Abständen nach Hause kommen. Können wir trotzdem eine Weltreise machen?*, Seite 16).

- **Im Ausland arbeiten:** Internationale Firmen entsenden regelmäßig Angestellte in ausländische Niederlassungen, zu (potenziellen) Kunden oder zum Sondieren neuer Märkte. Sprechen Sie Ihre Vorgesetzten an, erkunden Sie Ihre Möglichkeiten und Chancen. Sie sind im Ausland zwar weiterhin „auf Arbeit" und unter Umständen noch mehr damit beschäftigt als in der vertrauten Heimat, aber gemeinsam mit Ihrer Familie kann so eine Zeit im Ausland genauso spannend wie eine Weltreise sein.

Kann ich während des Studiums ein Urlaubssemester für eine Reiseauszeit nehmen?

Studierende an staatlichen Hochschulen in Deutschland haben Anspruch auf bis zu vier Urlaubssemester „aus wichtigen Gründen" – dazu zählen fast immer Schwangerschaften und Kinderbetreuung. Wo Sie Ihre Schwangerschaft verbringen und Ihre Kinder betreuen, ist der Hochschule egal, Sie können also während der Auszeit auch im Ausland unterwegs sein.

Urlaubssemester werden nicht als Fachsemester auf die Studienzeit angerechnet und in der Regel muss währenddessen nicht der volle Semesterbeitrag und keine Studiengebühr bezahlt werden. Die Krankenversicherung ist weiter zum Studententarif möglich, da Sie ja weiterhin immatrikuliert sind.

Der BAFöG-Anspruch wird für das Urlaubssemester zwar ausgesetzt, bleibt aber für die folgenden Semester erhalten; zur Finanzierung ihres Lebensunterhalts können Studierende im Urlaubssemester ALG II beantragen. Schreiben Sie sich während des Urlaubssemesters an einer ausländischen Hochschule ein, können Sie in dieser Zeit stattdessen Auslands-BAFöG beantragen.

●● ACHTUNG

Ein Urlaubssemester muss während der Rückmeldefrist zum kommenden Semester beantragt werden, nachträgliche Anmeldungen sind nur in begründeten Ausnahmen möglich.

●● TIPP

Jede Hochschule hat eigene Regeln für die genaue Gestaltung von Urlaubssemestern. Informieren Sie sich daher gründlich bei Ihrer Hochschulberatungsstelle, bevor Sie sich dafür entscheiden!

●● INFO

Beziehen Sie noch Kindergeld, wird dieses während des Urlaubssemesters nicht weitergezahlt, es sei denn, Sie können nachweisen, dass Sie diese Zeit für Ihre Ausbildung genutzt haben (was der Fall ist, wenn Sie an einer ausländischen Hochschule eingeschrieben sind).

Natürlich können auch Väter für Zeiten der Kindererziehung ein Urlaubssemester beantragen.

ELTERNZEIT NUTZEN

Darf man in der Elternzeit verreisen?

Ja. Es ist weder egoistisch noch illegal, während der Elternzeit (also während des Elterngeldbezugs) für längere Zeit zu verreisen. Ihrem Baby und Ihrer jungen Familie wird es guttun und Reisen ist für Babys nicht per se gefährlich oder ungesund (→ *Wir wollen mit unserem Baby verreisen. Welche Länder sind da am sichersten und günstigsten?*, Seite 36).

Die einzigen Bedingungen: Ihr gemeldeter Wohnsitz muss während der Elternzeit in Deutschland bleiben und Sie dürfen sich nur zu „Urlaubs- und Erholungszwecken" im Ausland aufhalten.

Wie können wir das Elterngeld für die Reisefinanzierung nutzen?

Nehmen Sie beide die Ihnen zustehenden Elterngeldmonate gleichzeitig, gewinnen Sie eine gemeinsame Reisezeit von zwei bis acht Monaten, wenn angesparter Jahresurlaub hinzugenommen wird, was laut § 17 Absatz 2 Bundeselterngeldgesetz zulässig ist.

In dieser Zeit erhalten Sie das Ihnen zustehende Elterngeld (mindestens 300 Euro, höchstens 1.800 Euro, plus eventuell Mehrlingszuschlag und Geschwisterbonus) und sind beitragsfrei kranken- und sozialversichert, was Ihre Reisekasse deutlich entlastet (→ *Wie optimieren wir unser Elterngeld für eine Reiseauszeit?*, siehe nächste Frage).

Ab dem zweiten Lebensjahr Ihres Kindes können Sie außerdem bis zu zwei Jahre unbezahlte Elternzeit nehmen, in denen Sie ebenfalls beitragsfrei sozialversichert sind. Das dritte Jahr der Elternzeit kann – bei rechtzeitiger Beantragung – bis in das achte Lebensjahr Ihres Kindes geschoben werden (→ *Unsere Kinder sind schon älter, können wir trotzdem die Elternzeit noch nutzen?*, Seite 68). Hier ergeben sich vielfältige Kombinationsmöglichkeiten mit Elternzeitansprüchen für jüngere Geschwister.

●● **TIPP**

Für jeden vollen Kalendermonat Elternzeit, in dem Sie nicht gleichzeitig in Teilzeit arbeiten, haben Sie einen um ein Zwölftel gekürzten Urlaubsanspruch. Diese Tage können Sie nach der Elternzeit im laufenden oder nächsten Urlaubsjahr nehmen.

Wie optimieren wir unser Elterngeld für eine Reiseauszeit?

Das Elterngeld wird am Verdienst der letzten zwölf Monate vor der Geburt des Kindes errechnet (seit 2013 nicht mehr am Nettoverdienst, sondern am Bruttoverdienst – minus eines pauschalen Abzugs von 21 Prozent). Sobald Sie also wissen, dass Sie schwanger sind – und idealerweise schon, wenn Sie das Baby planen –, sollten Sie versuchen, Ihr Einkommen zu erhöhen.

Das gilt besonders für Selbstständige (und auch alle, die sich selbstständig etwas dazuverdienen), bei denen das Kalenderjahr vor dem Geburtsjahr des Kindes zur Berechnung der Einkommenshöhe herangezogen wird. Werden Sie zu Anfang des Jahres schwanger, ist der Beschluss, noch einmal richtig ranzuklotzen, dann nämlich vergeblich – die Berechnungsgrundlage ist ja das vergangene Jahr.

Mit diesen Maßnahmen können Sie für mehr Elterngeld sorgen:
- **(Rechtzeitig) Steuerklasse wechseln:** Mit einem einfachen (und absolut legalen) Steuertrick sorgen Sie unter Umständen für deutlich mehr Elterngeld: Wechseln Sie spätestens sieben Monate vor Beginn des Monats, in dem Ihr Mutterschutz beginnt, in die niedriger besteuerte Steuerklasse III, wenn Sie die Person sind, die mehr Elterngeldmonate nehmen will. Schaffen Sie es erst einen Monat später, können Sie auf Ihren Mutterschutz vor der Geburt verzichten oder im Elterngeldantrag erklären, dass Sie auf die „Ausklammerung" des Mutterschutzes verzichten – dann wird auch diese Zeit in die Elterngeldberechnung einbezogen und der relevante Einkommenszeitraum verschiebt sich um einen Monat. In einigen Bundesländern kann das einfach im Antrag angekreuzt werden, sonst legen Sie eine schriftliche Erklärung dazu. Beamtinnen müssen die Steuerklasse erst sieben Monate vor dem Geburtsmonat wechseln, da sie kein Mutterschaftsgeld bekommen.

- **Steuererklärung machen:** Falls der mehr verdienende Partner nun höher besteuert wird, haben Sie dadurch zunächst ein geringeres Netto-Familieneinkommen. Das können Sie aber mit der nächsten Steuererklärung wieder ausgleichen (im Gegensatz zur Höhe des Elterngelds – hieran kann nachträglich nichts mehr geändert werden).
- **Geschwisterbonus:** Auch mit geschickter Familienplanung holen Sie noch ein wenig mehr heraus: Lebt ein Geschwisterkind unter drei Jahren in Ihrem Haushalt, wenn Sie Elterngeld beantragen, bekommen Sie einen Geschwisterbonus von mindestens 75 Euro (10 Prozent des Elterngelds). Das gilt auch, wenn es zwei Geschwisterkinder unter sechs Jahren gibt.
- **Landeserziehungsgeld beantragen:** Leben Sie in Bayern oder Sachsen? Diese Bundesländer bieten für Familien neben dem Bundeselterngeld ein eigenes, länderspezifisches Erziehungsgeld. Die Bedingungen für den Bezug und die Höhe und Dauer der Zahlungen sind so unterschiedlich, dass sie hier nicht im Detail vorgestellt werden.

•• TIPP

Einmalzahlungen wie Boni werden bei der Berechnung des Elterngelds nicht berücksichtigt. Bitten Sie also Ihren Arbeitgeber darum, solche Zahlungen auf Ihr reguläres Gehalt zu verteilen.

Die Onlineberatungstelle *Elterngeld.net* (28) hilft werdenden Eltern, die perfekte Konstellation für die maximalen Elterngeldbezüge zu ermitteln und zu beantragen. Dieser Service ist allerdings kostenpflichtig.

●● ACHTUNG

Elterngeld wird zwar nicht besteuert, aber wegen des Progressionsvorbehalts in die Berechnung Ihrer Einkommensteuer einbezogen.

Was müssen wir beim Elterngeldantrag beachten, wenn wir in der Elternzeit verreisen wollen?

Was Sie während Ihrer Elternzeit tun und wo Sie sich aufhalten wollen, wird im Elterngeldantrag nicht abgefragt. Trotzdem sollten Sie beim Ausfüllen schon wissen, ob und wann Sie Ihre Elternzeit für eine gemeinsame Reise nutzen wollen.

Die Aufteilung der Elterngeld-Bezugsmonate kann nach Belieben erfolgen, muss aber beim Beantragen des Elterngeldes verbindlich festgelegt werden. Eine einmalige Änderung kann beantragt werden, allerdings nicht rückwirkend.

Das Elterngeld, das in den ersten 14 Lebensmonaten des Kindes gezahlt wird, können die Eltern getrennt voneinander oder gleichzeitig beziehen – im einen Extremfall beziehen die Eltern nacheinander 14 Monate lang Elterngeld (der klassische Fall: ein Elternteil zwölf Monate, das andere zwei Monate), im anderen Extremfall bekommen beide gleichzeitig sieben Monate lang Elterngeld. Beides oder auch eine Abwandlung davon kann sich für eine längere Reise lohnen, je nach Ihrer Arbeits- und Einkommenssituation.

●● TIPP

Das Elterngeld Plus ermöglicht es seit 2015, den Elterngeldbezug auf 24 Monate auszudehnen; bei Halbierung der monatlichen Bezüge. Für längere Reisen kann das ideal sein.

Unsere Kinder sind schon älter, können wir trotzdem die Elternzeit noch nutzen?

Bis zu zwölf Monate der Elternzeit (nicht jedoch des Elterngeldbezugs) können Sie auf die Zeit zwischen dem dritten und dem achten Geburtstag des Kindes übertragen lassen. Haben Sie dieses flexible Jahr rechtzeitig beantragt, können Sie auch mit älteren Kindern noch auf Elternzeitreise gehen. Nachträglich kann ein Elternzeitrest leider nicht mehr in Anspruch genommen werden.

●● ACHTUNG

Dem Übertrag muss der Arbeitgeber zustimmen, und zwar vor Ablauf der ursprünglich beantragten Elternzeit. Verweigert er die Zustimmung, können Sie Ihre restliche Elternzeit bis zum vollendeten dritten Lebensjahr des Kindes verlangen.

⊕ BONUSKAPITEL: REISEN TROTZ SCHULPFLICHT

Unter welchen Bedingungen können wir unser Kind von der Schule beurlauben lassen?

Eine Schulfreistellung oder -beurlaubung für begrenzte Zeiträume erlauben deutsche Schulbehörden nur aus „wichtigen Gründen" oder in „begründeten Ausnahmefällen". Dazu zählen etwa Erholungsaufenthalte mit ärztlichem Attest, Sprachkurse im Ausland, Umzüge oder familiäre Ereignisse, nicht aber Urlaubsreisen mit der Familie. Auch eine nachträglich eingereichte Krankschreibung zählt nicht als Grund für eine Schulfreistellung.

Je nach Bundesland und Landkreis sind die Verordnungen der einzelnen Schulbehörden unterschiedlich formuliert, im Kern verbieten sie es jedoch alle. Allerdings hat jede Schulleitung und jede Lehrperson einen Ermessensspielraum, um eine Schulfreistellung eben doch zu genehmigen. Freistellungen von einigen

Tagen oder Wochen sind im Normalfall und bei ausreichender vorheriger Begründung kein Problem (→ *Wie beantragen wir eine Beurlaubung für unser schulpflichtiges Kind?*, siehe nächste Frage).

•• INFO

In Deutschland (und einigen Schweizer Kantonen) gilt die Schulpflicht. Das heißt: Ab einem bestimmten Alter sind alle Kinder zum Besuch einer staatlich anerkannten Schule verpflichtet. Das Unterrichten eines Kindes durch die eigenen Eltern, ob nun zu Hause oder auf Reisen, ist damit nicht möglich.

Wie beantragen wir eine Beurlaubung für unser schulpflichtiges Kind?

Nach einem persönlichen Gespräch genügt meist ein formloser schriftlicher Antrag beim Klassenlehrer oder der Klassenlehrerin, der oder die sich mit der Schulleitung abstimmt.

Geht es um längere Zeiträume, muss die Schulleitung eventuell bei der übergeordneten Schulbehörde nachfragen. Um hierfür eine möglichst positive Basis zu haben, sollten Sie zuerst das Gespräch mit der Schulleitung suchen. Bereiten Sie sich auf diesen Termin gut vor und legen Sie Ihre Gründe für eine längere Schulfreistellung möglichst überzeugend dar. Denkbar ist etwa:

- Verhinderung eines gemeinsamen Urlaubs innerhalb der Schulferien (wegen Urlaubssperre, Erkrankung oder Abwesenheit eines Elternteils, Geburt oder Krankheit von Geschwistern)
- wichtiges familiäres Ereignis im Ausland
- geplanter Umzug der Familie ins Ausland, Prüfung des Wohn- und Arbeitsmarktes, Suche nach einer passenden Schule
- Vermeidung einer längeren familiären Trennung bei beruflicher Versetzung oder notwendiger Recherchereise eines Elternteils ins Ausland

•• TIPP

Entscheidend ist die Meinung des Klassenlehrers oder der Klassenlehrerin Ihres Kindes – ihn (oder sie) müssen Sie zuerst überzeugen. Sprechen Sie am besten von selbst an, ob und wie Ihr Kind den wegen der Reise versäumten Lernstoff nachholen könnte.

Wann ist der beste Zeitpunkt für eine Beurlaubung von der Schule?

Wollen Sie mit Ihrem schulpflichtigen Kind für längere Zeit verreisen, ist dafür am besten der Schuljahreswechsel, die Zeit nach dem Übertritt aus der Grundschule in die weiterführende Schule oder ein anstehender Umzug mit Schulwechsel geeignet.

Nicht ideal für lange Abwesenheiten sind die erste Klasse der Grundschule und das erste Schuljahr auf der weiterführenden Schule, aber auch die vierte Klasse vor dem Übergang auf die weiterführende Schule. Die meisten Lehrer sind wenig begeistert von Beurlaubungsanträgen kurz vor den Zeugnissen oder am Anfang des Schuljahres. Die Schulferien um ein paar Tage oder Wochen zu verlängern, wird in einigen Bundesländern inzwischen sogar von den Schulverordnungen recht streng ausgeschlossen.

Müssen wir unser Kind bei einer Fernschule anmelden, damit wir die Schulpflicht umgehen?

Einige Schulbehörden – aber bei Weitem nicht alle – machen es zur Bedingung, dass reisende Schulkinder für die Dauer ihrer Abwesenheit an einer anderen Schule angemeldet sind. Da das praktisch kaum möglich ist, weil Sie ja auf Reisen keinen festen Aufenthaltsort haben, bietet sich eine Fernschule an.

Am bekanntesten sind die internationale, in den USA ansässige und auf Homeschooler spezialisierte *Clonlara Fernschule* (26),

die vom Auswärtigen Amt für Grundschüler empfohlene *Deutsche Fernschule* (27) und das *Institut für Lernsysteme (ILS)* (30) ab der fünften Klasse. Allerdings ist keine von diesen Institutionen vom deutschen Gesetzgeber als „Erfüllungsort der deutschen Schulpflicht" anerkannt. Auch wenn Sie die Schulgebühren bezahlen (→ *Was kostet eine Fernschule?*, siehe nächste Frage) und die Schulbescheinigung bei Ihrer Schulbehörde vorzeigen, muss diese Ihnen die Schulbefreiung deswegen nicht genehmigen.

Andersherum gilt: Wenn Sie nicht angehalten sind, sich bei einer Fernschule anzumelden, dann müssen Sie das nicht zum (Lern-)Wohl Ihrer Kinder tun. Den Lehrstoff des nächsten Schuljahrs können Sie auch gemeinsam mit dem Klassenlehrer oder der Lehrerin Ihres Kindes zusammenstellen (das tun Sie wahrscheinlich sowieso, denn der Lehrplan der Fernschulen folgt nicht unbedingt dem Ihrer heimatlichen Schule und dort soll Ihr Kind nach der Reise ja wieder eingeschult werden).

•• TIPP

Auf → Seite 268 finden Sie Adressen von Fernschulen für Ihre Kinder.

Was kostet eine Fernschule?

Für die *Clonlara Fernschule* (26) fallen 165 Euro Anmeldegebühr an, plus 40 Euro für Geschwisterkinder. Dazu kommt die Schuljahresgebühr von je 650 Euro bis Klasse 8 bzw. 800 Euro bis Klasse 12. Schulmaterialien sind darin nicht enthalten und werden von der Clonlara Fernschule auch nicht gestellt.

An der *Deutschen Fernschule* (27) kostet ein einzelner Kurs, beispielsweise Deutsch oder Mathematik, 900 bis 1.500 Euro jährlich. Kurse können aber auch halbjährlich gebucht werden. Kursmaterialien sind bei den meisten Angeboten enthalten, es gibt auch Online-Angebote.

Wie können wir unser Kind während einer Reise selbst unterrichten?

Je nach Lernstand und Klassenstufe gibt es vielfältige Möglichkeiten. Was Sie tun und wie Sie es tun, ist gesetzlich nicht vorgeschrieben:

- Unterricht anhand des mitgeführten Schul-Lehrmaterials unterwegs
- Abarbeiten bestimmter, auf die Reise und den Lernstand des Kindes abgestimmter Aufgaben unterwegs
- freier Unterricht unterwegs, regelmäßige Rückmeldungen an die Lehrkraft/die Klasse
- gar kein Lernen unterwegs, Nachholen des versäumten Unterrichtsstoffs nach der Rückkehr (Wiederholung des Schuljahrs)
- Besuch einer Schule im Ausland (bis zu einem Schuljahr möglich)
- Lernen mit einer Fernschule (→ *Müssen wir unser Kind bei einer Fernschule anmelden, damit wir um die Schulpflicht umgehen?*, Seite 70)

Muss einer von uns Lehrer sein, damit wir unser Kind auf Reisen selbst unterrichten können?

Nein. Es könnte Ihre Argumentationsposition beim Gespräch über die anstehende Schulfreistellung aber verbessern, wenn Sie pädagogisch oder fachlich in besonderer Weise geeignet sind, Ihrem Kind den Schulstoff zu vermitteln (→ *Wie beantragen wir eine Beurlaubung für unser schulpflichtiges Kind?*, Seite 69).

Müssen wir unser schulpflichtiges Kind auf der Reise irgendwo anmelden?

Haben Sie eine offizielle Schulfreistellung für Ihr in Deutschland gemeldetes Kind, muss es während der Reise keine andere Schule besuchen und auch nirgends gemeldet werden.

Anders ist es, wenn Sie diese Bescheinigung *nicht* haben und das Kind nicht mehr in Deutschland gemeldet ist. Dann fällt es zwar nicht mehr unter die deutsche Schulpflicht, aber eventuell unter die Schulpflicht des Landes, in dem Sie sich gerade aufhalten. Das gilt vor allem dann, wenn Sie sich sehr lange am selben Ort aufhalten.

Allgemein wird bei mehr als 180 Tagen Aufenthalt in einem Land davon ausgegangen, dass Sie hier Ihren neuen Lebensmittelpunkt haben. Ihre Kinder sind dann unter Umständen genauso zum Schulbesuch verpflichtet, wie es einheimische Kinder auch sind. Erkundigen Sie sich für solche Fälle unbedingt vor Ihrer Einreise, welche Bestimmungen an Ihrem Reiseziel gelten. Ist Ihr Kind nämlich zum Besuch einer Schule im Ausland verpflichtet, fallen dafür oft hohe Schulgebühren an.

●● TIPP

Die Kosten für Privatschulen können von der Steuer abgesetzt werden. Das gilt auch für Schulen im Ausland, sofern sie einen Abschluss erlauben, der in Deutschland anerkannt ist. Geben Sie die Schulkosten auf jeden Fall in Ihrer Steuererklärung an und lassen Sie das Finanzamt entscheiden.

Können wir trotzdem verreisen, wenn unser Antrag auf Schulfreistellung abgelehnt wurde?

Ihr Kind einfach nicht zur Schule zu schicken, ist keine gute Idee. Auch eine illegale Krankschreibung oder falsche Entschuldigungen sind keine Lösung. Es gibt Eltern, die außerhalb der Ferienzeiten am Flughafen eine Bestätigung der Schulfreistellung vorzeigen mussten, bevor sie abfliegen durften.

Folgende Optionen haben Sie noch, um trotzdem mit Ihrem schulpflichtigen Kind verreisen zu können:

- Melden Sie Ihr Kind an einer anderen Schule an, wo man einer Schulfreistellung offener gegenübersteht (vorher unbedingt abklären!).
- Melden Sie sich in einem anderem Bundesland an, wo eine Schulfreistellung möglich ist (vorher unbedingt abklären!), oder ziehen Sie in ein Land, in dem keine Schulpflicht gilt. Viele Familien, die grenznah in Österreich oder Frankreich wohnen und in Deutschland arbeiten, entgehen so der Schulpflicht.
- Melden Sie sich und Ihr Kind von Ihrem Wohnort in Deutschland ab. Damit fällt auch die Schulpflicht in Deutschland für Ihr Kind weg (→ *Wie melden wir unseren Wohnsitz ab?*, Seite 129).

Was kann passieren, wenn wir unser Kind ohne Genehmigung aus der Schule nehmen?

Bei einzelnen Fehltagen kann die Schulleitung oder die Schulbehörde eine Verwarnung aussprechen oder eine Strafanzeige verhängen. In Hamburg sind für ungenehmigte Schulfreistellungen 200 Euro Bußgeld vorgesehen, in Bayern gab es Verwarnungen von 500 Euro, in Sachsen bis zu 1.250 Euro (pro Tag!). Nicht jedes Bundesland hat allerdings einen Bußgeldkatalog hierfür. Als „Ersttäter" werden Sie höchstwahrscheinlich nur verwarnt. Wenn Sie die Zahlung des Bußgeldes verweigern, könnten Sie in Beugehaft genommen werden.

Darüber hinaus zwingen Sie Ihr Kind zu illegalem Verhalten (so legal Sie selbst das auch finden – die Reaktionen von Lehrern und Mitschülern muss Ihr Kind allein aushalten) und leben ihm vor, dass Betrug ein legitimes Mittel ist, um sich Annehmlichkeiten zu verschaffen – keine gute Botschaft. Wenn Sie unbedingt während der Schulzeit reisen wollen, sollten Sie eine andere Möglichkeit finden (→ *Können wir trotzdem verreisen, wenn unser Antrag auf Schulfreistellung abgelehnt wurde?*, siehe vorige Frage.

Was müssen wir beachten, wenn wir erst kurz vor der Einschulung von unserer Reise zurückkommen?

Sofern eine reguläre Einschulung für Ihr Kind geplant ist, müssen Sie die Fristen für die Schulanmeldung einhalten (diese variieren je nach Bundesland).

Zur Anmeldung für den Schulbesuch werden alle Eltern per Schreiben vom Schulverwaltungsamt ihrer Gemeinde aufgefordert. Der Anmeldung müssen die Geburtsurkunde des Kindes, die Personaldokumente *beider* sorgeberechtigter Eltern und die des Kindes beiliegen; packen Sie diese Dokumente also unbedingt mit in die Reisetasche oder hinterlegen Sie sie (in Kopie) schon vor der Abreise bei der Schule.

Zusammen mit der Anmeldung erfolgt eine Schuleingangsuntersuchung. Diese kann aber meist ohne Probleme vorverlegt oder nach hinten verschoben werden.

●● ACHTUNG

In einigen Bundesländern muss die Anmeldung bereits im Herbst des vorigen Schuljahres eingereicht werden. Informieren Sie sich frühzeitig über die Termine und teilen Sie am besten direkt der Grundschule Ihrer Wahl mit, dass Sie während der Anmeldefrist nicht im Land sein werden. In aller Regel können Sie Ihr Kind auch per Brief anmelden.

Auch ein Antrag auf Zurückstellung von der Schulbesuchspflicht muss in diesem Zeitraum fristgerecht erfolgen und macht eine Untersuchung durch den Schularzt notwendig!

Was passiert, wenn wir den Einschulungstermin unseres Kindes verpassen?

Zur fristgerechten Schulanmeldung ihres Kindes sind alle in Deutschland gemeldeten Eltern gesetzlich verpflichtet. Wer die Anmeldung auch nach Erinnerung nicht vornimmt, macht sich strafbar.

Wer zur Schule angemeldet ist, muss natürlich auch zum Unterricht erscheinen. Vielleicht ist es im Einzelfall aus zwingenden Gründen möglich, erst einige Tage oder Wochen nach Schulbeginn in der Schule zu erscheinen. Dies müssen Sie jedoch im Vorhinein mit der Grundschule oder dem Schulverwaltungsamt klären. Verpassen Sie den Unterricht ohne Begründung oder trotz verweigerter Erlaubnis, bekommen Sie wahrscheinlich ein Bußgeld oder eine Strafanzeige.

Überdies ist es für Ihr Kind sicherlich wenig erstrebenswert, den so wichtigen Schulstart gemeinsam mit den anderen Kindern zu verpassen.

Reisevorbereitung

REISEDOKUMENTE UND VISA

Welche Reisedokumente brauchen Kinder auf einer Weltreise?

Wer den EU-Raum verlässt, braucht einen Reisepass – egal, wie alt er oder sie ist. Welchen Pass Ihre Kinder aber brauchen, hängt von Ihrer Reiseroute ab.

Kinderreisepass: Mit dem Kinderreisepass können Sie fast alle Länder der Welt bereisen, außer die USA. Der Kinderreisepass ist die günstigste Variante, er kann bis zum maximal zwölften Lebensjahr verlängert werden und lässt sich unkompliziert aktualisieren, wenn etwa ein neues Passfoto nötig ist (→ *Was kosten uns die Reisepässe für die ganze Familie?*, siehe nächste Frage).

Elektronischer Reisepass: Der elektronische Reisepass (ePass) für Ihr Kind ist die beste Wahl, wenn die USA auf Ihrer Reiseroute liegen. Auch bei Transitflügen über das Territorium der USA ist Ihr Kind mit einem ePass auf der sicheren Seite. (Sie könnten alternativ ein Visum beantragen, was aber aufwendig, teuer und nicht sicher ist: Etwa 20 Prozent aller Visaanträge lehnen die USA jedes Jahr ab). Die Nachteile des ePass für Kinder: Er ist wesentlich teurer, nicht aktualisierbar (was bei Kindern, deren Gesichtszüge und Körpergröße sich schnell ändern, sehr unpraktisch ist) und wird nicht sofort ausgestellt. Führt die Weltreise definitiv nicht über die USA und keines ihrer Nachbarländer (schon eine kurzfristige Flugänderung könnte eine Zwischenlandung auf US-Territorium nötig machen), genügt der günstigere und praktischere Kinderreisepass.

Personalausweis: Der Personalausweis ist nur dann sinnvoll, wenn Sie innerhalb Europas bleiben wollen. Es ist durchaus möglich, ihn auch für Kinder unter 16 Jahren zu beantragen, aber wenig sinnvoll. Der Personalausweis ist teurer als ein Kinderreisepass, er kann nicht verlängert werden und ist nur sechs Jahre gültig.

●● TIPP

Recherchieren Sie für jedes Land auf Ihrer Reiseroute, welche Ein- und Ausreisebestimmungen dort gelten. Die beste Adresse dafür ist das *Auswärtige Amt* (2).

●● ACHTUNG

Babys und Kleinkinder verändern sich in den ersten Lebensjahren rasend schnell. Kann der Grenzbeamte bei der Kontrolle keine Ähnlichkeit zwischen dem Passbild und Ihrem Kind erkennen oder weichen Größe oder Augenfarbe deutlich ab, kann es passieren, dass er den Pass nicht akzeptiert und für ungültig erklärt.

●● INFO

Für den elektronischen Reisepass müssen Kinder unter sechs Jahren keine Fingerabdrücke abgeben.

Was kosten uns die Reisepässe für die ganze Familie?

- **Kinderreisepass:** 13 Euro, Verlängerung nach sechs Jahren/ Aktualisierung: 6 Euro
- **elektronischer Reisepass (ePass):** 59 Euro für Erwachsene ab 24 Jahren (Gültigkeit 10 Jahre), 37,50 Euro für Kinder (Gültigkeit sechs Jahre)
- **Personalausweis:** 22,80 Euro (Gültigkeit sechs Jahre)

●● TIPP

Liegen „kritische" Länder wie Israel, Ägypten, Jordanien und die USA auf der Reiseroute, kann es Sinn machen, einen Zweitpass zu beantragen. Das wird nicht gern gesehen, ist aber legal. Ansonsten ist es durchaus möglich, dass Ihnen etwa in einem muslimischen Land die Einreise verweigert wird, wenn Sie einen Einreisestempel aus Israel in Ihrem Pass haben oder umgekehrt.

●● ACHTUNG

Der Kinderreisepass gilt nur bis zum zwölften Geburtstag. Bei Schulkindern sollten Sie überlegen, ob es sich lohnt, noch einen Kinderreisepass zu beantragen.

●● INFO

Wenn Sie während Ihrer Weltreise heiraten und dabei den Namen wechseln, müssen Sie theoretisch einen neuen Pass beantragen. Da das auf Reisen nur mit viel Aufwand möglich ist und dabei außerdem alle Flugtickets und Visa, die auf Ihren Geburtsnamen ausgestellt sind, ungültig werden, ist es empfehlenswert, mit dem „alten" Namen weiterzureisen und erst nach der Rückkehr einen neuen Pass zu beantragen.

Mit einer doppelten Staatsbürgerschaft dürfen Sie zwei Pässe haben und sich je nach Reiseziel den Pass aussuchen, der Ihnen bessere Einreisemöglichkeiten bietet. Mit dem deutschen Pass können Sie sich als Urlauber in vielen Ländern länger aufhalten; ein englischer Pass bietet Ihnen Vorteile in den Commonwealth-Staaten.

Wir planen eine Weltreise mit Stopps in vielen Ländern. Worauf sollten wir bei der Passbeantragung achten?

Auf einer Weltreise sammelt man viele Ein- und Ausreisestempel, Visabestätigungen etc. Da ein Pass nur 23 Seiten hat und man nicht während der Reise einen neuen Pass beantragen will, investieren Sie besser direkt in einen Reisepass mit 48 Seiten. Die Kosten belaufen sich auf 59,50 Euro für Kinder und 81 Euro für Erwachsene.

Ihr alter Reisepass ist noch gültig? Es steht Ihnen trotzdem frei, vor der Abreise einen „frischen" Pass mit leeren Seiten zu beantragen und den alten ungültig machen zu lassen. Das ist wesentlich einfacher, als ihn von unterwegs über eine deutsche Botschaft neu zu beantragen.

Die Botschaft stellt, falls Sie einen Wohnsitz in Deutschland haben, einen Ermächtigungsantrag an Ihre zuständige Passbehörde in Deutschland. Das dauert Wochen bis Monate und kann hohe Gebühren kosten – zusätzlich zu den Kosten für den neuen Reisepass. Noch gültige Visa, die in Ihren alten Pass eingestempelt sind, müssen in den neuen Pass übertragen werden – was weitere Gebühren kostet. Kosten:

- Reisepass (ePass) für Erwachsene über 24 Jahre: 80 Euro (139 Euro, falls in Deutschland gemeldet)
- Reisepass (ePass) für Erwachsene unter 24 Jahre und Kinder: 58,50 Euro (96 Euro, falls in Deutschland gemeldet)
- Kinderreisepass: 26 Euro (39 Euro, falls in Deutschland gemeldet)

•• TIPP

Ein Kinderreisepass kann nur durch direktes Vorsprechen bei der zuständigen heimatlichen Passstelle aktualisiert werden. Werden Sie während Ihrer Reise darauf hingewiesen, dass Sie die Angaben im Kinderreisepass aktualisieren sollten, können Sie über die deutsche Botschaft einen neuen Pass für Ihr Kind beantragen.

Ihren alten Pass können Sie als Erinnerungsstück behalten, lassen Sie ihn dann nur ungültig machen und geben Sie ihn nicht ab.

•• INFO

Der Kinderreisepass kann leider nicht auf 48 Seiten erweitert werden.

Was müssen wir beachten, wenn wir für unsere Reise Visa beantragen?

Die meisten Länder der Welt erlauben Besitzern eines deutschen Passes die visafreie Einreise zu Urlaubszwecken (*visa waiver*) oder sie stellen bei Ihrer Einreise ohne gesonderten Antrag ein Touristenvisum aus und stempeln es in Ihren Reisepass (*visa on arrival*). Einige Staaten verlangen jedoch die Beantragung und Vorlage eines gesonderten Visums bei der Einreise (mitunter auch nur bei der Einreise über den Landweg).

Ein *pre-arranged visa* (häufig fälschlich als *visa on arrival* bezeichnet) erhält man ebenfalls erst bei der Einreise, es muss aber bereits *vorher* beantragt werden. Die Bestätigung wird dann zusammen mit dem Reisepass und der Visagebühr bei der Einreise vorgelegt. Ohne die Bestätigung wird die Einreise verweigert. Bekannteste Beispiele dafür sind Australien und Vietnam.

Schauen Sie schon während der Routenplanung (→ *Wie stellen wir unsere Reiseroute zusammen?*, Seite 37) auf der Website des *Auswärtigen Amtes* ② nach, ob und welche Visa Sie benötigen würden, und entscheiden Sie dann, ob Sie Ihre geplante Reiseroute beibehalten können oder wollen. In Russland müssen Sie bei der Einreise zum Beispiel glaubhaft machen, dass Sie wieder nach Deutschland zurückkehren werden – schwierig, wenn Sie dort Ihren Wohnsitz abgemeldet haben (→ *Sollten wir uns abmelden, wenn wir länger verreisen?*, Seite 127).

Besonders Reisen durch Russland, Zentralasien und China müssen hinsichtlich zu beantragender Visa genau geplant werden – denn diese können nicht „auf Vorrat" beantragt werden, sondern nur für genau festgelegte Zeiträume. Hinzu kommt, dass ein Touristenvisum mitunter nur für wenige Tage oder Wochen Aufenthaltszeit ausgestellt wird. Beachten Sie auch, dass Visa für die Einreise auf dem Landweg oft weniger Aufenthaltstage erlauben als solche, die Sie bei der Einreise am Flughafen erhalten.

●● TIPP

Müssen Sie während Ihrer Reise Visa beantragen, bereiten Sie sich vor. Nehmen Sie genug biometrische Passbilder, Kopien Ihrer Reisepässe und Geburtsurkunden mit. Schauen Sie außerdem vor der Einreise in ein Land noch einmal nach den aktuellen Visaregelungen – oft werden Kleinigkeiten geändert, die für Ihre Reisepläne wichtig sein könnten.

Planen Sie für den Besuch eines Konsulats im Ausland reichlich Zeit ein. Schieben Sie die Beantragung oder Verlängerung Ihrer Visa nicht auf den letztmöglichen Termin!

•• ACHTUNG

Visa kosten nicht nur Geld, sondern auch Zeit. Die Beantragung kann Wochen dauern und persönliches Erscheinen in Botschaften erforderlich machen. Oft ist es teurer oder gar unmöglich, ein Visum erst kurz vor der Einreise zu beantragen.

Es gibt Länder, dazu gehört China, für die man das Visum ausschließlich im Heimatland beantragen kann, also nicht von unterwegs!

•• INFO

Eine gute Übersicht, wo Sie auf Ihrer Reise Visa für die Einreise brauchen, gibt die Weltkarte unter *Visamapper.com* (23).

Wie teuer sind Visa?

Je nach der Dauer des Aufenthalts, der Zahl der möglichen (Wieder-)Einreisen und der Schnelligkeit der Ausstellung können Touristenvisa zwischen 20 und 300 Euro kosten. Dazu kommen Konsulatsgebühren, Kosten für biometrische Passbilder, für die Bescheinigung der Krankenversicherung und den Postversand. Preisbeispiele für Touristenvisa (einmalige Einreise):

- Ägypten: 22 Euro
- China: 30 Euro
- Indien: 52 Euro
- Indonesien: 45 Euro
- Kambodscha: ab 20 Euro
- Kenia: 40 Euro
- Myanmar/Burma: 25 Euro
- Russland: 35 Euro
- Tansania: 50 Euro
- Vietnam: 64 Euro

Diese Preise gelten natürlich pro Person, Kinderermäßigungen gibt es nicht.

Recherchieren Sie bereits bei der Planung der Reiseroute genau, welches Land welche Visaanforderungen stellt, wann man die Visa beantragen muss und wie lange man mit ihnen im Land bleiben darf. Sehr teuer kann es werden, wenn Sie aufgrund eines fehlenden Visums die Reise kurzfristig umplanen müssen oder mit einem abgelaufenen Visum aus einem Land ausreisen wollen (dann werden Strafgebühren pro Tag und Person fällig).

> **●● ACHTUNG**
>
> Wollen Sie nicht nur Urlaub machen, sondern arbeiten, werden andere Visa verlangt (→ *Dürfen wir unterwegs arbeiten, um unsere Reisekasse aufzubessern?*, Seite 29). Wenn Sie mit einem Touristenvisum arbeiten, kann das hohe Strafgebühren für Sie und Ihren Arbeitgeber nach sich ziehen.

Was ist eine Reisevollmacht und was kostet sie?

Die schriftliche Reisevollmacht inklusive Personensorge besagt, dass eine sorgeberechtigte Person ihre gesetzlich vorgegebene Verantwortung für das Kind an eine andere Person übergibt. Diese übernimmt damit die Verantwortung dafür, dass das Kind keinen Schaden erleidet und alles zu seinem Wohl Nötige getan wird. Das schließt für gewöhnlich auch Entscheidungen bei notärztlichen Behandlungen ein; sicherheitshalber sollte diese Passage ausdrücklich hinzugefügt werden.

Eine Reisevollmacht für eine einfache Urlaubsreise können Sie formlos selbst erstellen. Ist eine amtliche oder notarielle Beglaubigung sowie eine Übersetzung in die Landessprache notwendig, fallen dafür geringe Gebühren an. Einseitige Dokumente, bei denen nur die Unterschriften beglaubigt werden müssen, können

Sie im Einwohnermeldeamt oder bei einem Notar schon ab etwa 5 Euro beglaubigen lassen. Sie sollte folgende Punkte enthalten:

- Name des Kindes
- Geburtsdatum und Geburtsort
- Wohnadresse (Straße und Hausnummer, Postleitzahl und Wohnort)
- Angaben aus dem Pass (Passnummer, Ausstellungsort und Ausstellungsdatum)
- Vorname, Nachname und Anschrift des Erwachsenen, der die Personensorge übertragen bekommt
- Gültigkeitszeitraum der Reisevollmacht, Reiseroute und Urlaubsziel
- Kontaktdaten der sorgeberechtigten Eltern
- Vor- und Nachnamen, Personalausweis- oder Reisepassnummern der Sorgeberechtigten
- Unterschriften aller Sorgeberechtigten

●● TIPP

Die Reisevollmacht sollte ins Englische und eventuell die Landessprache des Reiseziels übersetzt sein. Damit geprüft werden kann, ob die Unterschriften der Sorgeberechtigten echt sind, müssen außerdem Kopien der Pässe oder Personalausweise beiliegen.

Eine zweisprachige Reisevollmacht (deutsch/englisch) können Sie sich direkt auf *KidsAway.de* (15) kostenlos herunterladen.

Brauche ich eine Reisevollmacht, um allein mit meinem Kind verreisen zu können?

- **Wenn Sie gemeinsam mit dem anderen Elternteil das Sorgerecht für Ihr Kind haben:** Dann brauchen Sie eine Reisevollmacht, auch wenn Sie keine Grenze überschreiten. Mit der Reisevollmacht, die Ihnen der andere sorgeberechtigte Elternteil ausstellen muss, können Sie nachweisen, dass Sie Ihr Kind nicht entführt haben. Rechnen Sie bei jedem Grenzübertritt, vor allem an Flughäfen, mit einer Kontrolle.
- **Wenn Sie das alleinige Sorgerecht für Ihr Kind haben:** Auch das müssen Sie nachweisen können. Lassen Sie sich dafür eine „Negativbescheinigung" vom Jugendamt ausstellen oder nehmen Sie eine Geburtsurkunde Ihres Kindes mit auf Reisen, auf der kein Vater eingetragen ist.
- **Wenn Sie gar kein Sorgerecht für das Kind haben:** Als Großmutter, Patenonkel oder Patchwork-Papa müssen Sie immer eine Vollmacht von den Sorgeberechtigten (und zwar von beiden!) des Kindes vorweisen können, auch wenn innerhalb Deutschlands unterwegs sind. Am Flughafen werden Sie mit großer Sicherheit danach gefragt.

Einige Länder sind besonders streng, was das Reisen mit Kindern angeht, um Kindesentführungen und Menschenhandel vorzubeugen. Bekannt ist dafür Brasilien, aber auch in den USA, Kanada und Südafrika können Sie sich auf genaue Kontrollen vorbereiten. Erkundigen Sie sich vorher auf den Websites der deutschen Botschaften dieser Länder, ob Sie bei der Einreise spezielle Formulare vorlegen müssen. Unter Umständen müssen diese sogar in die Landessprache übersetzt und (für eine geringe Gebühr) amtlich beglaubigt werden (→ *Was ist eine Reisevollmacht und was kostet sie?*, Seite 86).

•• TIPP

Besonders wenn Sie einen anderen Nachnamen als Ihr Kind haben, ist eine Reisevollmacht des namensgebenden Elternteils von großem Vorteil. Legen Sie im Zweifel noch die Geburtsurkunde Ihres Kindes und eventuell Ihre Heiratsurkunde vor, um hartnäckige Grenzbeamte zufriedenzustellen.

Müssen wir den Internationalen Impfausweis mitnehmen?

Eine gesetzliche Verpflichtung zur Mitführung der kleinen gelben Heftchen gibt es nicht. Aber es lohnt sich, sie dabeizuhaben!

Nur so können Sie bei der Einreise zweifelsfrei nachweisen, dass Sie über vorgeschriebene Schutzimpfungen wie Gelbfieber verfügen. Auch bei Erkrankungen und Unfällen spart es den Ärzten viel Zeit (und Ihnen oder Ihren Kindern unnötige Impfungen und somit Extra-Ausgaben), wenn nachgewiesen werden kann, dass Sie zum Beispiel gegen Tetanus, Hepatitis B oder Tollwut geimpft sind.

•• TIPP

Haben Sie noch keinen Impfausweis oder haben Sie ihn verloren, dann lassen Sie sich vor Ihrer Abreise vom Arzt kostenlos einen ausstellen. Im Impfausweis sollten alle Impfungen eingetragen werden, die Sie bekommen haben. Dafür kann der Arzt auch Impfungen nachtragen, die er in den letzten zehn Jahren bei Ihnen vorgenommen hat. Ohne schriftlichen Nachweis dürfen keine Impfungen nachgetragen werden; in diesem Fall wird es als zuverlässiger angesehen, ausstehende Impfungen noch einmal zu verabreichen.

Brauchen wir einen Internationalen Führerschein auf Reisen?

Ob Sie einen Internationalen Führerschein brauchen, hängt erstens von den Ländern auf Ihrer Reiseroute ab und zweitens davon, ob Sie unterwegs ein Fahrzeug (einen Mietwagen, ein Wohnmobil oder auch einen Motorroller) lenken wollen.

Sind Sie innerhalb der EU-Staaten am Steuer eines Kraftfahrzeugs unterwegs, benötigen Sie nur Ihren eigenen Führerschein. Das kann sowohl die alte rosafarbene Klappkarte sein oder der seit 1999 ausgestellte EU-Führerschein im Chipkartenformat. In der Praxis akzeptieren Polizisten im Ausland häufig den immer seltener werdenden deutschen Führerschein nicht als gültiges Dokument.

Der Internationale Führerschein ist eine einfache Klappkarte aus Papier. Er wird auf Englisch ausgestellt und soll es der Polizei in Ländern außerhalb der EU erleichtern zu prüfen, ob Sie für das von Ihnen geführte Fahrzeug die erforderliche Erlaubnis haben. Akzeptiert und verlangt wird er in vielen, aber lange nicht allen Staaten außerhalb der EU.

Alternativ wird in einigen Ländern eine (amtlich beglaubigte) Übersetzung des deutschen Führerscheins akzeptiert, etwa in Neuseeland, Australien und den USA. In Japan wird nur die Übersetzung akzeptiert, der Internationale Führerschein dagegen nicht. Dafür fallen Kosten in sehr unterschiedlicher Höhe an, je nachdem, ob die Übersetzung in Deutschland gemacht wird oder im Reiseland erfolgen muss. Von neuseeländischen (amtlich anerkannten) Übersetzern werden um die 30 Euro berechnet, in Japan berechnet die Botschaft 36 Euro. Spezialisierte Reisebüros, die das gern für ihre Kunden übernehmen, schlagen natürlich noch einige Euros drauf.

•• INFO

In Bolivien muss der Internationale Führerschein vor Ort von der zuständigen Behörde abgestempelt werden, in Qatar ist er nur sieben Tage gültig und in China müssen Sie eine zusätzliche Fahrprüfung abgelegen. Schließlich ist es Touristen in Vietnam und Indonesien vollständig verboten, selbst ein Fahrzeug zu steuern.

Was kostet ein Internationaler Führerschein?

Ein Internationaler Führerschein kostet 15 Euro. Er kann nach Vorlage des EU-Führerscheins bei Ihrem zuständigen Meldeamt sofort ausgestellt werden (bringen Sie ein biometrisches Passbild mit). Haben Sie noch einen alten deutschen Führerschein, wird dieser automatisch gegen einen EU-Führerschein umgetauscht; das dauert dann einige Tage und kostet zusätzliche Gebühren. Nach Ausstellung ist der Internationale Führerschein drei Jahre gültig.

•• TIPP

Den Internationalen Führerschein können Sie nur beantragen, wenn Sie im Besitz eines EU-Führerscheins sind. Bei Ihrer örtlichen Führerscheinstelle können Sie den alten Führerschein gegen den EU-Führerschein eintauschen. Das kostet 24 Euro, plus etwaige Kosten für ein biometrisches Passbild, und dauert bis zu vier Wochen. Eine Express-Bearbeitung bekommen Sie für zusätzliche 35 Euro.

> **●● ACHTUNG**
>
> Als Zusatzdokument zum nationalen Führerschein ist der Internationale Führerschein nur in Verbindung mit Ihrem eigentlichen Führerschein gültig!

> **●● INFO**
>
> Beim Umtausch des Führerscheins wird die alte Klasse 3, die zum Führen von Fahrzeugen bis 7,5 Tonnen berechtigt (also großen Wohnmobilen), in die Klassen B/BE übertragen. Damit dürfen Sie nun sogar Zugfahrzeuge mit zweiachsigen Anhängern fahren.

Was müssen wir beachten, wenn wir mit unserem eigenen Fahrzeug in Länder außerhalb Europas fahren?

Um ein Fahrzeug zollfrei einführen zu dürfen, wird in einigen Ländern Südamerikas, in großen Teilen Asiens sowie in Australien und Neuseeland ein *carnet de passage* benötigt. Dieses Dokument bestätigt, dass Sie Ihr Fahrzeug am Ende Ihres Aufenthalts in einem Land wieder mit hinausnehmen werden, und erspart Ihnen damit den Ein- und Ausfuhrzoll. Diese Kosten fallen für den *carnet de passage* an:

- 300 Euro Anmeldegebühren (200 Euro für ADAC-Mitglieder)
- 3,50 Euro Versandkostenpauschale
- Bankbürgschaft oder Kaution beim ADAC; die Höhe richtet sich nach dem Wert des Fahrzeugs und den bereisten Ländern und liegt zwischen 2.500 und 60.000 Euro (das ist kein Druckfehler!)

Ein *carnet de passage* ist ein Jahr gültig, beantragen können Sie ihn (online oder schriftlich) beim ADAC-Hauptsitz in München. Die Bearbeitung dauert etwa zwei Wochen. Ein *carnet de passage* hat 25 Seiten und kann daher für die Einreise in maximal 25 Länder genutzt werden; danach müssen Sie ein Anschlussdokument beantragen.

●● ACHTUNG

Je nachdem, wie hoch der aktuelle Wert Ihres Fahrzeugs geschätzt wird und in welche Länder Sie damit einreisen wollen, kann ein *carnet de passage* sehr teuer werden. Planen Sie Ihre Route also mit Bedacht!

Verlieren Sie den *carnet de passage* oder Ihr Auto (durch Diebstahl oder Totalschaden), müssen Sie Einfuhrzoll und Einfuhrumsatzsteuer nachzahlen; behandeln Sie ihn also als genauso wertvolles Reisedokument wie Ihren Reisepass.

VERSICHERUNGEN FÜR DIE REISE

Welche Versicherungen brauchen wir unbedingt für unsere Reise?

Drei Versicherungen braucht jede Familie auf Reisen:
- **Auslandsreisekrankenversicherung** (→ *Was kostet die Auslandsreisekrankenversicherung für Langzeitreisen?*, Seite 105)
- **Reiserücktritts- und Reiseabbruchversicherung** (→ *Brauchen wir eine Reiserücktrittsversicherung?*, Seite 97)
- **Privat-Haftpflichtversicherung:** eine der wenigen Alltagsversicherungen, die Sie nicht aus Sparzwecken kündigen sollten! Kosten: ab etwa 35 Euro pro Jahr und Familie

Welche Versicherungen brauchen wir während unserer Reise nicht unbedingt?

Andere Versicherungen sind nicht für jede reisende Familie wichtig, das ist abhängig von Ihrer Reiseart. Wägen Sie deshalb genau ab:

- **Hausratversicherung:** nicht nur zu Hause sehr nützlich, sondern deckt in der Regel auch den Diebstahl von Gepäckstücken auf Reisen ab, auch aus Ferienwohnungen und Hotelzimmern. Die Deckungssumme liegt meist bei 10 Prozent der Gesamtversicherungssumme oder 10.000 Euro. Kosten: ab 150 Euro pro Jahr.
- **Reise-Haftpflichtversicherung:** eigentlich nur dann nötig, wenn Ihre Privat-Haftpflichtversicherung nur Auslandsaufenthalte bis zu einer bestimmten Länge abdeckt oder Schäden an Mietwohnobjekten (etwa in Ferienwohnungen) ausnimmt. Das finden Sie in den Versicherungsbedingungen – oder Sie rufen einfach kurz Ihren Makler an und fragen nach. Kosten: Tarife, die für mehr als 56 Tage gelten, kosten für Familien ab 30 Cent pro Tag und gelten bis zu einem Jahr.
- **Reisegepäckversicherung:** ersetzt nur den Zeitwert von beschädigten oder gestohlenen Gegenständen, leistet nur bis zu einer recht niedrigen Maximalsumme und beinhaltet meist eine Selbstbeteiligung. Lesen Sie auf jeden Fall genau die Versicherungsbedingungen, unter denen etwas erstattet wird!
- **Versicherungen rund ums Auto und Wohnmobil:** Reisen Sie mit Ihrem eigenen Auto oder mieten Sie unterwegs ein Auto, sind dafür weitere Versicherungen dringend zu empfehlen (→ *Welche Versicherungen brauchen wir, wenn wir mit dem Auto oder Wohnmobil reisen?*, Seite 96).
- **Gesetzliche Rentenversicherung:** Für spätere Rentenansprüche wollen Sie eventuell Ihre Rentenversicherung weiter bezahlen. Kosten: ab etwa 90 Euro im Monat (→ *Läuft meine gesetzliche Rentenversicherung weiter, wenn ich eine Jobauszeit nehme?*, Seite 50).

Welche Versicherungen sind für uns auf längeren Reisen überflüssig?

Folgende Reiseversicherungen sind laut Verbraucherschützern überflüssig, wenn Sie auf Reisen gehen:

- **Krankenversicherung:** Da Sie im Ausland durch Ihre private Auslandsreisekrankenversicherung abgesichert sind und die Krankenversicherung sowieso nicht leistet, wenn man sich außerhalb der EU aufhält (selbst in EU-Mitgliedsstaaten werden Leistungen wie Rücktransport nicht übernommen), ist sie prinzipiell unnötig. Leider ist es nicht immer möglich, diese Versicherung für die Zeit einer Reise zu kündigen oder ruhend zu stellen (→ *Müssen wir während unserer Reise weiterhin unsere Krankenversicherung bezahlen?*, Seite 99).

- **Reiseunfallversicherung:** unnötig, weil Bergungs- und Behandlungskosten nach Krankheiten oder Unfällen von der Auslandsreisekrankenversicherung abgedeckt werden (→ *Welche Auslandsreisekrankenversicherung brauchen wir für unsere Reise?*, Seite 101). Darüber hinausgehende Leistungen (etwa bei Extremsportlern) sind besser mit einer privaten Unfallversicherung mit höheren Schadenssummen abgedeckt. Für Kinder empfehlen Verbraucherschützer dagegen eher eine Kinderinvaliditätsversicherung, die auch die Folgen schwerer Krankheiten abdeckt.

•• TIPP

Geht Ihr Gepäck im Flieger verloren, bekommen Sie die Kosten bis zu einer Höhe von etwa 1.300 Euro (pro Person, nicht pro Koffer, wenn sich Sachen von Ihnen allen darin befanden!) von der Airline erstattet.

Welche Versicherungen brauchen wir, wenn wir mit dem Auto oder Wohnmobil reisen?

Neben der dringend zu empfehlenden Privat-Haftpflichtversicherung (→ *Welche Versicherungen brauchen wir unbedingt für unsere Reise?*, Seite 93) sind für (Miet-)Fahrzeugfahrer noch einige weitere Versicherungen zu empfehlen:

- **Kfz-Haftpflichtversicherung:** ist für jeden Fahrzeughalter in der EU Pflicht. Aber auch, wenn Sie als Fahrzeugbesitzer im nicht-europäischen Ausland unterwegs sind, sollten Sie immer mindestens diese eine Versicherung für Ihr Fahrzeug abschließen. Bei Mietwagen ist diese Versicherung übrigens immer im Standardpreis inklusive.

- **Teil- oder Vollkasko-Versicherung:** leistet dringend benötigte Hilfe, wenn Ihr eigenes Auto beschädigt, aufgebrochen oder gestohlen wird. Unfallschäden aus Eigenverschulden deckt nur die Vollkasko ab – auf Fahrten im Ausland kann das Gold wert sein. Bei Mietfahrzeugen fallen oft Preisaufschläge oder Selbstbeteiligungen an, wenn diese Versicherungen integriert werden.

- **Schutzbrief (Teil der Kfz-Versicherung):** bietet Pannendienst-Leistungen für Ihr eigenes Auto, was auf Reisen praktisch sein kann. Dafür müssen Sie nicht in einen Automobilclub wie den ADAC eintreten. Dieselben Dienstleistungen, inklusive Kostenübernahme für Fahrzeugrückführungen oder Hotelübernachtungen während der Reparatur, bekommen Sie oft deutlich günstiger als Teil Ihrer Kfz-Versicherung (Kosten: 7 bis 19 Euro pro Jahr). Achten Sie bei längeren Reisen darauf, welche Länder Ihr Schutzbrief abdeckt und wie hoch die maximale Schadenssumme ist.

- **Mallorca-Police (EU) oder Traveller-Police (übriges Ausland):** erhöht die manchmal zu niedrigen Deckungssummen für die Kfz-Haftpflichtversicherung in Mietwagenverträgen außerhalb Deutschlands, sodass Sie bei schweren Schäden nicht selbst für die Differenz aufkommen müssen. Das ist in vielen osteuropäischen Ländern und Griechenland der Fall, aber auch in der Schweiz und den USA. Kosten: 18,50 Euro pro Monat (europaweit) oder 43,50 Euro (weltweit) über den ADAC. Haben Sie ein eigenes Auto, ist diese Police oft schon in der Kfz-Haftpflicht eingeschlossen. Auch einige Kreditkarten bieten diese Leistung an, wenn Sie Ihr Mietfahrzeug mit der Karte bezahlen.

Brauchen wir eine Reiserücktrittsversicherung?

Plötzlich hohes Fieber beim Kind, eine überraschende Kündigung, ein Herzinfarkt beim Opa – das alles kann die Reisepläne von Familien komplett umwerfen. Die kurzfristige Stornierung oder Umbuchung mehrerer Flugtickets, vorgebuchter Unterkünfte oder Mietwagen kann schnell Tausende von Euro und viele Nerven kosten.

Schließen Sie möglichst bald nach der Buchung eine Reiserücktrittsversicherung ab, die – ganz wichtig! – auch Reiseabbruch und (bei langen Reisen) Reiseunterbrechungen abdeckt (→ *Bis wann müssen wir eine Reiserücktritts- und Reiseabbruchversicherung abschließen?*, Seite 98).

●● TIPP

Haben Sie für Ihre Reise kaum Startkosten, etwa weil Sie mit Ihrem eigenen Fahrzeug reisen oder nur den ersten Flug mit einer Billigairline gebucht haben, dann benötigen Sie auch keine Reiserücktrittsversicherung.

Was kostet eine Reiserücktritts- und Reiseabbruchversicherung?

Die Kosten für eine Reiserücktritts- und -abbruchversicherung liegen bei etwa 4 bis 6 Prozent des Reisepreises. Je höher also der Betrag ist, den Sie mit der Versicherung schützen wollen, desto mehr müssen Sie dafür bezahlen.

Standardtarife sind meist auf Reisepreise bis 10.000 Euro beschränkt. Sind Ihre Flugtickets und das Miet-Wohnmobil in Australien teurer, kontaktieren Sie die Versicherung am besten direkt und lassen Sie sich ein Angebot machen.

●● TIPP

Setzen Sie als versicherten Betrag nur das an, was Sie bereits bezahlt haben (meistens die Flugtickets). Es ist unmöglich, die genauen Reisekosten für eine längere Reise im Vorhinein zu kennen.

●● ACHTUNG

In der Versicherungspolice müssen alle mitreisenden Familienmitglieder aufgeführt sein. Babys, die erst nach dem Abschluss der Versicherung geboren wurden, können Sie problemlos in der Police nachtragen lassen – eine formlose Mail an den Versicherer genügt meistens.

Bis wann müssen wir eine Reiserücktritts- und Reiseabbruchversicherung abschließen?

Mit dem Versicherungsabschluss können Sie bis 30 Tage vor Reisebeginn warten. Einige günstige Versicherungen verlangen, dass Sie binnen 14 Tagen nach der Reisebuchung den Vertrag

abschließen – und das ist sogar empfehlenswert, denn der Versicherungsschutz beginnt erst dann, wenn Sie die Prämie bezahlt haben. Tritt ein Schadensfall vor Beginn des Versicherungsschutzes auf, übernimmt die Versicherung keinen Cent.

●● TIPP

Wenn man Ihnen im Reisebüro bei der Buchung eine Reiserücktrittsversicherung anbietet, lehnen Sie vorsichtshalber ab und recherchieren Sie in Ruhe zu Hause, ob es günstigere Tarife gibt. Vor allem sollten Sie niemals eine Versicherung mit Selbstbehalt abschließen.

●● ACHTUNG

Bei kurzfristig gebuchten Reisen, die Sie in den nächsten 30 Tagen schon antreten, müssen Sie die Reiserücktritts- und Reiseabbruchversicherung spätestens drei Tage nach der Buchung abschließen.

Müssen wir während unserer Reise weiterhin unsere Krankenversicherung bezahlen?

Ob es möglich ist, die „überflüssige" Krankenversicherung zu kündigen oder ruhend zu stellen, hängt davon ab, welchen Status Sie während Ihrer Abwesenheit innehaben, und von der Kulanz und dem Sachverstand des Sachbearbeiters Ihrer Krankenversicherung.

- Gehen Sie im Rahmen einer beruflichen Auszeit oder der Elternzeit auf Reisen, sind Sie während dieser Zeit weiterhin angestellt. Das schließt eine Kündigung der Krankenversicherung aus. Trösten Sie sich damit, dass Ihr Arbeitgeber weiterhin die Hälfte Ihrer Beiträge übernimmt und Sie keine Renten-

ausfallzeiten haben (→ *Läuft meine gesetzliche Rentenversicherung weiter, wenn ich eine Jobauszeit nehme?*, Seite 50).

- Selbstständige, die in Deutschland ein Gewerbe angemeldet haben, können ihre deutsche Krankenversicherung auch während einer Langzeitreise nicht kündigen.

- Selbst wenn Sie nicht erwerbstätig sind: Solange der Wohnsitz in Deutschland beibehalten wird, besteht auch die Krankenversicherungspflicht weiter.

Einige Krankenkassen sehen die Bestätigung des Abschlusses einer Langzeit-Auslandsreisekrankenversicherung als ausreichenden Ersatz für die Krankenversicherungspflicht an. Die meisten zwingen ihren Kunden aber eine Anwartschaft auf (also eine Art „Versicherungs-Reservierung" zu einem geringeren Beitrag, meist um die 50 Euro monatlich) oder versichern sie für die Zeit der Abwesenheit zu einem reduzierten Grundbetrag (ab 150 Euro monatlich) weiter.

Nur wenn Sie Ihren Wohnsitz in Deutschland abmelden (→ *Wie melden wir unseren Wohnsitz ab?*, Seite 129), können Sie die Krankenversicherung tatsächlich problemlos kündigen.

Ich bin privat krankenversichert. Muss ich für unsere Reise eine zusätzliche Auslandsreise-krankenversicherung abschließen?

Besser ja. Privat Versicherte genießen zwar normalerweise weltweit vollen Krankenversicherungsschutz. Dieser Schutz gilt jedoch oft nur für einen bis drei Monate und auch in dieser Zeit werden nicht alle Leistungen übernommen: Der medizinisch sinnvolle Rücktransport aus dem Ausland (oder überhaupt ein Rücktransport) steht zum Beispiel bei den wenigsten Tarifen im Vertrag.

Und: Medizinische Behandlungen im Ausland werden in der Regel nach der deutschen Gebührenordnung abgerechnet. Für teurere Behandlungen im Ausland (zum Beispiel in den USA)

übernimmt die private Krankenkasse daher unter Umständen nicht die vollen Kosten und Sie bleiben auf der Differenz sitzen.

•• TIPP

Welche Leistungen Ihre private Krankenversicherung im Ausland übernimmt und bis zu welcher Reisedauer, können Sie in den Versicherungsbedingungen nachlesen. Lesen Sie das Kleingedruckte aufmerksam durch.

Welche Auslandsreisekrankenversicherung brauchen wir für unsere Reise?

Abhängig von der Länge Ihrer Reise haben Sie zwei Möglichkeiten:
1. Für Reisen bis maximal 56 Tage am Stück: Hier genügt die Familienpolice einer Auslandsreisekrankenversicherung. Diese sichert Ihre ganze Familie oder auch ein allein reisendes Familienmitglied ab. Die versicherte Reisedauer ist je nach Versicherer auf 42 bis 56 Tage (pro Reise) begrenzt, danach müssen Sie sich zumindest für einige Tage in Deutschland aufhalten und dort über Ihre Krankenversicherung abgesichert sein.

Kosten: Eine Jahrespolice, die auch mehrere Reisen pro Jahr abdeckt, kostet etwa 18 Euro Jahresbeitrag. Es genügt, die Auslandsreisekrankenversicherung eine oder zwei Wochen vor der Reise abzuschließen; den Versicherungsbeginn setzen Sie auf das Abreisedatum. Die Anmeldung einer Auslandsreisekrankenversicherung für Reisen bis maximal 56 Tagen am Stück erfolgt bequem online. Die Versicherungsunterlagen werden Ihnen per E-Mail zugeschickt.

2. Für längere Reisen als 56 Tage am Stück: Hierfür brauchen Sie eine Langzeit-Auslandsreisekrankenversicherung (→ *Worauf müssen wir beim Abschluss einer Auslandsreisekrankenversicherung für unsere Langzeitreise achten?*, Seite 102). Diese werden meistens ausschließlich für Einzelpersonen angeboten, aktuell hat nur die HanseMerkur einen Langzeitreise-Familientarif im Angebot.

> **•• TIPP**
>
> Wollen Sie Ihre Familienauszeit ohnehin in Europa verbringen, können Sie eventuell mehrere kürzere Auslandsaufenthalte mit Zwischenstopps in der Heimat kombinieren und so den günstigeren Versicherungsschutz einer Familien-Jahrespolice genießen.

> **•• ACHTUNG**
>
> Wird eines Ihrer Kinder volljährig, fällt es automatisch aus der Familienpolice heraus.

Worauf müssen wir beim Abschluss einer Auslandsreisekrankenversicherung für unsere Langzeitreise achten?

Eine gute Langzeit-Auslandsreisekrankenversicherung (LAKV) sollte Folgendes bieten:

- **Erstattungsoption bei vorzeitiger Rückreise:** Als Nachweis sollten Sie ein Flugticket vorzeigen können.
- **Verlängerungsoption:** wenn auch nur die geringste Wahrscheinlichkeit besteht
- **Mitversicherung kurzer Heimataufenthalte:** Wenn Sie Ihre Krankenversicherung abgemeldet oder ruhend gestellt haben und zwischendurch kurz nach Deutschland zurückkehren müssen, sind Sie sonst gar nicht krankenversichert.
- **kein Selbstbehalt**: schon gar nicht pro Krankheitsfall, das kann bei mehreren Familienmitgliedern richtig teuer werden
- **Krankenrücktransport**: und zwar der medizinisch *sinnvolle* Krankenrücktransport, nicht nur der medizinisch *notwendige*
- **Übernahme von Regeluntersuchungen, Check-ups und Vorsorgen:** vor allem, wenn Sie mit kleinen Kindern oder in der Schwangerschaft reisen

Gesundheitskarte

- **Übernahme von Rooming-in**: falls Sie bei Ihrem kranken Kind im Krankenhaus übernachten müssen
- **Übernahme von Kinderbetreuungskosten**: für Notfall-Babysitter, falls Sie, etwa nach einem Unfall, im Ausland beide ins Krankenhaus müssen

Bei Versicherungsabschluss müssen Sie genau angeben, für wie viele Tage Sie sich versichern wollen. Sparen Sie nicht am falschen Ende, sondern versichern Sie die maximal mögliche Reisedauer. Manche Versicherungen können nachträglich verlängert werden, aber meist nur zu einem ordentlichen Aufpreis und nach einem aufwendigen Antragsverfahren – nichts, was Sie während einer Weltreise erledigen wollen. Achten Sie lieber darauf, dass zu viel gezahlte Beiträge zurückerstattet werden.

●● **TIPP**

Legen Sie bei einer Weltreise die USA und Kanada an den Anfang Ihres Reisezeitraums und decken Sie diese Zeit mit einer „normalen" Auslandsreisekrankenversicherung für bis zu 42 oder 60 Tage ab, sparen Sie sich die durchgehend höheren Tagesprämien. Das erlaubt aber nicht jede Langzeit-Auslandsreisekrankenversicherung.

ADAC-Mitglieder können im ADAC-Plus-Tarif einen weltweit gültigen Krankenrücktransport für die gesamte Familie in Anspruch nehmen. (→ *Können wir uns den teuren Automobilclub-Mitgliedsbeitrag sparen?*, Seite 179).

●● ACHTUNG

Die meisten Versicherungen schließen Nordamerika aus oder verlangen eine teure Zusatzprämie, auch wenn Sie nur einen kurzen Transit-Aufenthalt dort haben. Oft verdreifacht sich die Tagesprämie, und zwar nicht nur für die in Nordamerika verbrachte Zeit, sondern für jeden versicherten Tag.

Sie müssen sich bei Versicherungsabschluss noch in Deutschland befinden. Verpassen Sie das, bleibt Ihnen nur der Abschluss einer internationalen Reisekrankenversicherung, zum Beispiel bei „World Nomads". Diese Tarife sind allerdings deutlich teurer.

Was kostet die Auslandsreisekrankenversicherung für Langzeitreisen?

Der Versicherungsbetrag wird exakt nach der Zahl der Reisetage berechnet und entweder insgesamt oder monatsweise bezahlt. Die allermeisten Langzeit-Auslandsreisekrankenversicherungen (LAKV) bieten ihre Tarife nur für Einzelpersonen an. Jedes Familienmitglied muss sich einzeln versichern, es gibt keine vergünstigten Kinderpreise. Kosten: ab 1 Euro pro Tag und pro Person.

Das bisher einzige Angebot für deutsche Familien (ein fester Wohnsitz in Deutschland bei Abschluss der Versicherung ist Voraussetzung) ist der Familientarif „RK 365 spezial Family" der HanseMerkur für Reisen bis zu 18 Monate oder 548 Tage. Familien mit bis zu sieben Personen können sich hier ab 1,10 Euro pro Tag versichern.

Der Festpreis einer LAKV gilt für maximal 365 Tage, darüber hinausgehende Zeiten kosten mehr. Prinzipiell kann eine solche Versicherung für bis zu fünf Jahre abgeschlossen werden. Gut, wenn man die LAKV bei Bedarf flexibel verlängern kann – und noch besser, wenn bei einer vorzeitigen Rückreise die zu viel gezahlten Prämien zurückerstattet werden.

> **•• TIPP**
>
> Auf Langzeitreisen spezialisierte Reisebüros können ihren Kunden sehr günstige Versicherungstarife anbieten, die nicht öffentlich verkauft werden. Sie sind im Internet nicht zu finden, und sie werden auch bei direkter Nachfrage bei einer Versicherung nicht genannt.

> **•• ACHTUNG**
>
> Sobald die USA oder Kanada auf der Reiseroute liegen, steigt der Tagespreis der LAKV auf mindestens 3 Euro – und zwar für die gesamte Reise, nicht nur die im Land verbrachte Zeit.

Wenn wir unsere Weltreise unterbrechen oder kurz nach Deutschland zurückkehren, wie sind wir dann krankenversichert?

Eine Auslandsreisekrankenversicherung gilt prinzipiell nicht in dem Land, in dem der Versicherungsnehmer bei Abschluss der Versicherung gemeldet war. Wer zwischendurch nach Deutschland zurückkommt, muss sich über seine normale gesetzliche oder private Krankenversicherung absichern.

Haben Sie diese unverändert oder zu einem geringeren Beitrag beibehalten, ist das kein Problem. Bei einer Anwartschaft sieht es schon anders aus – dann heißt es schnellstmöglich mit der Krankenversicherung Kontakt aufnehmen, wenn absehbar ist, dass Sie bald nach Hause kommen werden (→ *Müssen wir während unserer Reise weiterhin unsere Krankenversicherung bezahlen?*, Seite 99.).

•• TIPP

Besteht auch nur die geringste Gefahr, dass Sie einen Heimatbesuch machen müssen – alte oder kranke Verwandte kommen hier am ehesten als Grund in den Sinn – und wollen Sie Ihre eigene Krankenversicherung für die Zeit der Reise ruhend stellen oder kündigen, sollten Sie gezielt einen Tarif wählen, der auch kurze Aufenthalte im Heimatland abdeckt.

Können wir nicht die Auslandsreisekrankenversicherung nehmen, die unsere gesetzliche Krankenkasse anbietet?

Einige Krankenkassen bieten einen Tarif mit integrierter Auslandsreisekrankenversicherung an – oder besser: Das taten sie bis zum Mai 2016.

Ab September dürfen laut einer Entscheidung des Bundessozialgerichts in Kassel (Az: B 1 A 2/15 R) Krankenkassen keinen weltweiten Krankenversicherungsschutz mehr anbieten. Ihr Auslandsreisekrankenversicherungsschutz als Versicherter erlischt damit am 31. Dezember 2016.

Bezahlt eine Auslandsreisekrankenversicherung auch, wenn ich schwanger bin?

Auslandsreisekrankenversicherungen zahlen in der Regel nicht für Behandlungen, bei denen schon vor der Reise feststand, dass sie nötig werden – dazu gehören sowohl Vorsorgeuntersuchungen für Schwangere als auch Entbindungen ab der 37. Schwangerschaftswoche. Hier werden allenfalls die Behandlungskosten bei Komplikationen während der Entbindung erstattet.

Nur wenn Sie nachweisen können, dass Sie erst während der Reise schwanger geworden sind, übernimmt die Krankenversi-

cherung alle Kosten; dann auch für Vorsorgeuntersuchungen, Schwangerschaftskomplikationen, die Betreuung durch eine Hebamme, die Entbindung und die medizinische Versorgung von Mutter und Baby.

•• TIPP

Kommt Ihr Baby im Ausland zur Welt, müssen Sie es so schnell wie möglich bei Ihrer Auslandsreisekrankenversicherung anmelden. Entweder wird es Ihrer Familienpolice hinzugefügt und die Prämie wird bei der nächsten fälligen Zahlung angepasst oder Sie müssen es einzeln versichern. In den ersten Lebenswochen ist es trotzdem erst einmal beitragsfrei mitversichert. Es gibt aber Tarife, die das nur anbieten, wenn ein Elternteil seit mindestens drei Monaten versichert war.

REISEAUSRÜSTUNG

Wie viel Geld müssen wir für die Reiseausrüstung einplanen?

Die teuersten Ausrüstungsgegenstände für Familien sind in der Regel:
- Rucksäcke/Reisetaschen/Koffer: ab 80 Euro
- Wanderschuhe: ab 70 Euro (pro Person)
- UV-Schutzkleidung: ab 20 Euro pro Teil
- Trage oder Tragetuch für Babys und Kleinkinder: ab 60 Euro (Wanderkraxen kosten deutlich mehr)
- Reisebuggy: ab 100 Euro
- Autokindersitz mit Flugzeugzulassung: ab 200 Euro
- Kamera: ab 100 Euro
- Reiseapotheke: ab 50 Euro (→ *Was kostet die Reiseapotheke?*, Seite 121)

•• TIPP

Eine Packliste, die Sie frühzeitig erstellen sollten, bringt Klarheit über notwendige Ausgaben und hilft auch, unnötige Kosten zu vermeiden. Eine große Auswahl an hilfreichen Packlisten können Sie bei *KidsAway.de* (15) kostenlos herunterladen.

Wo lässt sich bei der Reiseausrüstung etwas einsparen?

Grundsätzlich sollten Sie so wenig wie möglich mitnehmen. Zu viel Kram belastet nicht nur im buchstäblichen Sinne. Fluggesellschaften haben strenge Gepäckgrenzen und auf Inlandsflügen, auf kleinen Schiffen oder in Taxis ist noch weniger Platz!

In drei Schritten können Sie Ihre Reiseausrüstung reduzieren:

Schritt 1: Schreiben Sie eine ausführliche Packliste für Ihre Reise.

Schritt 2: Streichen Sie die Hälfte der Gegenstände auf Ihrer Packliste.

Schritt 3: Prüfen Sie die noch anzuschaffenden Ausrüstungsgegenstände auf Ihrer Liste genau:

- Brauchen wir das wirklich?
- Können wir es durch eine Alternative ersetzen, die wir bereits haben?
- Können wir es gebraucht kaufen oder von Freunden leihen?
- Können wir es uns schenken lassen (Geburtstage oder Weihnachten vor der Abreise können gezielt für solche Wünsche genutzt werden)?
- Können wir es vielleicht auf der Reise vor Ort günstiger erwerben oder zeitweise mieten? In Asien werden zum Beispiel viele hochpreisige Outdoor-Marken produziert und sind dort viel billiger zu kaufen (wenn es keine minderwertigen Produktkopien sind natürlich). Reisebetten, Autokindersitze oder Buggys kann man mieten, wenn man sie gerade braucht.

• • TIPP

Um Platz und Gewicht zu sparen, kaufen Sie einen E-Book-Reader oder ein Tablet und laden Sie alle Reiseführer darauf. Das geht online bequem auch von unterwegs, sollten Sie Ihre Reiseroute ändern.

Was brauchen wir für eine Reise mit Baby?

- **Babyschale**: wenn Sie viele Langstreckenflüge zurücklegen und/oder weite Strecken mit Auto oder Wohnmobil fahren. Kosten: ab 80 Euro, etwa der Maxi Cosi Citi mit Flugzeugzulassung (→ *Sollten wir einen Autokindersitz mitnehmen oder vor Ort kaufen?*, Seite 112)
- **Tragetuch** oder gute (!) Babytrage: die großen Wanderkraxen sind erst ab frühestens neun Monaten geeignet und sehr sperrig. Kosten: ab 60 Euro
- **Fläschchen**, Sauger und eine kleine Flaschenbürste: wenn Sie nicht stillen – wenn Sie stillen, eventuell Stilleinlagen und eine kleine Handpumpe. Kosten: ab 10 Euro
- **Schnuller** und Schnullerkette: Schnuller gibt es nahezu überall zu kaufen. Kosten: ab 5 Euro
- eine oder zwei **Mullwindeln**: als dünne Decke, als Spucktuch, als Lätzchen, Waschlappen, Handtuch, Sonnenschutz. Kosten: ab 2 Euro
- **Reisetauchsieder**, um unterwegs Wasser kochen zu können. Kosten: ab 8 Euro
- **Sonnenhut** mit Krempe und Nackenschutz, am besten doppelt. Kosten: ab 5 Euro
- **Sonnencreme** oder Sunblocker, Kosten: ab 3 Euro
- **Wundcreme** für den Po, Kosten: ab 2 Euro
- wiederverwendbare, abwaschbare **Wickelunterlage**, kann gleichzeitig die Hülle der Wickeltasche sein. Kosten: ab 10 Euro
- ein kleines **Spielzeug**, Kosten: ab 2 Euro

- **Medikamente** nach Absprache mit dem Kinderarzt
- kleine Packung **Feuchttücher** oder Desinfektionsspray, für schmutzige Hände und Oberflächen. Kosten: ab 1 Euro

•• TIPP

Lassen Sie sich die wenigen unbedingt benötigten Sachen von Verwandten und Bekannten zur Geburt oder zur Abreise schenken. Darüber freut sich auch Ihre Reisekasse.

Welche Dinge können wir getrost zu Hause lassen?

- **Kinderwagen**: Meist viel zu groß und sperrig für die Reise. Praktische klappbare Reisebuggys (Kosten: ab 100 Euro) sind erst für Babys ab etwa zehn Monaten geeignet.
- **Babyreisebett**: Lassen Sie Ihr Baby bei sich im Doppelbett schlafen, da ist es sicher und gemütlich. Hotels verleihen Babybetten oft kostenlos.
- **Wickeltasche**: Statt einer weiteren Tasche, die Sie tragen müssen, verstauen Sie das Wickelzeug lieber in einem Daypack zusammen mit anderen Dingen.
- **Babybadewanne**: Dafür kann eine große Schüssel vor Ort besorgt werden, oder Sie baden Ihr Baby in einem Waschbecken.
- **Gläschenwärmer**, Sterilisierer, Wasserkocher, elektrische Milchpumpe: Nimmt viel zu viel Platz weg.
- **Babyhandtuch mit Kapuze:** Auch Babys lassen sich mit ganz normalen Handtüchern abtrocknen.
- **Windelvorräte** und **Gläschennahrung** für mehrere Wochen: Windeln gibt es auf der ganzen Welt zu kaufen, im Gepäck nehmen sie kostbaren Platz weg. Babybrei kann man frisch kochen. Allenfalls in Ländern mit zweifelhafter Hygiene könnte ein Milchpulvervorrat empfehlenswert sein.

- **Pürierstab** für Babynahrung: nimmt zu viel Platz weg; weichgekochtes Gemüse können Sie mit einer Gabel zerquetschen oder in einem Restaurant pürieren lassen.
- **Babyhochstuhl**: zu sperrig für lange Reisen, kann notfalls vor Ort gekauft oder geliehen werden
- **Kleidungsvorrat** für mehrere Wochen: Packen Sie maximal für eine Woche und waschen Sie dann unterwegs. Auf längeren Reisen müssen Sie zu klein gewordene Kleidung sowieso ersetzen, warum also riesige Vorräte davon mitschleppen?

Sollten wir einen Autokindersitz mitnehmen oder vor Ort kaufen?

Ob Sie für Ihr Kind einen eigenen Kindersitz mit auf die Reise nehmen, hängt von vielen Faktoren ab:

- **Wie alt ist Ihr Kind?** Babys profitieren noch sehr von der Sicherheit und Bequemlichkeit einer Babyschale, nicht nur im Auto, sondern auch auf Langstreckenflügen. In sehr vielen Ländern der Welt gilt eine Kindersitzpflicht wenigstens für die ersten Lebensjahre. Während in Europa die Kindersitzpflicht bis zum zwölften Geburtstag reicht, gilt dies in Neuseeland zum Beispiel nur bis zum siebten Lebensjahr.
- **Mit welchen Verkehrsmitteln reisen Sie hauptsächlich?** Einen Kindersitz für lange Zeiträume zu mieten, kann teuer werden, außerdem wissen Sie nie, in welchem Zustand ein Miet-Sitz sein wird. Wenn Sie häufig in Mietwagen oder Wohnmobilen unterwegs sein werden, lohnt es sich, den vertrauten Kindersitz mitzunehmen – oder einen vor Ort zu kaufen, falls der eigene Sitz im Reiseland nicht zugelassen ist. Sitze mit dem europäischen ECE-R44-Siegel werden etwa in Australien nicht akzeptiert und können dort auch häufig nicht installiert werden, weil ihnen der Fangriemen fehlt; Sitze mit einer US-Zulassung dürfen und können in Europa nicht verwendet werden.

- **Wechseln Sie häufig die Unterkunft und müssen dabei viele Gepäckstücke tragen?** Dann kann es auf einer langen Reise sehr ermüdend sein, einen sperrigen Kindersitz der Gruppe I/II herumzuschleppen. Wollen Sie größere Etappen per Bus und Bahn zurücklegen, werden Sie den Sitz dabei nur schwer im Gepäckfach unterbekommen; geschweige denn auf einem Mopedtaxi.
- **Reisen Sie längere Etappen durch Drittweltländer?** Dort werden Sie einen Kindersitz oft gar nicht benutzen können, weil Autos und Minibusse häufig keine Gurte haben oder zu voll sind. Oft gibt es statt Autos auch nur Tuktuks, Rikschas oder Mopeds – hier besteht gar keine Möglichkeit, einen Kindersitz zu befestigen. In diesen Fällen ist es besser, bei Bedarf einen Kindersitz vor Ort zu kaufen und ansonsten darauf zu verzichten.

Bei Reisen außerhalb Europas müssen Sie ziemlich wahrscheinlich Abstriche bei der Verkehrssicherheit machen. Das wird auch ein Teil Ihrer Reiseerfahrungen sein: Nicht überall auf der Welt legt man so viel Wert auf Sicherheit wie in Deutschland. Als Eltern tragen Sie die Verantwortung für die Entscheidung, welches Maß an Sicherheit Sie für Ihr Kind mindestens beanspruchen und wie weit Sie zugunsten des Eintauchens in eine fremde Kultur darauf verzichten können und wollen.

•• TIPP

Praktikable Kompromisslösungen sind zum Beispiel der Cares-Gurt für Flugreisen, der bis zum Alter von vier Jahren verwendet werden darf; der Reiserucksack BoostApak mit integrierter Sitzerhöhung für Autofahrten ab etwa vier Jahren, oder das Doona Travel System aus Babyschale und Buggy, das im Flugzeug und im Auto benutzt werden kann.

•• ACHTUNG

Erkundigen Sie sich vorsichtshalber schon vor Ihrer Reise für jedes Reiseziel, bis zu welchem Alter und welcher Körpergröße Kinder dort einen Kindersitz benutzen müssen. Wichtig ist auch die Art des zulässigen Sitzes!

Wie viel Freigepäck können wir auf eine Flugreise mitnehmen?

Auf den meisten internationalen Flugstrecken dürfen Sie zwischen 23 und 32 kg Freigepäck aufgeben, plus 8 bis 10 kg Handgepäck – pro Person. Auch für Babys ohne eigenen Sitzplatz wird kulanterweise meistens trotzdem mindestens ein Handgepäckstück kostenlos befördert, oft auch ein aufzugebendes Gepäckstück. Dazu kommt für Familien fast immer kostenfreies Sperrgepäck in Form von Autokindersitzen, Buggys oder Kinderwagen und Babyreisebettchen.

In der Theorie können Sie also als vierköpfige Familie mehr Gepäck mit auf (Flug-)Reisen nehmen, als Sie tragen können. Widerstehen Sie aber dieser Versuchung und denken Sie immer daran, dass Ihr Gepäck in den Kofferraum eines kleinen Taxis oder Mietwagens, auf die Gepäckablage eines Zugabteils, in einen Reisebus oder in ein enges Hotelzimmer passen muss. Sie müssen es vielleicht nicht kilometerweit durch den Dschungel tragen, aber doch quer über große Flughäfen, von Bootsanlegern zum Sammeltaxistand oder durch verkehrsberuhigte enge Gässchen zu Ihrer Unterkunft.

•• INFO

Auch auf eine Langzeitreise müssen und sollten Sie nicht mehr mitnehmen, als Sie für ein bis zwei Wochen brauchen. Unterwegs können Sie überall waschen, neue Kleidung kaufen und Ausrüstung leihen. Windeln und Babynahrung gibt es fast auf der Welt, Spielzeug brauchen Ihre Kinder auf Reisen kaum (versprochen!) und Sie benötigen weder vier paar Schuhe pro Person noch Reiseführer für jedes Land auf Ihrer Route.

Übergepäck lassen sich die meisten Airlines teuer bezahlen, vor allem Billigairlines schlagen hier gnadenlos zu. Informieren Sie sich vor jedem Flug über die Regelungen der Airline und wiegen Sie Ihr Gepäck genau, um nicht in diese Kostenfalle zu tappen. Hat sich doch zu viel Gepäck angesammelt, ist es oft günstiger, ein Paket per Post nach Hause oder voraus zu schicken.

Welche Zahlungsmittel sind auf einer Langzeitreise am besten?

Je nach Reiseziel und Reisedauer empfehlen sich verschiedene Zahlungsmittel:

- **Maestro-Karte:** Die Maestro-Karte (auch „Debitkarte"), die wir zu Hause zum bargeldlosen Bezahlen benutzen, wird von Bankautomaten in vielen Ländern der Welt akzeptiert, auch außerhalb der EU. Informieren Sie sich zu jedem Land auf Ihrer Reiseroute, ob die Maestro-Karte akzeptiert wird und wenn ja, von welchen Banken und zu welchen Gebühren.
- **Kreditkarte:** Kreditkarten sind zum weltweiten bargeldlosen Bezahlen und Geldabheben nahezu unumgänglich. Visa- und Mastercard werden in fast allen Ländern akzeptiert, American Express und andere Anbieter teilweise nur eingeschränkt. Informieren Sie sich vor der Reise gründlich, welche Gebühren für Ihre Kreditkarte im Ausland anfallen und beantragen Sie

im Zweifel lieber eine neue. Auf einer langen Reise summieren sich auch geringe Gebühren zu hohen Beträgen (→ *Brauchen wir unbedingt eine Kreditkarte?*, Seite 117).

- **Bargeld:** Innerhalb Europas sind Euro – auch außerhalb des Euro-Raums – ein weithin akzeptiertes Zahlungsmittel; weltweit gilt dasselbe für US-Dollar. Ein Notvorrat in kleinen Scheinen kann nicht schaden (→ *Wie sichern wir uns gegen Notfälle ab?*, Seite 209). Richtwert: ein Familien-Tagesbudget in bar „am Mann", am besten verteilt auf mehrere Taschen und/oder Personen. Verlassen Sie ein Land, müssen Sie allerdings den gesamten Bargeldvorrat aufbrauchen oder umtauschen, was mit Kursverlusten einhergehen kann und zusätzlichen Stress bedeutet.

•• ACHTUNG

Nehmen Sie immer mindestens zwei Kreditkarten mit auf Reisen, falls eine im Automaten steckenbleibt, gesperrt oder nicht akzeptiert wird.

•• INFO

In kleinen Ländern mit schwachen Eigenwährungen (zum Beispiel in Kambodscha, Laos oder Simbabwe) nutzen die Menschen im Alltag oft Dollar zum Bezahlen. Hier kann man sich unter Umständen den Eintausch von Landeswährung ganz sparen (es soll allerdings nicht verschwiegen werden, dass man dann vielleicht mehr bezahlt, als es in der Landeswährung gekostet hätte).

Brauchen wir unbedingt eine Kreditkarte?

Ja. Mit einer Kreditkarte können Sie in jedem Land der Welt in der jeweiligen Landeswährung bezahlen, im Internet Flüge und Unterkünfte buchen, an Geldautomaten Bargeld abheben, elektronische Visa beantragen, Autos und Wohnmobile mit hoher Selbstbeteiligung mieten oder den Abdruck Ihrer Kreditkarte als Sicherheit hinterlegen.

Sie haben Bedenken?

- Es gibt Prepaid-Kreditkarten, die Ihnen keinen „echten" Kredit geben, sondern nur so viel, wie Sie vorher eingezahlt haben – das schützt Sie vor Mehrausgaben und Überziehungszinsen.
- Es gibt Kreditkarten für Menschen ohne festen Geldeingang, für Studenten und für Selbstständige.
- Es gibt Kreditkarten, die kostenlos sind und mit denen man weltweit kostenfrei Bargeld abheben kann.
- Es ist nicht teurer, mit einer Kreditkarte Bargeld abzuheben als mit einer Maestro-Karte.
- Mit einer Kreditkarte ist man nicht unsicherer unterwegs als mit einer Maestro-Karte.

•• TIPP

Auch wenn Sie bereits eine Kreditkarte haben: Prüfen Sie vor einer längeren Reise, ob es wirklich die für Sie günstigste Kreditkarte ist.

Welche Kreditkarte ist die beste für uns?

Es gibt nicht die eine perfekte Kreditkarte. Für eine Reiseauszeit sollte Ihre Kreditkarte folgenden Ansprüchen genügen:

- Sie sollte weltweit akzeptiert werden. Das trifft auf Visa- und Mastercard zu, American Express oder Diners Club werden dagegen seltener akzeptiert.
- Es sollten weder Gebühren für Abhebungen im Ausland anfallen (bei den meisten 1,75 bis 3,5 Prozent) noch Gebühren für Zahlungen in einer Fremdwährung (1 bis 2 Prozent des Rechnungsbetrags).
- Sie sollte Fremdgebühren, die von den Banken oder den Betreibern der Geldautomaten für jede Abhebung aufgeschlagen werden (bis zu 4 Euro, unabhängig vom abgehobenen Betrag), erstatten.
- Ausstellungsgebühren, Gebühren für die Kontoführung und Jahresbeiträge, oft auch erst ab dem zweiten Jahr, sollten ebenfalls nicht erhoben werden.

Außerdem muss die Kreditkarte zu Ihnen passen: Sind Sie bereit, für die Kreditkarte ein eigenes Girokonto zu eröffnen, von dem die Zahlungen eingezogen werden? Beziehen Sie – auch während Ihrer Reise – ein regelmäßiges Einkommen, das oft die Voraussetzung für ein kostenloses Konto ist? Wie sicher ist es, dass Sie Ihr Konto nicht kurzzeitig überziehen (dann fallen bei vielen günstigen Karten horrende Strafzinsen an)? Wie oft heben Sie Bargeld im Ausland ab, und in welchen Ländern tun Sie das?

Reiseprofis empfehlen derzeit vor allem vier Kreditkarten: Santander 1plus Visa Card, DKB Visa Card, Comdirect Visa sowie die PayVIP MasterCard GOLD der Advanzia Bank. Jede hat ihre spezifischen Vor- und Nachteile, die Sie genau gegeneinander abwägen sollten.

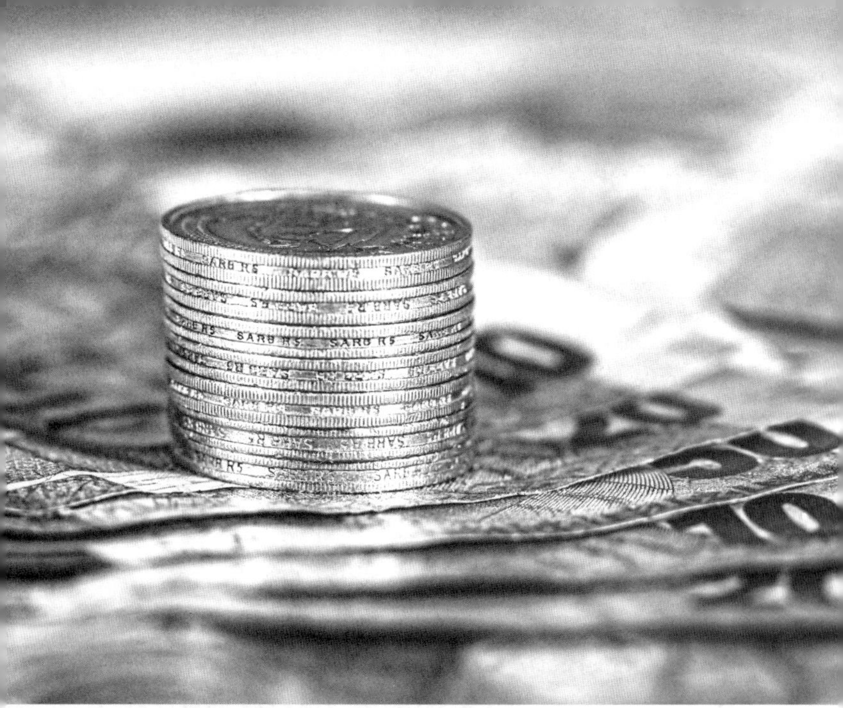

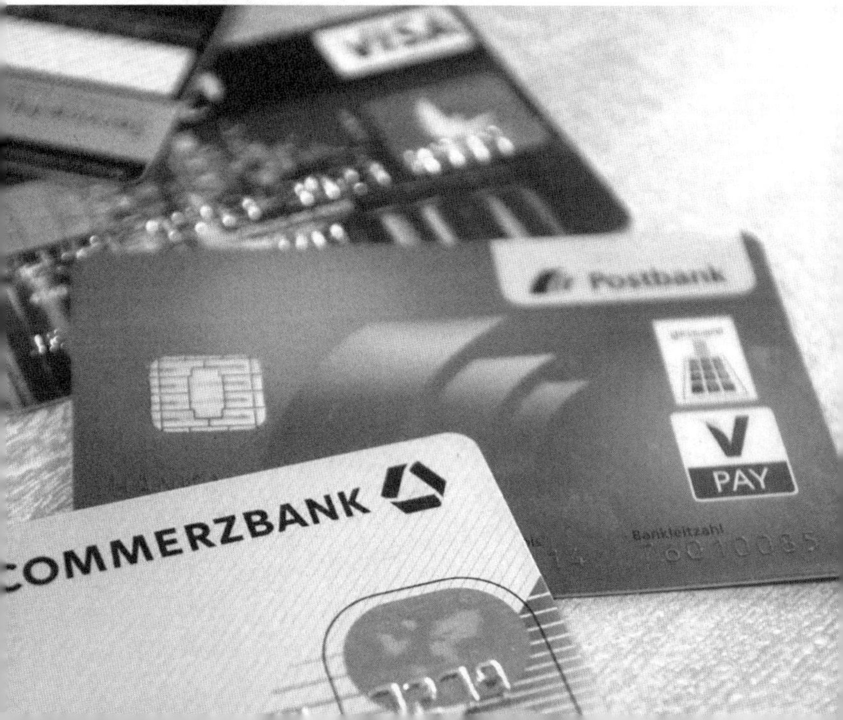
VISA
Postbank
V
PAY
COMMERZBANK

> **•• TIPP**
>
> Manche Kreditkarten bieten Zusatzvorteile wie Bonuspunkte für ein Vielfliegerprogramm, Vergünstigungen für eine bestimmte Hotelkette oder Versicherungen für alle Reisen, die mit der Karte bezahlt werden. Entscheiden Sie sich dafür nur, wenn das Gebotene wirklich einen Mehrwert für Sie hat. Oft sind solche Karten vergleichsweise teuer und die Zusatzleistungen werden kaum genutzt oder sind anderswo günstiger oder besser zu haben (vor allem die Reiseversicherungen werden von Verbraucherschützern nur selten empfohlen).

Brauchen wir Traveller Cheques?

Nicht mehr. Lange galten sie unter Backpackern als optimales Zahlungsmittel in Drittweltländern, wo es kaum Bankautomaten gab. Man brauchte keine Kreditkarte und kein Konto, hatte seinen Geldvorrat sicher bei sich und konnte sich auf der Bank häppchenweise davon etwas auszahlen lassen.

American Express stellte die Ausgabe von Traveller Cheques 2015 allerdings ein. Wer nicht eingelöste Reiseschecks noch zurückgeben will, muss mit hohen Gebühren und langen Wartezeiten rechnen.

> **•• TIPP**
>
> Die Stiftung Warentest empfiehlt als sichere Alternative Prepaid-Kreditkarten. Auch bei Diebstahl oder Betrug entsteht dann kein allzu hoher Schaden, und die Karte wird auch an nicht-kreditwürdige Menschen (etwa Studenten oder Geringverdiener) ausgegeben.

GESUNDHEITSKOSTEN

Was kostet die Reiseapotheke?

Viele Medikamente für Kinder werden von der Krankenversicherung bezahlt. Schon allein deshalb sollten Sie den Inhalt Ihrer Reiseapotheke mit dem Kinderarzt abstimmen und so viel wie möglich auf Rezept abholen.

Dazu kommen aber unweigerlich Posten, die selbst getragen werden müssen, wie etwa:

- Malaria-Standby, Kosten: ab 55 Euro bei Online-Apotheken
- Anti-Baby-Pille, Kosten: ab 60 Euro für einen Jahresvorrat
- Sonnencreme mit LSF 50, Kosten: ab 10 Euro
- Sonnenbrillen, Kosten: ab 10 Euro, für Erwachsene gern teurer
- Moskitospray mit DEET, Kosten: ab 10 Euro
- Desinfektionsmittel, Kosten: ab 5 Euro
- Verbandsset (Pinzette, Schere, Verband, Pflaster), Kosten: ab 10 Euro
- Antimykotikum, Kosten: ab 7 Euro
- Anti-Allergikum bzw. Anti-Histaminikum, Kosten: ab 5 Euro
- Schmerz- und Fiebermittel für Erwachsene, Kosten: ab 2 Euro
- Nasenspray, Kosten: ab 3 Euro
- Kohletabletten, Kosten: ab 5 Euro
- Durchfallmittel, Kosten: ab 6 Euro
- Fieberthermometer, Kosten: ab 2,50 Euro

Für eine homöopathische Reiseapotheke fallen ebenfalls Kosten an. Ein Röhrchen mit etwa 50 Globuli in der Potenz C 30 kostet ab etwa 2 Euro, kann aber auch deutlich teurer sein.

●● TIPP

Preisvergleiche, auch bei Online-Apotheken, lohnen sich!

Welche Impfungen brauchen wir vor unserer Reise und was kosten diese?

Welches Reiseland welche Impfungen bei der Einreise fordert oder welche Impfungen für welches Alter und welche Region empfehlenswert sind, weiß ein Reise- oder Tropenmediziner am besten. Bringen Sie Ihre Impfpässe und Ihre vorläufige Reiseroute mit.

Die Kosten für Reiseimpfungen liegen zwischen 20 Euro pro Dosis (gegen Typhus) und 60 Euro pro Dosis (gegen Tollwut), was sich bei bis zu vier Impfdosen pro Person für Familien schnell aufsummieren kann.

Fast jede gesetzliche Krankenversicherung übernimmt heutzutage die Kosten für Reiseimpfungen, vor allem, wenn man dafür einen Nachweis von einem Reisemediziner vorweisen kann. Die Gebühr für die reisemedizinische Beratung wird dagegen nicht erstattet. Zahlt Ihre Krankenversicherung nicht, denken Sie über einen Wechsel nach (rechtzeitig, denn die Kündigungsfrist liegt meistens erst am übernächsten Monatsende). Privat Krankenversicherte müssen Reiseimpfungen mitunter selbst bezahlen.

Für die Entscheidung, welche Impfungen empfehlenswert sind, spielt auch die Art des Reisens eine große Rolle: Halten Sie sich vor allem in Städten und klimatisierten Hotels auf, haben Sie ein anderes Erkrankungsrisiko als Reisende, die wochenlang bei Einheimischen leben oder Dschungeltrekking machen.

•• TIPP

Ein Arztbesuch mit der ganzen Familie ist spätestens ein halbes Jahr vor Reisebeginn Pflicht, denn viele Impfungen benötigen mehrere Wiederholungen, bevor sie langfristig wirken. Notfalls können Sie eine ausstehende Impfung auch im Ausland nachholen. Erkundigen Sie sich aber im Vorhinein, ob der benötigte Impfstoff dort erhältlich ist und was die Impfung dort kosten wird. Kosten für (vorhersehbare) Impfungen werden von der Auslandsreisekrankenversicherung nämlich nicht übernommen.

Hilfreiche Internetadressen zur reisemedizinischen Beratung finden Sie auf → Seite 268.

Wie schnell erstattet die Auslandsreisekrankenversicherung unsere Arztkosten?

Bei kleineren ambulanten Behandlungen und Eingriffen oder wenn Sie verordnete Medikamente vor Ort kaufen, müssen Sie die Kosten dafür zunächst selbst auslegen (das können durchaus dreistellige Beträge sein!). Danach melden Sie Ihre Ausgaben bei Ihrer Auslandsreisekrankenversicherung. Ausgaben, die eindeutig von den Versicherungsbedingungen abgedeckt sind und von Ihnen mit nachvollziehbaren Rechnungen glaubwürdig dokumentiert werden, erstattet die Versicherung oft binnen weniger Tage. Rechnen Sie aber vorsichtshalber mit zwei bis drei Wochen Bearbeitungszeit.

> **•• ACHTUNG**
>
> Egal, wie lange Ihre Reise dauert: Spätestens drei Monate nach dem Abschluss einer Behandlung müssen Sie Ihren Anspruch auf Kostenerstattung bei der Versicherung anmelden, sonst kann er verfallen.
>
> ---
>
> Bestehen Sie im Ausland darauf, dass Ihnen die Rechnung sofort ausgehändigt wird. Verlassen Sie sich nicht auf die Aussage, Ihnen würde die Rechnung per Post zugeschickt. Das geht leider oft schief und Sie bleiben dann auf Ihren ausgelegten Kosten sitzen.

> **•• INFO**
>
> Werden Sie nach einem Unfall oder bei einer schweren Erkrankung stationär aufgenommen und behandelt oder operiert, müssen Sie nicht in Vorkasse gehen. Das Krankenhaus setzt sich dann direkt mit Ihrer Versicherung in Verbindung.

Unser Kind braucht regelmäßig Medikamente. Werden die von der Auslandsreisekrankenversicherung bezahlt?

Nein. Behandlungen und Medikamente für Erkrankungen, die schon vor Versicherungsabschluss bestanden, übernimmt keine Auslandsreisekrankenversicherung. Es bleibt Ihnen nur, sich vor der Abreise einen maximalen Vorrat an Medikamenten verschreiben zu lassen und einzupacken. Eventuell können Sie sich einen Teil der Ladung an eine Adresse im Ausland nachschicken lassen, um weniger Gepäck zu haben.

Sind Sie weniger als sechs Wochen auf Reisen, übernimmt Ihre gesetzliche Krankenkasse für diese Zeit weiterhin die Kosten für die Behandlung einer chronischen Krankheit. Sie müssen dann

nur nachweisen, dass keine andere Versicherung für die Kosten aufkommt. Lassen Sie sich von Ihrer Auslandsreisekrankenversicherung also ausdrücklich bestätigen, dass Behandlungen der chronischen Krankheit nicht übernommen werden.

> **●● ACHTUNG**
>
> Auch wenn Ihre Krankenversicherung für die Kosten aufkommen will, tut sie das nur in dem in Deutschland üblichen Rahmen. In Ländern wie den USA sind Medikamente und Arztbehandlungen deutlich teurer; die Differenz müssen Sie dann selbst übernehmen.

Was passiert, wenn wir eine U-Untersuchung verpassen?

Die U-Untersuchungen sind ein staatliches Angebot, mit dem die körperliche und geistige Entwicklung Ihres Kindes begleitet und regelmäßig überprüft werden soll. Verpflichtend ist die Teilnahme an diesen Untersuchungen nicht. Allerdings können einige Jugendämter recht penetrant werden, wenn man den vorgeschlagenen Termin für eine solche Untersuchung versäumt.

Ärzte im Ausland bieten keine U-Untersuchungen an, diese Leistung existiert nur in Deutschland.

Um Scherereien mit dem Jugendamt oder Ihrer Krankenversicherung aus dem Weg zu gehen, können Sie sich vor der Abreise vom Kinderarzt eine Bescheinigung für die Vorlage beim Jugendamt ausstellen lassen, dass Ihr Kind gesund und altersgerecht entwickelt ist und dass Sie die U-Untersuchung wegen einer Reise versäumen werden.

BEHÖRDENKRAM

Bekommen wir Kindergeld, auch wenn wir eine längere Reise unternehmen?

Solange Sie in Deutschland gemeldet bleiben: ja.

Deutsche Staatsangehörige erhalten für ihre Kinder Kindergeld, auch wenn sie auf Reisen sind. Allerdings müssen sie dabei weiter in Deutschland einkommensteuerpflichtig sein (diese Regelung bezieht sich vor allem auf Grenzgänger, die in einem Land wohnen und im angrenzenden Land arbeiten; sie trifft aber natürlich auch auf längerfristig reisende Eltern zu).

Die zweite Bedingung: Das Kind muss seinen „Wohnsitz oder gewöhnlichen Aufenthalt" in Deutschland haben (→ *Sollten wir uns abmelden, wenn wir länger verreisen?*, siehe nächste Frage. Dafür darf es nicht mehr als sechs Monate im Kalenderjahr außerhalb Deutschlands leben – das gilt streng genommen auch für nicht zusammenhängende Zeiträume.

Sobald Sie Ihren bzw. den Wohnsitz Ihres Kindes in Deutschland abmelden, verlieren Sie Ihren Anspruch auf Kindergeld.

●● TIPP

Im Bundeskindergeldgesetz ist ausdrücklich vom „Kalenderjahr" die Rede; legt man eine längere Reisezeit geschickt auf das zweite Halbjahr ab August und das anschließende erste Halbjahr bis Juni, dürfte es kein Problem wegen zu langer Abwesenheit geben.

Wollen Sie mit der Abmeldung aus Deutschland der hier herrschenden Schulpflicht entgehen, können Sie weiterhin Kindergeld beziehen, solange Sie sich in einem Mitgliedsstaat der EU oder im Europäischen Wirtschaftsraum aufhalten, oder in Staaten, mit denen Deutschland ein Abkommen über soziale Sicherheit geschlossen hat: Algerien, Bosnien/Herzegowina, Serbien, Kosovo, Montenegro, der Türkei, Marokko und Tunesien.

●● ACHTUNG

Sie sind nach § 68 Abs. 1 EStG verpflichtet, Ihre Familienkasse unverzüglich in Kenntnis zu setzen, wenn Sie Ihren Wohnsitz ins Ausland verlegen. Verreisen Sie länger als sechs Monate und die Kindergeldkasse erfährt irgendwie davon, müssen Sie das Kindergeld für den gesamten Zeitraum nachträglich zurückzahlen plus eventuell ein Bußgeld. Achten Sie also peinlich darauf, während der Reise Ihre Post regelmäßig öffnen zu lassen und amtliche Schreiben unverzüglich zu beantworten (→ *Wie können wir uns Post auf die Reise nachsenden lassen?*, Seite 135)!

Sollten wir uns abmelden, wenn wir länger verreisen?

Ihren Wohnsitz sollten Sie grundsätzlich dann abmelden, wenn Sie an einem anderen Ort auf der Welt Ihren dauerhaften Wohnsitz beziehen. Auf einer (längeren) Reise geraten Sie dabei in eine Grauzone, denn Sie sind ja unterwegs und nicht an einem neuen festen Wohnsitz.

Das Gesetz nimmt bei einer Abwesenheit von mehr als sechs Monaten pro Jahr an, dass Ihr dauerhafter Wohnsitz nicht mehr in Deutschland ist. Das Einwohnermeldeamt kommt aber nicht alle sechs Monate bei Ihnen vorbei und klingelt, ob Sie noch oder wieder da sind. Mit anderen Worten: Es steht Ihnen bei einer Reiseauszeit von absehbarer Länge relativ frei, ob Sie sich abmelden oder nicht.

Der einzige Vorteil, den eine Abmeldung aus Deutschland für reisende Familien hat: Sie entgehen damit der deutschen Schulpflicht (→ *Können wir trotzdem verreisen, wenn unser Antrag auf Schulfreistellung abgelehnt wurde?*, Seite 74). Dem gegenüber stehen eine ganze Menge Nachteile und viel Aufwand:

- Sie können kein Girokonto bei einer deutschen Bank mehr führen (Alternativen sind Direktbanken wie DKB, comdirect oder number26).
- Versicherungen können Ihre Verträge aufkündigen, wenn Sie keinen Wohnsitz in Deutschland mehr haben.
- Sie können keinen Internationalen Führerschein beantragen (→ *Brauchen wir einen Internationalen Führerschein auf Reisen?*, Seite 90).
- Es ist teurer oder geradezu unmöglich, während der Reise einen neuen Reisepass oder Visa zu beantragen (→ *Was müssen wir beachten, wenn wir für unsere Reise Visa beantragen?*, Seite 82).
- Sie können keine Zweitwohnung in Deutschland behalten, wenn Sie keinen Erstwohnsitz in Deutschland haben. (Ihr Mietvertrag kann aber unter Umständen ganz normal weiterlaufen, informieren Sie bitte Ihren Vermieter.)
- Ohne ladungsfähige Adresse in Deutschland können Sie kein eigenes Gewerbe führen (Tipp: Es genügt die Adresse Ihres Steuerberaters oder eines Büros.).
- Sie müssen Ihr Auto oder Wohnmobil abmelden (oder auf jemand anderen ummelden). Der Kfz-Versicherung ist es dagegen egal, auf wen Ihr Auto angemeldet ist, solange Sie Ihre Versicherungsbeiträge weiter bezahlen.
- Ohne Wohnsitz in Deutschland sind Sie unter Umständen nicht mehr kindergeldberechtigt (→ *Bekommen wir Kindergeld, auch wenn wir eine längere Reise unternehmen?*, Seite 126) und können eventuell auch kein Elterngeld beziehen (→ *Was müssen wir beim Elterngeldantrag beachten, wenn wir in der Elternzeit verreisen wollen?*, Seite 67).
- Ohne Wohnsitz in Deutschland sind Sie nicht krankenversichert.
- Einige Langzeit-Auslandsreisekrankenversicherungen verkaufen ihre Tarife nur an Deutsche mit Wohnsitz in Deutschland (melden Sie sich, wenn, dann also erst nach Abschluss der Versicherung ab).

- Sie bekommen keine Wahlbenachrichtigungen mehr und sind von Kommunalwahlen ausgeschlossen (an Bundeswahlen können Sie aber auf Antrag teilnehmen).
- Für Online-Unternehmer/innen und Blogger/innen wichtig: Sie können keine Website mit .de-Endung betreiben, wenn Sie keine deutsche Meldeadresse haben (Tipp: Benennen Sie einen Admin-C mit Wohnsitz in Deutschland als Kontaktperson für die DENIC, der die Haftung für etwaige Verstöße gegen das Urheberrechts- oder das Verbraucherschutzgesetz übernimmt).

•• TIPP

Müssen Sie von unterwegs einen Reisepass beantragen, ohne in Deutschland gemeldet zu sein, können Sie sich kurzfristig per E-Mail bei Ihrem alten Einwohnermeldeamt wieder anmelden und nach Erhalt Ihres neuen Passes (die Beantragung aus dem Ausland erfolgt über eine deutsche Botschaft) wieder abmelden.

Wie melden wir unseren Wohnsitz ab?

Die Abmeldung ist unkompliziert: Reichen Sie unter Vorlage Ihres Personalausweises ein ausgefülltes Abmeldeformular bei Ihrem Einwohnermeldeamt ein (das geht auch per E-Mail oder über eine Vollmacht (→ *Müssen wir jemandem zu Hause Vollmachten erteilen – und wenn ja, wofür?*, Seite 131).

Werden Sie nach einer Folgeadresse gefragt, geben Sie einfach die erste Aufenthaltsadresse auf Ihrer Reise oder die Adresse einer Kontaktperson in Deutschland an. Sie erhalten dann eine Abmeldebescheinigung und in einigen Bundesländern einen Sticker „o.f.W." („ohne festen Wohnsitz") für Ihren Personalausweis. Die Abmeldebescheinigung brauchen Sie für:

- die Beantragung eines neuen Reisepasses aus dem Ausland
- die außerordentliche Kündigung zum Beispiel von Telefonverträgen und Kitaverträgen

- die Vorlage beim Finanzamt
- die Kündigung oder Stilllegung Ihrer Krankenversicherung

Zahlen wir in Deutschland weiter Steuern, wenn wir uns für die Reise abgemeldet haben?

Aus steuerrechtlicher Sicht können Sie in Deutschland weiterhin wohnhaft sein, auch wenn Sie sich beim Einwohnermeldeamt abgemeldet haben. Entscheidend ist hier, wo sich Ihr gewöhnlicher Aufenthaltsort befindet und woher Sie Ihre Einkünfte beziehen. Entsprechend können Ihre Einnahmen aus nichtselbstständiger oder selbstständiger Arbeit, Einnahmen aus einem Gewerbebetrieb, aber auch Einkünfte aus Vermietung oder aus Kapitalvermögen beschränkt oder unbeschränkt in Deutschland steuerpflichtig sein.

●● ACHTUNG

Auch wenn Sie sich komplett abmelden und während Ihrer Reise keine in Deutschland besteuerbaren Einkünfte haben: Die Steuererklärung für das laufende Jahr, in dem Sie sich aus Deutschland abgemeldet haben, müssen Sie trotzdem bis zum 31. Mai des folgenden Jahres abgeben! Das kann sich unter Umständen sehr lohnen (→ *Welche legalen Steuertricks helfen beim Sparen?*, Seite 170).

●● INFO

Was für Ihre individuelle Situation zutrifft und was steuerrechtlich am besten für Sie ist, kann Ihnen Ihr Steuerberater oder das Finanzamt sagen.

Müssen wir den Rundfunkbeitrag (GEZ) weiterbezahlen, wenn wir nicht da sind?

Sofern Sie Ihre Wohnung nicht kündigen und Ihr Auto nicht abmelden: ja. Seit dem Jahr 2013 sind Sie als Haushalt grundsätzlich zur Zahlung des Rundfunkbeitrags von 17,50 Euro im Monat verpflichtet.

Wollen Sie Ihren Wohnsitz tatsächlich abmelden, ist die Kündigung kein Problem. Die Abmeldung vom Rundfunkbeitrag funktioniert sehr bequem über ein *Onlineformular* (17).

ORGANISATORISCHES ZU HAUSE

Müssen wir jemandem zu Hause Vollmachten erteilen – und wenn ja, wofür?

Auch wenn Sie vor Ihrer Abreise alle Angelegenheiten geklärt haben – irgendwas ist immer. Für Notfälle, Behördenpost oder auch nur den Kontakt zur Heimat macht es sich sehr bezahlt, eine vertrauenswürdige Kontaktperson zu benennen.

Damit sie im Verkehr mit Behörden, Versicherungen und Banken als Ihr/e bevollmächtigte/r Vertreter/in auftreten kann, müssen Sie dieser Person eine Generalvollmacht erteilen. Dafür genügt eine formlose Erklärung. Wird Ihre Kontaktperson voraussichtlich in Ihrem Namen mit Behörden zu tun haben, ist es eine gute Idee, die Vollmacht notariell beglaubigen zu lassen. Das gilt auch für Vertretungen in Bankgeschäften, wenn Sie diese nicht auf Ihrer Reise online erledigen können. Kosten für die Beglaubigung: 5 bis 10 Euro.

Die möglichen Aufgaben einer Kontaktperson sind vielfältig:

- Post von Behörden wie dem Finanzamt oder der Schulbehörde öffnen und Sie in dringenden Fällen benachrichtigen
- nach Verlust oder Sperrung einer Kreditkarte die neue Karte nachsenden

- Kreditkartenabrechnungen öffnen und auf Missbrauchsanzeichen (hohe Abbuchungen aus Ländern, in denen Sie noch nicht waren) kontrollieren
- Versicherungen für Sie kontaktieren und deren Post an Sie weiterleiten
- Verwaltung der untervermieteten Wohnung, Schlüsselübergaben, Kontakt mit den Untermietern
- nicht erledigte Vertragsverhandlungen beenden, etwa Rückzahlung der Mietkaution nach Kündigung
- dringend benötigte Medikamente oder Dokumente an Sie nachsenden
- im Notfall Bürgschaften übernehmen oder telegrafisch Geld überweisen
- im Notfall gemeinsam mit der Versicherung einen Krankenrücktransport organisieren
- regelmäßige Status-Updates empfangen und im allerschlimmsten Notfall (Naturkatastrophen im Urlaubsland sind gar nicht so selten) eine Suchaktion über Botschaft und Polizei starten

Um ihre Aufgaben erfüllen zu können, braucht die Kontaktperson eine ganze Reihe von Informationen von Ihnen:
- Kontaktinformationen unterwegs (E-Mail-Adressen, Handynummern, Skype-Adresse, eventuell neue Handynummern von vor Ort gekauften SIM-Karten)
- geplante Reiseroute mit Auflistung bereits gebuchter Flüge und Unterkünfte
- Liste der deutschen Botschaften der bereisten Länder
- Liste aller bestehenden Konten, mit Kartennummern, Lastschrift-Einzugsermächtigungen, Daueraufträgen
- Auflistung aller bestehenden Versicherungen mit Kopien der Versicherungsscheine

- Auflistung aller noch laufenden Verträge, mit Zahlungsbedingungen
- Mietvertrag und Untermietverträge, Kontaktinformationen der Zwischenmieter
- falls Möbel eingelagert wurden: Kontakt zur Spedition oder Adresse
- wichtige Notfallnummern (Sperrnummer von Kreditkarten, Notrufnummern von Versicherungen)

Bleiben Sie mit Ihrer Kontaktperson regelmäßig in Kontakt! Vereinbaren Sie vor Ihrer Abreise, wie und wann Sie in Kontakt treten können und wählen Sie dafür ein Medium, das Sie beide gut beherrschen, das an jedem Ihrer Zielorte funktionieren sollte (kein Facebook-Chat in China oder auf dem Kreuzfahrtschiff) und das Sie kurzfristig und zuverlässig nutzen können.

Schicken Sie keine vertraulichen Informationen, PIN-Nummern oder Passwörter über ungesicherte Internetverbindungen und senden Sie Wertsachen wie neue Kreditkarten, Schlüssel oder Dokumente möglichst nur als versicherte Sendungen.

Stellen Sie sicher, dass Ihre Kontaktperson ihre Aufgaben ernst nimmt und mit großer Sicherheit während Ihrer gesamten Reisezeit im Heimatland sein wird. Weder Ihre pflegebedürftige Großmutter noch Ihr reiselustiger Neffe im Abiturjahrgang sind die idealen Kontaktpersonen.

••TIPP

Notfalls können Sie einen Onlinedienst damit beauftragen, Ihre Post zu empfangen und auf Wunsch zu öffnen und einzuscannen (→ *Wie können wir uns Post auf die Reise nachsenden lassen?*, Seite 135).

Ein Muster für eine Generalvollmacht finden Sie im Anhang auf → Seite 276.

•• INFO

Notfalls können Sie eine Beglaubigung auch von unterwegs nachholen. Die deutschen Botschaften oder Konsulate bieten diesen Service gegen eine Gebühr an.

Müssen wir unseren Kitaplatz für eine längere Reise abmelden?

Das kommt auf die Länge Ihrer Abwesenheit und die Vorschriften Ihrer Einrichtung bzw. des Betreibers an. Bleibt das Kind am Wohnort gemeldet (und behält damit sein Recht auf einen Kitaplatz) und bezahlen Sie den Betreuungsbeitrag weiter, dürfte die Kita froh sein, ein dauerabwesendes, aber zahlendes Kind zu haben.

Bei Abwesenheit über mehrere Monate kann die Kita oder der Betreiber aber darum bitten, den Platz für ein Kind freizumachen, das die Betreuung auch wirklich in Anspruch nehmen möchte.

Wollen Sie Ihren Platz behalten, ziehen Sie alle Register der Überzeugungskunst: Kündigen Sie regelmäßige Post von unterwegs und Mitbringsel für die Kitakinder an, machen Sie sich vor der Reise mit Elternarbeit beliebt und bekannt, treten Sie dem Elternrat bei – alles, was zeigt, dass Sie sich der Kita verbunden fühlen.

•• TIPP

Sprechen Sie mit der Kitaleitung ab, ob Sie Verbrauchskosten wie Essenpauschalen oder Bastelmaterial pausieren können.

•• ACHTUNG

Wenn Sie den Kitaplatz abmelden wollen, weil Sie erst kurz vor der Einschulung von der Reise zurückkommen werden oder die hohen Beiträge für Ihr Reisebudget sparen wollen, dann beachten Sie die Kündigungsfristen. Meist ist eine Kündigung erst binnen vier oder sechs Wochen zum Monatsende möglich. Kitaverträge mit Jahreslaufzeit sind rechtswidrig!

Wie können wir uns Post auf die Reise nachsenden lassen?

Der Nachsendeauftrag der Post hat den Nachteil, dass er eine feste Adresse braucht, an die er nachsenden kann. Er eignet sich also nur, um Post an die Kontaktperson weiterzuleiten, die sich dann um das Einschätzen der Dringlichkeit und das Öffnen kümmert.

Kosten für die Postweiterleitung: 19,90 Euro für sechs Monate, 24,90 Euro für ein Jahr oder 34,90 Euro für zwei Jahre.

Günstiger, wenn auch arbeitsaufwendiger für die Kontaktperson, ist ein Postfach. Das können Sie in größeren Filialen der Deutschen Post einrichten, Kosten: 19,90 Euro pro Jahr. Die Post stellt dann automatisch alle Sendungen an Ihre Privatadresse an Ihre Postfach-Adresse zu. Mindestens alle sieben Tage muss das Postfach geleert werden. Solange es nicht überquillt, werden Sie aber höchstwahrscheinlich keine Probleme bekommen.

Finden Sie keine vertrauenswürdige Kontaktperson, die sich zu Hause um Behördenpost kümmert und sie bei Bedarf nachsendet, beauftragen Sie einen Onlinedienst. Bei Dropscan richtet man ein Postfach ein, an das die Post (per Nachsendeauftrag der Post, siehe oben) umgeleitet wird. Jeder eingehende Umschlag wird gescannt und ist dann über den persönlichen Internetzugang einsehbar. Entscheiden Sie, dass der Brief geöffnet werden soll, wird er geöffnet und der Inhalt ebenfalls digital gescannt. Weitere Alternativen sind: wegwerfen oder an eine weitere Adresse

(Kontaktperson) weiterleiten lassen. Kosten für einen Online-dienst: zwischen 12,90 Euro/Monat im „Pay as you go"-Tarif (Zusatzkosten: 1,50 Euro pro eingescanntem Brief, Archivierung nach über 14 Tagen 0,50 Euro pro Brief) oder 39,90 Euro/Monat im „Flat 40"-Tarif (bis zu 40 eingescannte Briefe und Archivierung bis zu 90 Tagen).

> **•• INFO**
>
> Die Post sendet auch an eine Adresse im Ausland nach (etwa ein Postfach). Päckchen und Pakete können jedoch nicht ins Ausland nachgesendet werden.

Was machen wir mit unserem Haustier während der Reise?

Es ist eine schwierige Entscheidung, welche Unterbringung für Ihr Haustier die beste ist. Bitte setzen Sie aber das Haustier, das Ihrem Reisetraum im Weg steht, nicht einfach aus!

- **Zu Hause lassen:** Vermieten Sie Ihre Wohnung oder enga-gieren Sie einen Haushüter, der sich um Ihr Haustier kümmert. Kosten: null (allenfalls für Futter und Ähnliches).
- **In Betreuung geben**: Nimmt ein Verwandter oder ein guter Freund Ihr Haustier auf, zeigen Sie sich dankbar, indem Sie für den Futtervorrat und sonstige Ausgaben im Voraus aufkommen.
- **Haustier-Sitter beauftragen:** Hausfrauen und Langzeitar-beitslose nehmen Tiere bei sich zu Hause auf oder kommen bei Ihnen zu Hause vorbei (vor allem bei Katzen oft die bessere Option). Die Kosten sind genauso variabel wie die Qualität der Dienstleistung.
- **Tierpension:** Geben Sie Ihr Haustier nur dort in Dauerpflege, wo Sie ein gutes Gefühl haben und Ihnen nachprüfbare Refe-renzen gezeigt werden. Tierpensionen berechnen 10 bis 20 Euro pro Tag, je nach Intensität der Betreuung.

- **Tierheim:** Neben Heimplätzen für Findlinge gibt es auch reguläre Pflegeplätze, Ihr Haustier wird also nicht weitervermittelt. Tierheime finanzieren darüber ihre Arbeit, Sie tun also sogar etwas Gutes. Die Kosten liegen bei etwa 20 Euro pro Tag.
- **Verkaufen oder verschenken:** Ein Tier versteht nicht, dass Sie es verlassen, später aber wiederkommen. Ein Besitzerwechsel kann dann besser sein. Kümmern Sie sich frühzeitig darum, ein neues Zuhause für es zu finden – das sind Sie ihm schuldig. Und sprechen Sie offen und ehrlich mit Ihren Kindern darüber, wie mit dem Haustier verfahren werden soll.
- **Mitnehmen:** Vielleicht können Sie Ihren zwei- oder vierbeinigen Freund mit auf die Reise nehmen. Allerdings ist nicht jedes Haustier begeistert vom Reisen.

•• INFO

Für Reisen innerhalb Europas benötigt Ihr Haustier einen Europäischen Heimtierausweis und muss gechipt und gegen Tollwut geimpft sein. Außerhalb des Schengen-Raums verlangen viele Länder ein aktuelles amtstierärztliches Gesundheitszeugnis, einen aktuellen Bluttest auf Tollwut-Immunität sowie eine Import-Erlaubnis und stellen strenge Quarantäne-Bedingungen. Nähere Informationen zu den Einreisebestimmungen sind auf *Onlineholidays.de* (13) aufgelistet.

Was machen wir mit unserem Auto während der Reise?

Bei kürzeren Reisen heißt die Frage wohl nur: Lassen wir das Auto am Straßenrand stehen oder stellen wir es in einer Garage unter? Dauert Ihre Reise aber mehr als einen oder zwei Monate, ist guter Rat teuer.

- **Bewachter Parkplatz:** Wenn Sie um Ihren Lack fürchten oder Diebstahl vorbeugen wollen, können Sie Ihr Auto auf einem bewachten Parkplatz abstellen. In der Nähe von Flughäfen gibt es oft riesige Flächen mit überdachten und freien Stellplätzen. Auch Parkhäuser bieten Dauertarife an. Die Kosten variieren je nach Lage des Parkplatzes und Dauer der Parkzeit; für eine Woche zahlen Sie zwischen 35 und 90 Euro, vergleichen lohnt sich!

- **Unterstellung bei Familie oder Freunden:** Parkt das Auto in der Garage Ihrer Eltern oder vor der Haustür Ihres besten Freundes, kostet Sie das nichts. Netterweise können Sie anbieten, dass Ihr Auto während Ihrer Abwesenheit bei Bedarf genutzt werden darf, dann kann es auch nicht „einrosten". Der Nachteil: Kommt Ihr Auto dabei zu Schaden (auch wenn der Fahrer keine Schuld hat), müssen Sie sich als Fahrzeughalter mit der Versicherung herumschlagen; nicht eben das, wozu man auf einer Reise Lust hat. Kosten: keine, bis auf die weiterhin anfallenden Betriebskosten (Kfz-Steuern, Kfz-Haftpflicht, (Teil-)Kaskoversicherung) und den Wertverfall

- **Auto stilllegen:** Eine offizielle Stilllegung macht Sinn, wenn Sie mehrere Monate abwesend sind und Ihr Auto in dieser Zeit sicher unterstellen können. Bei der Kfz-Zulassungsstelle legen Sie Ihren Personalausweis oder Reisepass, die Nummernschilder, den Fahrzeugschein und den Fahrzeugbrief vor. Liegt dieser noch bei der Bank, weil Sie Ihr Auto über einen Kredit finanzieren, genügt auch der Zulassungsbrief. Die Zulassungsstelle informiert Ihre Kfz-Versicherung, auch Kfz-Steuer müssen Sie von nun an nicht mehr bezahlen. Zu viel gezahlte Beträge bekommen Sie vom Finanzamt erstattet. Kosten: Abmeldung an Ihrem gemeldeten Wohnort um die 6 Euro, bei einer anderen Zulassungsstelle 10 Euro.

- **Auto verkaufen:** → *Lohnt es sich, unser Auto zu verkaufen?*, Seite 180

> **ACHTUNG**
>
> Stillgelegte Fahrzeuge ohne Kennzeichen dürfen nicht an der Straße parken. Sie benötigen also einen sicheren Dauerstellplatz.

> **TIPP**
>
> Für 2,60 Euro können Sie sich Ihr Kennzeichen bis zu einem Jahr (abhängig vom Bundesland) reservieren lassen, wenn Sie daran hängen.

> **INFO**
>
> Wenn Sie Ihr Auto nicht binnen sieben Jahren wieder anmelden, wird es endgültig stillgelegt. Die Kfz-Versicherung, die mit der Stilllegung vorerst nur ruht, wird Ihnen nach maximal 18 Monaten aufgekündigt.

Was machen wir mit unserer Wohnung während der Reise?

Es gibt im Grunde drei Möglichkeiten:

- **Kündigen:** Das bietet sich bei längeren Reisen an, bei denen es noch keine festen Pläne nach der Rückkehr gibt. Achtung: Eine Wohnungsauflösung kostet mehr Zeit und Geld, als Sie denken! Die Einnahmen durch den Verkauf von Wohneigentum oder Einrichtung können das Reisebudget andererseits enorm vergrößern, und die laufenden Ausgaben während der Reise sinken auf Null.
- **Leerstehen lassen**: Das ist auf kürzeren Reisen sinnvoll, die man häufiger mit einem Abstecher in die Heimat unterbrechen will oder muss; rein finanziell macht es keinen Sinn.

- **Untervermieten**: Ob gegen Geld oder gegen die nicht-monetäre Gegenleistung einer anderen eingetauschten Wohnung (bekannt als „Haustausch", → *Können wir mit Haustausch Unterkunftskosten sparen?*, Seite 226), dieses Vorgehen macht Sinn, wenn Sie Ihre Wohnung nach der Rückkehr sicher wieder nutzen wollen. Auch hier sind die zusätzlichen Einnahmen oder das gesparte Geld sehr willkommen für das Reisebudget, während der Aufwand für die Wohnungsauflösung wegfällt.

Was machen wir mit unserem laufenden Hauskredit?

Im Normalfall wird ein Immobilienkredit (wie auch jeder andere Kredit) mit festen Ratenzahlungsterminen vereinbart. Versäumen Sie die Zahlung an diesen Terminen, werden empfindliche Zinsen aufgeschlagen. Auf einer Reise wollen Sie Ihre laufenden Kosten möglichst gering halten – dazu wäre es sinnvoll, wenn man die monatlichen Zahlungsverpflichtungen für einen Kredit aussetzen könnte.

Als erstes sollten Sie einen prüfenden Blick in Ihren Kreditvertrag werfen: Ist die Möglichkeit einer Ratenpause eventuell enthalten? Wenn nicht, sprechen Sie mit Ihrer Bank und legen Sie dar, was Sie vorhaben. Ihrer Argumentation hilft es sehr, wenn Sie einen Vertrag über ein Sabbatical oder Ihren Elternzeitbescheid vorlegen können – alles, damit die Bank überzeugt ist, dass Sie Ihre Zahlungen nach Ablauf der Reise zuverlässig wieder aufnehmen.

Für Zeiträume von wenigen Monaten lassen sich viele Banken auf die komplette Aussetzung der Raten ein, was die Laufzeit des Kredits entsprechend verlängert. Wollen Sie länger „aussteigen", können Sie sich auf die Aussetzung der Tilgung einigen und nur die Zinsen weiterzahlen.

> **•• ACHTUNG**
>
> Lassen Sie sich nicht darauf ein, die ausgesetzten Raten innerhalb einer festen Frist nachzuzahlen – zusätzlich zu den ohnehin fälligen Raten.

> **•• TIPP**
>
> Wollen Sie langfristig an Ihrem Leben etwas ändern und nach der Reise beruflich kürzertreten, kann es auch Sinn machen, wenn Sie den Tilgungssatz Ihres Kredits dauerhaft senken.

Wie lösen wir unsere Wohnung auf?

Eine Wohnung aufzulösen und später eine neue Wohnung zu finden, ist deutlich aufwendiger als ein Umzug. Alle Sachen, die Sie behalten, müssen sorgfältig (platzsparend) eingepackt und zwischenzeitlich eingelagert werden. Dafür können hohe Kosten anfallen, denn die Lagergebühren werden bei Speditionen nach Volumen berechnet.

Nutzen Sie daher die Wohnungsauflösung, um gründlich auszumisten. Lagern Sie nur Dinge ein, die Sie ganz sicher nach Ihrer Rückkehr weiterverwenden wollen!

Kalkulieren Sie für den Verkauf von Möbeln und Kram mindestens einen Monat ein. Hochwertiges verkauft sich am besten auf Onlineplattformen wie *Ebay.de* (9) oder *Markt.de* (8), wobei für das Erstellen der Anzeigen und das Überwachen der Auktionen viel Zeit draufgehen kann. Kleinkram und Haushaltsgegenstände bringen Sie an einem Flohmarktwochenende oder ohne Fahrerei bei einem Hinterhofverkauf (vorher Werbung machen!) an den Mann.

Tipps für das Einpacken:
- alles so klein wie möglich zerlegen und in flache Pakete packen
- Einzelteile sorgfältig beschriften und mit Aufbauanleitungen (auch selbst skizziert) zusammenpacken, damit der Wiederaufbau schneller geht
- alle Umzugskartons genau beschriften, Inventarliste anlegen
- empfindliche Inhalte sehr deutlich beschriften und immer ganz nach oben packen
- Schrankfronten und Tischplatten in Folie einschlagen, um Kratzer zu vermeiden

Was übrig ist, sollte gespendet werden – zum Beispiel an Wertstoffhöfe, Vereine, Hilfsorganisationen oder Kinderheime.

Tipps für das Einlagern:
- Suchen Sie spätestens zwei Monate vor der Abreise nach Angeboten für Einlagerungen.
- Teuer, aber gut für Ihre Sachen ist die Lagerung in einem klimatisierten Gebäude. Die sicherste Aufbewahrung sind Container, auch das Einschweißen auf Paletten ist akzeptabel.
- Sparen Sie nicht an der falschen Stelle, indem Sie Ihren Besitz unverpackt in einer ungeheizten Halle abstellen. Nach einem Jahr werden Schimmel, Staub und Feuchtigkeit nur wenig übrig gelassen haben.
- Fragen Sie genau nach, welcher Versicherungsschutz besteht und was das Abholen und Zurückbringen kostet.
- Sparen können Sie, indem Sie das Bringen und Abholen selbst übernehmen.

●● TIPP

Denken Sie rechtzeitig darüber nach, wo Sie und Ihre Familie in den letzten Wochen nach Ihrer Wohnungsauflösung wohnen werden.

> **●● ACHTUNG**
>
> Kalkulieren Sie mindestens eine Woche für die Renovierung Ihrer leeren Wohnung ein, je nachdem, was in Ihrem Mietvertrag an Arbeiten gefordert wird. Nach der Wohnungsübergabe sind oft noch zahlreiche Nachbesserungen nötig.

Checkliste Reisevorbereitung: Was muss wann erledigt werden?

Steht eine Familienreise an, ist viel vorzubereiten und zu organisieren. Damit Sie nicht den Überblick verlieren, wichtige Dinge vergessen oder zwischendurch graue Haare bekommen, sollten Sie sich dringend eine To-do-Liste wie die folgende erstellen.

Notieren Sie gleich zu Anfang Ihrer Reisevorbereitungen die konkreten Daten oder Zeiträume für jeden Punkt auf der Liste. Haken Sie ab, was Sie geschafft haben, und notieren Sie auch die Kosten dafür.

Sofort nach der Buchung

- ☐ Sobald Sie den Entschluss zu Ihrer Reise gefasst haben, können Sie beginnen, über geeignete Reiseländer und Routen nachzudenken (→ *Wie stellen wir unsere Reiseroute zusammen?*, Seite 37).
- ☐ Mit diesem Grundgerüst stellen Sie ein erstes grobes Budget auf (→ *Wie stellen wir unser Reisebudget auf?*, Seite 150) und legen fest, wie viel Geld Sie in welcher Zeit ansparen wollen.

18 Monate vorher

- ☐ Kontaktieren Sie Ihren Arbeitgeber, wenn Sie mit ihm über eine Auszeit verhandeln wollen. Sie brauchen genug Zeit, um zum Beispiel in einem Teilzeitmodell Überstunden anzusparen (Kapitel → *Sabbatical & Co.: eine Auszeit vom Job nehmen* ab Seite 45).

14 bis 12 Monate vorher
- ☐ Bei einer Weltreise oder einer Langzeitreise kontaktieren Sie am besten schon mehr als ein Jahr vorher ein spezialisiertes Reisebüro. Die Flugpläne werden zwar erst elf Monate im Voraus veröffentlicht, dann sollten Ihre Pläne aber schon feststehen.
- ☐ Auch eine etwa notwendige Schulfreistellung sollten Sie jetzt beantragen; so etwas kann sehr lange brauchen (→ *Bonuskapitel: Reisen trotz Schulpflicht* ab Seite 68).
- ☐ Fangen Sie außerdem rechtzeitig an, notwendige Fremdsprachen und andere Kenntnisse für Ihre Reise zu lernen oder aufzufrischen.

11 Monate vorher
- ☐ Jetzt ist der beste Zeitpunkt, um Round-the-World-Tickets und andere Langstreckenflüge zu buchen. Billiger wird es höchstwahrscheinlich nicht mehr.

10 bis 6 Monate vorher
- ☐ Auch in den nächsten Monaten können Sie Flugtickets für einzelne Strecken noch günstig buchen. Schließen Sie sofort eine Reiserücktrittsversicherung ab, sobald Sie die ersten Flüge gebucht haben (→ *Bis wann müssen wir eine Reiserücktritts- und Reiseabbruchversicherung abschließen?*, Seite 98).
- ☐ Wollen Sie mit einem eigenen Wohnmobil verreisen, fangen Sie jetzt an, den Markt nach Kandidaten zu scannen. Kaufverhandlungen und notwendige Umbauten brauchen oft Monate.
- ☐ Jetzt ist auch der Zeitpunkt gekommen, um Ihre Familie und Verwandte über Ihre Reisepläne zu informieren. Sie haben die Tickets gebucht und können nicht mehr umgestimmt werden. Ihre Lieben haben aber noch genug Gelegenheit, um Ihnen Geld oder Ausrüstung zu schenken, wertvolle Zeit mit den Kindern zu verbringen oder mit Ihnen gemeinsam zu planen.

8 bis 6 Monate vorher

☐ Miet-Wohnmobile in Neuseeland oder Australien sollten Sie spätestens jetzt mieten, wenn Sie nicht in der absoluten Nebensaison reisen wollen.

☐ Suchen Sie die Kündigungsfristen für Mitgliedschaften, Abos etc. heraus und kündigen Sie alles, was Sie nicht unbedingt brauchen.

☐ Spätestens jetzt ist es an der Zeit, die notwendigen Reiseimpfungen für Ihre Familie zu planen und mit den ersten Impfungen zu beginnen (→ *Welche Impfungen brauchen wir vor unserer Reise und was kosten diese?*, Seite 122).

☐ Schreiben Sie eine erste Packliste und stellen Sie zusammen, was Sie an Reiseausrüstung noch benötigen. Den Wunschzettel schicken Sie im Freundes- und Verwandtenkreis herum, damit Sie von nun an nur noch praktische Geschenke bekommen.

5 bis 3 Monate vorher

☐ Brauchen Sie Visa für die Einreise in einige Länder, beantragen Sie diese am besten weit im Voraus (→ *Was müssen wir beachten, wenn wir für unsere Reise Visa beantragen?*, Seite 82).

6 bis 2 Monate vorher

☐ Wollen Sie Ihre Wohnung während der Reise vermieten oder kündigen, fangen Sie jetzt mit den Vorbereitungen an. Das Ausmisten und Verkaufen von Kleinkram braucht ebenfalls seine Zeit.

☐ Ihren Job kündigen Sie fristgerecht bereits jetzt, gleichzeitig melden Sie sich bei der Arbeitsagentur als arbeitssuchend. Drei Monate vor Ihrem letzten Arbeitstag melden Sie sich dann arbeitslos (→ *Arbeitslosengeld I: Was muss ich beachten, wenn ich für die Reiseauszeit meinen Job kündigen will?*, Seite 58).

3 Monate vorher
☐ Zeit für eine Runde Arztbesuche: Lassen Sie jetzt letzte Impfungen auffrischen, Ihren Zahnstatus prüfen, besuchen Sie Ihre Frauenärztin und den Kinderarzt, der Ihnen einige Medikamente für die Reiseapotheke verschreiben kann (→ *Was kostet die Reiseapotheke?*, Seite 121).

3 bis 2 Monate vorher
☐ Brauchen Sie oder Ihre Kinder neue Reisepässe? Jetzt ist noch genug Zeit, um neue Pässe zu beantragen oder den Kinderreisepass verlängern und aktualisieren zu lassen (→ *Was kosten uns die Reisepässe für die ganze Familie?*, Seite 79).
☐ Fangen Sie außerdem an, Ihre Reiseausrüstung zu kaufen. Schauen Sie dabei gezielt nach Sonderangeboten.
☐ Außerdem können Sie jetzt Ihr Reisekonto eröffnen und eventuell neue Kreditkarten beantragen (→ *Welche Kreditkarte ist die beste für uns?*, Seite 118).

2 Monate bis 3 Wochen vorher
☐ Beantragen Sie Ihren Internationalen Führerschein.
☐ Informieren Sie die Kita über Ihre Reise und kündigen Sie eventuell den Kitaplatz.
☐ Nun sollten Sie auch Ihre Krankenversicherung informieren, kündigen oder eine Anwartschaft beantragen. Gleichzeitig schließen Sie eine Auslandsreisekrankenversicherung ab (→ *Welche Auslandsreisekrankenversicherung brauchen wir für unsere Reise?*, Seite 101).
☐ Wird Ihr Kind von der Schule beurlaubt, sprechen Sie mit den Lehrern ab, wie Sie den Unterricht auf der Reise gestalten können. Besorgen Sie Lehr- und Lernmaterialien.

Spätestens 7 Wochen vorher
☐ Jetzt können Sie fristgerecht Ihre Elternzeitmonate beantragen, wenn Sie Sorge haben, dass Ihr Vorgesetzter Ihnen daraus einen Strick drehen könnte. Von nun an sind Sie vor einer Kündigung geschützt (→ *Was müssen wir beim Elterngeldantrag beachten, wenn wir in der Elternzeit verreisen wollen?*, Seite 67).

1 Monat vorher
☐ Zeitungs-Abos und Ähnliches sollten Sie jetzt umleiten oder kündigen. Beantragen Sie, wenn nötig, eine PIN-Nummer für Ihre neue Kreditkarte und erhöhen Sie den Verfügungsrahmen Ihres Girokontos für die Reise. Ihre Bank freut sich über einen Hinweis, wann Sie wohin reisen werden.
☐ Spätestens jetzt sollten Sie eine Betreuung für Ihr Haustier und eine Ansprechperson für Notfälle suchen.
☐ Verfeinern Sie Ihre Packliste; kaufen Sie noch fehlende Kleidung und Ausrüstung sowie Taschen und Rucksäcke. Das Auto können Sie jetzt verkaufen oder einen Stellplatz dafür finden (→ *Was machen wir mit unserem Auto während der Reise?*, Seite 138).
☐ Haben Sie gekündigt, bereiten Sie jetzt Ihre Wohnung für den Auszug vor (→ *Wie lösen wir unsere Wohnung auf?*, Seite 142).

3 Wochen vorher
☐ Haben Sie neue Wanderschuhe gekauft, sollten Sie diese jetzt einlaufen, damit sie bei Reisebeginn gut passen.

2 Wochen vorher
☐ Stellen Sie einen Antrag auf Post-Umleitung.
☐ Buchen Sie Ihre Unterkunft für die ersten Nächte.
☐ Fangen Sie mit dem Probepacken an und informieren Sie sich dazu über die Gepäckbestimmungen der Airline.
☐ Ihre wichtigsten Unterlagen sollten Sie einscannen und zuverlässig erreichbar abspeichern, etwa in einer Cloud.

1 Woche vorher
- ☐ Jetzt ist die Frist für Ihre Abmeldung beim Einwohnermeldeamt oder der Arbeitsagentur gekommen. Auf der Kfz-Stelle können Sie Ihr Auto stilllegen.
- ☐ Begleichen Sie letzte offene Rechnungen.
- ☐ Abschiedsbesuche und die Verabschiedung in Schule oder Kita verteilen Sie auf die letzten Tage, damit es nicht zu anstrengend wird.
- ☐ Renovieren Sie Ihre (gekündigte) Wohnung.

Einige Tage vorher
- ☐ Zeit für die Wohnungsübergabe.
- ☐ Waschen Sie alle Kleidungsstücke von der Packliste und packen Sie sie ein.
- ☐ Klären Sie Ihre Anreise zum Flughafen und bereiten Sie Anfahrtsbeschreibungen für das Hotel etc. vor.

48 Stunden vorher
- ☐ Vergessen Sie nicht, die Akkus für Ihre Kamera und andere elektronische Geräte aufzuladen. Für Ihre eigenen Akkus kaufen Sie Snacks und Reiseproviant für die erste Etappe.

24 Stunden vorher
- ☐ Passt alles perfekt in die Taschen und Koffer? Versuchen Sie, das Gepäck nochmals zu reduzieren.

2 bis 3 Stunden vorher
- ☐ Auf zum Check-in an den Flughafen!

●● TIPP

Diese Checkliste sowie weitere hilfreiche Muster und Vorlagen finden Sie fertig formatiert zum kostenlosen Herunterladen und Ausdrucken bei *KidsAway.de* ⑮.

Reisebudget planen und ansparen

WIE PLANT MAN EIN REISEBUDGET?

Wann stellen wir unser Reisebudget auf?

Sobald Sie eine grobe Idee davon haben, wie lange und in welchen Ländern Sie unterwegs sein wollen (→ *Wie stellen wir unsere Reiseroute zusammen?*, Seite 37) und wie Sie Ihre Auszeit finanzieren können, sollten Sie ein erstes Reisebudget aufstellen. Von der ersten Kalkulation bis zur realisierbaren Finanzierung können Monate vergehen. Fangen Sie lieber jetzt gleich an!

Wie stellen wir unser Reisebudget auf?

Ihr Reisebudget setzt sich ganz grob aus zwei Säulen zusammen: Auf der einen Seite stehen Ihre Ersparnisse und die Einnahmen während der Reise, auf der anderen Ihre Ausgaben.

Auf der **Ausgaben-Seite** kommt jetzt viel Arbeit auf Sie zu: Listen Sie hier (ordentlich getrennt) alle Ausgaben auf, die Sie

- **einmalig** vor der Reise haben bzw. haben werden (zum Beispiel Flugtickets, Ausrüstung, Reisedokumente),
- **daheim dauerhaft** haben und auch während der Reise haben werden (Mietzahlungen, Mitgliedschaften, Versicherungsbeiträge – Achtung, nicht alles taucht auf dem monatlichen Kontoauszug auf! → *Wie können wir laufende Fixkosten während unserer Abwesenheit senken?*, Seite 182),
- **auf der Reise** wahrscheinlich haben werden (das durchschnittliche Tagesbudget kann vor der Reise nur grob kalkuliert werden → *Wie hoch ist ein normales Tagesbudget für eine Familie?*, Seite 152).

Hieraus ergibt sich das Soll – der Betrag, den Sie für Ihre Reise brauchen werden. Da Sie auf der sicheren Seite planen sollten und Ihre Reise nicht aus Geldmangel abbrechen wollen, schlagen Sie

vorsichtshalber noch 20 Prozent des Gesamtbetrags auf. Nun haben Sie die Summe vor sich stehen, die Sie voraussichtlich für Ihre Reise brauchen werden.

Aber keine Angst – auf der **Haben-Seite** kommt ja hoffentlich auch einiges zusammen. Hierhin gehören:

- **Ersparnisse:** was Sie bereits angespart haben und noch ansparen werden (keine vagen Vorhaben, nur fest eingeplante Beträge)
- **Regelmäßige Einnahmen:** was Sie regelmäßig als Haushalt einnehmen und auch während der Reise einnehmen werden (Gehalt also nur dann hier eintragen, wenn Sie es weiterbeziehen!)
- **Einmalzahlungen:** was Sie in einzelnen Beträgen während oder nach der Reise einnehmen werden (anstehende Zahlungen oder Boni, Steuerrückzahlungen etc.)

Halten sich die beiden Zahlen ungefähr die Waage? Oder hat das Soll eindeutig Überhang? Dann heißt es jetzt

- Ausgaben reduzieren – also Sparen (vor der Reise und unterwegs) und
- Einnahmen erhöhen (ebenfalls vor und idealerweise auch während der Reise)

Wie das geht, erfahren Sie auf den folgenden Seiten.

●● TIPP

Da sich die Zahlen wahrscheinlich noch häufig ändern werden, ist es sinnvoll, eine solche Auflistung als Datenblatt in Excel anzulegen und regelmäßig zu aktualisieren.

Können wir auch ein Budget aufstellen, ohne unsere Route komplett festzulegen?

Das sollten Sie sogar tun, denn eine Abschätzung der anfallenden Kosten kann Ihre Routenwahl entscheidend beeinflussen.

Was Sie durchschnittlich als Familie ausgeben, können Sie anhand Ihrer Ausgaben daheim ausrechnen (→ *Wie hoch ist ein normales Tagesbudget für eine Familie?*, siehe nächste Frage. Natürlich ist das Preisniveau nicht in jedem Land der Welt gleich (→ *Welche Reiseländer sind am günstigsten?*, Seite 33). Rechnen Sie die durchschnittlichen Lebenshaltungskosten eines anvisierten Reiselandes auf die Zeit hoch, die Sie dort ungefähr verbringen wollen. So können Sie grob veranschlagen, welche Reiseroute günstiger oder teurer werden würde.

•• TIPP

Bei der Abschätzung anfallender Kosten sollten Sie immer großzügig vorgehen und lieber zu viel als zu wenig budgetieren!

Wie hoch ist ein normales Tagesbudget für eine Familie?

Die Höhe Ihres individuellen Tagesbudgets hängt von Ihnen und Ihrer Reise ab. Je höher Ihre Ansprüche an Komfort, gutes Essen, aber auch Sicherheit sind, desto höher wird Ihr Tagesbudget ausfallen. Je länger Sie an einem Ort verweilen, desto tiefer wird Ihr durchschnittliches Budget sinken, weil sich die hohen Kosten für die An- und Abreise auf mehr Anwesenheitstage verteilen. Reisen Sie zu zweit mit Ihrem Baby, ist Ihr Tagesbudget sicherlich deutlich niedriger als bei einer Reise mit zwei Teenagern, aber vielleicht ist es trotzdem höher als das einer Single-Mama mit Vorschulkind.

Wie viel Sie genau pro Reisetag brauchen werden, können Sie vor der Reise nicht genau wissen. Sie können es aber abschätzen: Schreiben Sie über einen Zeitraum von mindestens zwei, besser vier Monaten (um jahreszeitliche und Einzelfall-Ausreißer zu glätten) alle Ihre Ausgaben auf, und achten Sie dabei vor allem auf Ihre Ausgaben für Essen.

Nach einer Backpacker-Faustregel setzen sich die Kosten einer Reise zu relativ gleichen Teilen aus vier Bereichen zusammen:
- Verpflegung (sowohl gekaufte Lebensmittel und Dinge des täglichen Bedarfs als auch Restaurant-Essen)
- Unterkunft
- Transport (auch Flugtickets, die schon vor der Abreise bezahlt wurden, gehören ins Gesamtbudget!)
- Sonstiges (darunter fallen neben Kultur und Spaß auch Arztrechnungen, Visa-Kosten und Anschaffungen wie neue Kleidung)

Für Familien gilt diese Faustregel leider nicht immer entsprechend; die Verteilung der Posten hängt stark davon ab, wie viele Kinder mitreisen und wie alt sie sind. Trotzdem macht es Sinn, die täglichen Ausgaben auf Reisen in diese Rubriken zu unterteilen.

Verpflegung: Kennen Sie Ihre Ausgaben im Verpflegungsbereich, wissen Sie schon, wie hoch dieser Teil Ihres Tagesbudgets auf Reisen sein wird. Das gilt natürlich für Länder mit einem ähnlichen Preisniveau wie Deutschland, Sie müssen also wissen, wie viele Länder Ihrer Route dieses Niveau deutlich über- und unterschreiten. Und es gilt für die Art von Verpflegung, die Sie selbst zu Hause praktizieren. Machen Sie daheim Selbstverpflegung und essen dann auf Reisen nur in Restaurants, wird das Ihr Tagesbudget deutlich in die Höhe treiben.

Unterkunft: Um diesen Posten im Voraus abzuschätzen, suchen Sie im Internet nach Unterkünften in jedem Reiseland auf Ihrer geplanten Route und errechnen Sie den durchschnittlichen Übernachtungspreis für Ihre Familie.

Transport: Dieser Posten ist für Familien meistens der größte, weil jedes Familienmitglied für seinen Sitzplatz bezahlen muss. Wenn Sie mehr als zwei Kinder haben, werden Sie für den Transport insgesamt wesentlich mehr bezahlen als für Unterkünfte und Verpflegung, vor allem wenn Sie viel fliegen und/oder in Mietfahrzeugen unterwegs sind.

Sonstiges: Der schwierigste Punkt, weil Sie das vor der Reise einfach nicht wissen können. Aus der Faustregel ergibt sich aber ein Betrag, den Sie einrechnen können – nutzen Sie ihn in teuren Ländern als Reserve für die anderen Posten oder genießen Sie in günstigen Ländern den Luxus, sich ein paar tolle Ausflüge oder neue Kleidung leisten zu können.

●● TIPP

Ihre Ausgaben oder die Budgets in den einzelnen Ländern schwanken sehr stark? Nehmen Sie einen Durchschnittspreis für Ihre Kalkulation, aber setzen Sie ihn eher hoch an – eingespartes Budget ist immer besser als fehlendes.

●● INFO

Als Familie mit einem (kleinen) Kind kommen Sie mit einem durchschnittlichen Tagesbudget ab etwa 50 Euro zurecht, wenn Sie auf teure Reiseziele verzichten. Mit mehr Kindern oder älteren Kindern dürfte Ihr Tagesbudget mindestens bei 100 Euro liegen, wahrscheinlich noch deutlich darüber.

Wie finden wir heraus, welche Kosten vor Ort auf uns zukommen?

Die Website *Numbeo.com* (7) ist eine hervorragende Informationsquelle für Kostenfragen aller Art. Hier kann man für fast jede Stadt und jedes Land der Welt nach aktuellen Preisen für Lebensmittel, Transport, Mieten usw. schauen und Vergleiche anstellen.

Einen Anhaltspunkt zu Hotelpreisen gibt eine kurze Recherche auf Buchungsplattformen wie *Booking.com* (62) oder (für Asien) *Agoda.com* (58). Was Flugtickets und Mietwagen ungefähr kosten, sagt Ihnen eine Suche über *Kayak.de* (37) oder

Skyscanner.de (40). Natürlich können Sie bei tiefergehender Recherche auch noch günstigere Angebote finden – aber so bekommen Sie erst einmal einen Richtwert. Last-Minute-Schnäppchen und Geheimtipps kalkulieren Sie besser nicht ins Budget ein, sondern freuen sich über die unerwartete Ersparnis!

●● TIPP

Suchen Sie immer möglichst gezielt in der von Ihnen geplanten Reisezeit und nach Angeboten für Ihre eigene Familienkonstellation, um exakte Suchergebnisse zu bekommen.

Welche einmaligen Kosten müssen wir in unser Reisebudget einplanen?

Ausgaben, die nur einmal oder wenige Male anfallen, müssen trotzdem eingeplant werden, denn sie summieren sich zu einem ordentlichen Betrag.

Ausgaben für die Reise:
- Dokumente wie etwa Reisepässe, Visa, beglaubigte Übersetzungen, Internationaler Führerschein (Kapitel → *Reisedokumente und Visa* ab Seite 78)
- Reiseausrüstung wie etwa Funktionskleidung, Kamera, Rucksäcke oder Reisetaschen, Buggy oder Babytrage, Technik (Kapitel → *Reiseausrüstung* ab Seite 108)
- Reiseimpfungen, Zahnbehandlungen vor der Reise (Kapitel → *Gesundheitskosten* ab Seite 121)
- Medikamente und Ausstattung für die Reiseapotheke
- Flugtickets

Andere Ausgaben vor der Reise:
- Wohnungsauflösung (→ *Wie lösen wir unsere Wohnung auf?*, Seite 142)
- Abschiedsparty
- Autoverkauf: Wertverlust, Kosten für spätere Neuanschaffung (→ *Lohnt es sich, unser Auto zu verkaufen?*, Seite 180)
- bei freigestellten Schulkindern: Kosten für Fernschule und Schulmaterialien (→ *Was kostet eine Fernschule?*, Seite 71)

Ausgaben unterwegs:
- Ausflüge und Aktivitäten (Safaris, Tauchkurse, geführte Ausflüge ...)
- Spielsachen, kleine Geschenke und Andenken
- nachgekaufte Kleidung (Kinder wachsen)
- Reparaturen und Ersatz von Ausrüstung (Dinge gehen kaputt oder verloren)
- eventuell Kauf eines Autos oder Wohnmobils

Wie viel Sie hier im Einzelnen ausgeben werden, können Sie im Vorhinein natürlich nicht genau wissen. Planen Sie aber unbedingt ein Budget dafür ein – ist es am Ende der Reise übrig, gönnen Sie sich davon etwas oder investieren Sie es für Ihre „Wiedereingewöhnung" (Kapitel → *Nach der Reise* ab Seite 237).

Welche laufenden Kosten müssen wir in unser Reisebudget einplanen?

Die Reiseausgaben einer Familie setzen sich aus einer Vielzahl von Posten zusammen. Viele davon fallen einem nicht auf Anhieb ein, wollen aber beachtet sein, wenn es nicht zu bösen Überraschungen kommen soll:

Je nach Reiseland:
- Unterkunft
- Verpflegung (plus Trinkgelder!)
- Sightseeing und Freizeitaktivitäten

- Kommunikation (zum Beispiel Internet)
- Transport: Kurzstrecken (Taxis, öffentlicher Nahverkehr, Mietautos plus Benzinkosten) und Langstrecken (Flüge oder Fahrten zwischen Ländern)
- sonstige kleinere Ausgaben (Spielzeug, Apotheke, Hygieneartikel, Souvenirs)

Unabhängig vom Reiseland:
- Versicherungen (Auslandsreisekrankenversicherung, Haftpflichtversicherung, Rentenversicherung etc.)
- regelmäßig zu nehmende Medikamente, zum Beispiel Malariaprophylaxe oder die Pille
- Geldbeschaffung (Kreditkartengebühren, Kontoführungsgebühren)
- weiterlaufende Verträge (GEZ, Handyvertrag, Kitaplatz, Vereinsmitgliedschaften etc.)
- wenn die Wohnung behalten wird: Miete und Nebenkosten
- wenn die Wohnung aufgegeben wird: Möbeleinlagerung (→ *Wie lösen wir unsere Wohnung auf?*, Seite 142)
- wenn das Auto behalten wird: Kfz-Steuer und Versicherung, Stellplatz (→ *Lohnt es sich, unser Auto zu verkaufen?*, Seite 180)

Sollten wir auch Geld für nach der Reise zurücklegen?

Bei längeren Reisen auf jeden Fall (außer Sie planen gar nicht, zurückzukehren). Krankenkassen- und andere Versicherungsbeiträge werden genauso wieder fällig wie Kreditraten, Kitagebühren und all die Kosten für das tägliche Leben. Auch für die Anmietung einer neuen Wohnung, den Kauf neuer Möbel oder Kleidungsstücke oder gar eines neuen Autos sind große Beträge nötig, die Sie bestenfalls schon vor der Reise zurückgelegt haben.

Auch wenn Sie direkt wieder anfangen zu arbeiten, müssen Sie einige Wochen bis zum ersten Gehaltseingang warten. Auch das beantragte Arbeitslosengeld kann auf sich warten lassen und die Suche nach einem neuen Job ist weniger drängend, wenn Sie

zunächst ein finanzielles Polster haben (Kapitel → *Nach der Reise* ab Seite 237).

●● TIPP

Legen Sie mindestens ein komplettes Monatsgehalt als eiserne Reserve zurück, bevor Sie abreisen, und rühren Sie dieses Geld nicht an. Am besten kommt es auf ein separates Konto, auf das Sie von unterwegs keinen Zugriff haben.

Was machen wir, wenn unser geplantes Budget nicht ausreicht?

Für den Fall, dass Sie sich verkalkuliert haben und die Reise doch teurer wird als gedacht, sollten Sie idealerweise vorgesorgt haben: Legen Sie vor der Abreise einen „Notgroschen" zurück, auf den Sie während der Reise nicht (so einfach) zugreifen können. Am besten auf einem anderen Konto. Er sollte mindestens für Flugtickets nach Hause reichen.

Der beste Schutz davor, während der Reise plötzlich mit leerer Reisekasse dazustehen, ist leider arbeitsaufwendig und nicht eben spaßig: Kalkulieren Sie vor der Abreise möglichst genau Ihr Reisebudget (→ *Wie stellen wir unser Reisebudget auf?*, Seite 150) und kalkulieren Sie es großzügig – auf die errechneten Ausgaben sollten Sie immer 20 Prozent aufschlagen, um auf der sicheren Seite zu sein. Sparen Sie dann so lange, bis Sie die gesamten Kosten – plus einen großzügigen Notgroschen – zusammen haben (→ *Wie lange vor einer Reise sollten wir anfangen zu sparen?*, Seite 159).

Unterwegs sollten Sie regelmäßig, mindestens einmal im Monat, Ihre Ausgaben überprüfen: Liegen Sie im Rahmen oder darüber? Je eher Sie das feststellen, desto besser können Sie gegensteuern: indem Sie den Gürtel etwas enger schnallen, auf Luxusausgaben verzichten, eine zu teure Unterkunft wechseln oder gleich das Land. Eventuell müssen Sie auch Ihre geplante Reiseroute korri-

gieren, einen geplanten teuren Zwischenstopp weglassen oder auf ein ersehntes Reiseziel verzichten (→ *Wie behalten wir unterwegs den Überblick über unsere Finanzen?*, Seite 208).

•• T I P P

Vertrauen Sie auf sich und Ihre Familie: Sie werden auch Widrigkeiten wie diese überstehen und dabei vielleicht die besten Erlebnisse auf Ihrer ganzen Reise haben. Der fiktive Notfall, dass Sie Ihre Reise aus Geldmangel vielleicht abbrechen müssen, sollte Sie nicht davon abhalten, die Reise überhaupt anzutreten.

GELD ANSPAREN UND DAZUVERDIENEN

Wie lange vor einer Reise sollten wir anfangen zu sparen?

Wenn Sie nicht im Lotto gewonnen oder geerbt haben: am besten sofort. Die meisten Familien brauchen ein Jahr und länger, bis sie sich eine größere Reiseauszeit leisten können. Wollen Sie nur zwei Monate Ihrer Elternzeit für eine Reise nutzen, sollte das mit wenigen Monaten Vorlauf möglich sein.

Wie können wir gezielt einen größeren Betrag ansparen?

1. Sparplan aufstellen: Sobald Sie Ihr Reisebudget aufgestellt haben (→ *Wie stellen wir unser Reisebudget auf?*, Seite 150) und wissen, wie viel Geld Sie für Ihre Traumreise brauchen werden, sollten Sie einen Sparplan aufstellen. Schreiben Sie auf, wie viel Sie jeden Monat ansparen wollen bzw. können und verpflichten Sie sich mit Ihrem Partner gegenseitig darauf. Denn wenn nicht alle Familienmitglieder mitziehen, wird der Sparplan nicht funktionieren.

2. Reisekonto anlegen: Legen Sie als nächstes ein Reisekonto an: Das sollte am besten ein Tagesgeldkonto sein (hier gibt es wenigstens noch minimale Zinsen), auf das Sie regelmäßig einen festen Betrag, am besten per Dauerauftrag einzahlen. Ansonsten muss dieses Konto tabu für Sie sein. Tagesgeldkonten haben den Vorteil, dass man nicht einfach so Geld von ihnen abheben kann (→ *Wie legen wir unsere Reisekasse an?*, Seite 206).

3. Sparziel setzen: Wie lange Sie benötigen, um den noch fehlenden Betrag auf der Haben-Seite Ihres Reisebudgets zu erwirtschaften, hängt sowohl von der geplanten Reise ab als auch von Ihren Ausgaben und Einnahmen als Familie. Wenn Sie einen größeren Betrag ansparen müssen, setzen Sie sich ein realistisches Ziel: 10.000 Euro lassen sich nicht mal eben so beiseitelegen, und kaum eine Familie kann monatlich auf 2.000 Euro ihrer Einnahmen verzichten.

4. Sparplan überprüfen: Nun heißt es durchhalten. In den folgenden Monaten sollten Sie Ihre Finanzplanung immer wieder prüfen: Können Sie eventuell noch mehr auf das Reisekonto einzahlen, ohne sich allzu sehr einschränken zu müssen? Oder rutschen Sie durch die Überweisungen jeden Monat weiter ins Minus? Dann heißt es nachjustieren, denn die Überziehungszinsen sind eindeutig überflüssige Ausgaben.

5. Einnahmen erhöhen: Nur durch Sparen können Sie den fehlenden Betrag wahrscheinlich nicht (schnell genug) erwirtschaften. Schneller geht es – und es fühlt sich nicht so nach Verzicht an! –, wenn Sie gleichzeitig Ihre Einnahmen erhöhen (→ *Wie können wir unsere Einnahmen steigern?*, Seite 166). Und schließlich können Sie auch an Ihrem Reisebudget noch einiges drehen: Rechnen Sie genau durch, wie Sie günstiger reisen können (Kapitel → *Als Familie günstig unterwegs ab* Seite 206). Auch mit kleinem Budget können Familien ganz wunderbar die Welt entdecken.

> **•• TIPP**
>
> Sparen ist im Familienalltag nicht einfach. Und wenn das erträumte Ziel noch in weiter Ferne liegt, vergisst man es gern. Damit Sie alle sich auf Ihr gemeinsames Ziel einschwören und nicht aus den Augen verlieren, wofür Sie sich den täglichen Luxus verkneifen oder mehr Stunden arbeiten, hängen Sie am besten eine Erinnerung gut sichtbar in der Wohnung auf: ein Poster von Ihrem Traumreiseziel oder einen Familienvertrag (eine Vorlage dafür finden Sie im Anhang auf → Seite 278).

Wie bekommen wir einen Überblick über unsere Finanzen?

Der Start Ihres Sparplans ist eine Tabelle, in der Sie so genau wie möglich alle Einnahmen und Ausgaben Ihres Haushalts auflisten.

Haben Sie errechnet, wie viel Sie monatlich ausgeben, legen Sie für alle Ausgaben einen Rahmen fest und tun fortan alles, um diesen nicht zu überschreiten. (Praktischerweise sollte der Rahmen also nicht allzu eng kalkuliert werden, denken Sie auch an seltenere Ausgaben wie die jährliche Kfz-Versicherung.)

Wenn Sie eine Zeitlang genau Haushaltsbuch führen, bekommen Sie einen Überblick darüber, wo Sie zu viel ausgeben und wo Sie etwas einsparen können. So wird es einfacher, gezielt Geld für Ihre Reise zurückzulegen (→ *Wie können wir gezielt einen größeren Betrag ansparen?*, Seite 159).

Außerdem wissen Sie dann schon, wie viel Ihre Familie ungefähr für die Dinge des täglichen Bedarfs ausgibt – eine wertvolle Information, denn essen müssen Sie auch unterwegs (→ *Wie hoch ist ein normales Tagesbudget für eine Familie?*, Seite 152).

Wo können wir als Familie am meisten sparen?

Die größten Ausgaben für Familien sind meist die Miete oder Kreditraten für das Wohnen, gefolgt von den Kosten für Verpflegung und Versorgung. Je mehr Kinder Sie haben und je älter diese sind, desto mehr geben Sie wahrscheinlich für Essen, Kleidung und Schulmaterialien aus. Hier liegt zum Glück auch großes Sparpotenzial.

Beim Essen sparen:
- Streichen Sie Fertigessen, Imbiss-Essen und Restaurantbesuche komplett. Statt *coffee to go* bei Starbucks nehmen Sie sich Ihren Kaffee im Thermosbecher von zu Hause mit.
- Kochen Sie möglichst alle Mahlzeiten selbst, gern auch auf Vorrat, sodass Sie mehrere Tage lang davon essen können.
- Essen Sie nicht, bis Sie platzen, sondern bis Sie keinen Hunger mehr haben. Ernähren Sie sich ballaststoffreich und mit viel Gemüse.
- Schreiben Sie einen Einkaufszettel und machen Sie einen Wocheneinkauf (gehen Sie nicht hungrig einkaufen). Spontankäufe zwischendurch sollten Sie vermeiden. Brauchen Sie stattdessen gezielt Reste auf.
- Machen Sie einen Wochenplan, was Sie mittags und abends essen wollen, und halten Sie sich daran.
- Kaufen Sie Grundnahrungsmittel beim Discounter oder kaufen Sie die günstigen Hausmarken (das gilt auch für Kosmetik!).
- Kaufen Sie Obst und Gemüse der Saison und stimmen Sie Ihren Essensplan darauf ab.
- Sammeln Sie Coupons und Gutscheine, achten Sie auf Sonderangebote und Aktionen – aber lassen Sie sich davon nicht zu Spontankäufen verleiten.
- Werden Sie Selbstversorger: Gemüse können Sie auch auf dem Balkon ziehen, Obst vom Baum pflücken, Pilze im Wald sammeln, Brot selbst backen, Joghurt selbst herstellen.

- Trinken Sie Leitungswasser. Mit einem Soda-Sprudler machen Sie sich Ihr Mineralwasser selbst.
- Kaufen Sie für Ihre Kinder unterwegs keine Snacks und Getränke, sondern bereiten Sie sich vor und nehmen Sie Trinkflaschen und Lunchboxen mit.
- Machen Sie Eis selbst oder kaufen Sie Großpackungen, anstatt in die Eisdiele zu gehen.

Bei der Kleidung sparen: Kinder brauchen ständig neue Kleidung; wenn etwas nicht zu klein ist, dann ist es kaputt. Hier lässt sich viel sparen, vor allem bei kleineren Kindern: Kaufen Sie in Secondhand-Läden oder bei *Ebay.de* (9), achten Sie auf Sonderangebote und Schlussverkäufe und bitten Sie Freunde mit älteren Kindern um deren abgelegte Sachen. Auch wenig getragene Kinderschuhe können einen zweiten Besitzer finden. Haben Sie mehrere Kinder, kaufen Sie die Kleidung für die Großen strategisch so, dass sie auch den Jüngeren passen und gefallen wird.

Bei den Wohnkosten sparen: Die Wohnkosten sollten laut Expertenmeinung nicht mehr als ein Drittel der Haushaltseinnahmen betragen. Ist Ihre Wohnung deutlich teurer, können Sie versuchen, eine günstigere Wohnung zu finden (was in vielen Städten allerdings aussichtslos ist). Denken Sie aber daran, dass Sie für den Umzug wahrscheinlich mehrere tausend Euro bezahlen werden – die neue Wohnung muss also wirklich sehr viel günstiger sein, damit sich das lohnt.

Alternativ können Sie die Nebenkosten senken – sparen Sie Strom und Heizkosten, suchen Sie günstigere Anbieter, wechseln Sie Ihre Leuchtmittel aus. Schlagen Sie Ihrem Vermieter vor, die Hausmeisteraufgaben zu übernehmen, wenn er dafür Ihre Miete senkt. Vielleicht können Sie auch ein Zimmer unter- oder Ihre Wohnung im Urlaub zwischenvermieten (→ *Dürfen wir unsere Wohnung/unser Haus untervermieten?*, Seite 175)?

> **●● TIPP**
>
> Nutzen Sie gezielt Bonusportale beim Einkaufen. Über *Payback.de* ⑧⑤ sammeln Sie Bonuspunkte, die Sie in Warengutscheine umtauschen können, über *iGraal.com* ⑧④ können Sie sich beim Einkaufen in Onlineshops Cashback auszahlen lassen. Kleinvieh macht auch Mist!

Unsere Kinder wollen gern etwas zum Reisebudget beitragen, was können sie tun?

Schön, wenn die ganze Familie beim Projekt Reisefinanzierung mitzieht! Je älter Ihre Kinder sind, desto eher dürfen und sollen Sie sie dabei einbeziehen. Dass das Geld für eine Familienreise nicht vom Himmel fällt, ist eine wertvolle Lektion – genauso wertvoll wie die Erkenntnis, dass sich auch große Projekte mit gemeinsamer Anstrengung stemmen lassen.

Was können Kinder tun, um ihren Teil beizutragen?
- freiwillig (!) auf Käufe und Leckereien verzichten, um den gesparten Betrag direkt in die Reisekasse zu werfen
- nicht mehr gebrauchte Spielsachen und Kleidung auf dem Flohmarkt verkaufen
- auf Flohmärkten oder bei Stadtteilfesten Kleinigkeiten wie Limonade oder selbstgebastelten Schmuck verkaufen, ein Instrument spielen oder etwas aufführen – aber bitte immer freiwillig und spielerisch!

Damit deutlich sichtbar ist, wie viel die Kinder schon beigetragen haben, können Sie ein Sparschwein aufstellen. Hier sammelt sich zwar höchstwahrscheinlich kein vierstelliger Betrag an, aber Sie werden erstaunt sein, zu welcher Summe sich Kleingeld anhäuft!

Ältere Kinder können, wenn sie das wollen (!), in den Ferien oder am Wochenende Zeitungen austragen, Babysitter-Dienste anbieten oder Einkäufe für alte Menschen übernehmen. Schauen

DAS
ARENA
Margret Rettich's
KIRSTEN BOIE · KATRIN ENGELKING
Wühlbert rettet den
Schulausflug
Fünf Katzen fahren
Meer hinaus
GEOFFREY TREASE
Frances H. Burnett
JOKE VAN LEEUWEN
Cornelia Funke
Kai Meyer

10 EURO
10
5
© BCE ECB EZB EKT EKP 2002
20

Sie gemeinsam im Kleinanzeigenteil Ihrer Lokalzeitung nach Gesuchen oder hängen Sie einen Zettel ans Schwarze Brett im Supermarkt oder in der Kita. Und wenn sich Ihr Sprössling entscheidet, das selbst verdiente Geld doch für etwas anderes zu verwenden, dann machen Sie ihm deswegen keine Vorwürfe.

Was Sie nicht tun sollten, wenn Ihre Kinder ihre Hilfe anbieten:
- Sparkonten für die Ausbildung der Kinder auflösen – es gibt auch ein Leben nach Ihrer Reise und diese Reserven sollten unantastbar für Sie bleiben
- das Sparschwein mit dem Taschengeld als Spende annehmen – das sollen die Kinder gern auf die Reise mitnehmen und sich unterwegs etwas davon kaufen
- Sachen der Kinder gegen deren Willen verkaufen, um die Reisekasse zu füllen
- Sportkurse oder andere (geliebte) Aktivitäten Ihrer Kinder kündigen, um Ihre Ausgaben zu senken
- die anstehende Reise als Ausrede nutzen, um im Alltag bei Wünschen „Nein" sagen zu können

Wie können wir unsere Einnahmen steigern?

Es gibt vielfältige Möglichkeiten, mehr Geld heranzuschaffen – Sie allein entscheiden, was Sie dafür auf sich nehmen wollen und können. Hier sind ein paar Anregungen:
- um eine Gehaltserhöhung bitten (aber bitte nicht mit der Begründung „für eine Reise"!)
- Arbeitszeit aufstocken
- Steuererklärung prüfen lassen (Lohnsteuerhilfevereine übernehmen das kostenlos)
- prüfen, ob Anspruch auf Kindergeldzuschlag, Wohngeld oder zusätzliches Arbeitslosengeld II („Aufstocker") besteht
- prüfen, ob Anspruch auf Landeserziehungsgeld besteht (→ *Wie optimieren wir unser Elterngeld für eine Reiseauszeit?*, Seite 65)

- Zweitjob annehmen (Achtung, dabei darf pro Woche insgesamt maximal 48 Stunden gearbeitet werden, 60-Stunden-Wochen sind nur vorübergehend erlaubt; Angestellte im öffentlichen Dienst sind verpflichtet, ihren Hauptarbeitgeber über eine Nebentätigkeit zu informieren)
- selbstständige Nebentätigkeit aufnehmen, etwa Selbstgemachtes auf Märkten oder online verkaufen, Schreibarbeiten über das Internet erledigen oder einen mobilen Friseur- und Kosmetikdienst eröffnen

●● TIPP

Während einer Reiseauszeit reduziert sich das Monatseinkommen einer Familie mitunter deutlich. Liegt Ihr gemeinsames Brutto-Einkommen über 900 Euro (bei Alleinerziehenden 600 Euro), jedoch unter der Höchsteinkommensgrenze nach den ALG-II-Regeln, und sind Sie weiterhin kindergeldberechtigt (→ *Bekommen wir Kindergeld, auch wenn wir eine längere Reise unternehmen?*, Seite 126), haben Sie eventuell Anspruch auf den Kindergeldzuschlag: Seit dem 1. Juli 2016 sind das immerhin 160 Euro pro Kind. Daneben stehen Ihnen dann auch „Leistungen für Bildung und Teilhabe" zu: Zuschüsse zu Sportvereinen, zum Mittagessen, Klassenfahrten oder Schulmaterialien. Den Antrag stellen Sie wie den Antrag auf Kindergeld bei Ihrer zuständigen Familienkasse.

●● ACHTUNG

Auch Zusatzeinnahmen müssen Sie versteuern. Üben Sie einen 450-Euro-Job neben Ihrem Hauptberuf aus, zahlen Sie dafür keine Steuern oder Sozialabgaben.

> **●● ACHTUNG**
>
> Werden Sie kreativ, um neue Einnahmequellen aufzutun – aber bleiben Sie dabei realistisch und gehen Sie Betrügern und Scharlatanen nicht auf den Leim. Man kann nicht einfach nebenbei von zu Hause monatlich 5.000 Euro dazuverdienen. Und Schneeballsysteme (wie zum Beispiel aktuell Crowdfundinginternational. eu), bei denen man „nur" alle seine Freunde vom Mitmachen und Bezahlen überzeugen muss, werden Sie nicht über Nacht reich machen (höchstwahrscheinlich auch nicht nach mehreren Jahren) und kommen bei Ihren Freunden nicht gut an. Kaufen Sie bitte auch keine teuren Lotteriescheine, um Ihr Glück zu erzwingen!

Welche weiteren Geldquellen können wir für unsere Reisefinanzierung nutzen?

Auch ohne Erbtanten oder Lottogewinn können Sie Ihre Reisekasse mit kleineren und großen Beträgen füllen:

- Krimskrams, Spielzeug und Kleidung verkaufen (auf Flohmärkten, bei *Ebay.de* (9), bei Antiquitätenhändlern)
- Stadtteilfeste nutzen und Getränke oder Snacks verkaufen
- ungewöhnliche Idee: lange Haare an Perückenmacher verkaufen (bis zu 250 Euro sind drin)
- Blut oder Blutplasma spenden (zum guten Zweck gibt es bei einigen Organisationen auch bares Geld als Dankeschön)
- Feste feiern und Geld schenken lassen (zur Hochzeit, zum Geburtstag, zur Taufe…)
- Auto verkaufen (→ *Lohnt es sich, unser Auto zu verkaufen?*, Seite 180) oder vermieten – als Fahrgelegenheit oder als Werbefläche
- Eigentumswohnung oder andere Besitztümer verkaufen
- kündigen (lassen) und eine hohe Abfindung verhandeln

- Kündigungstermin geschickt legen und Steuerrückzahlung erhalten (→ *Welche legalen Steuertricks helfen beim Sparen?*, Seite 170)
- in kleineren Städten und Gemeinden: die lokale Zeitung ansprechen und über die anstehende Reise berichten; wer dann von unterwegs Bilder und Geschichten schickt, kann dafür mit (kleinen) dreistelligen Beträgen rechnen
- bei sehr ungewöhnlichen Reiseprojekten: im Internet um Crowdfunding werben (nicht zu verwechseln mit dem ähnlich heißenden Schneeballsystem!), Sponsoren für Ausrüstung oder Unterkünfte suchen
- nach der Reise: wenn Sie unterwegs wirklich gute Fotos gemacht und spannende Geschichten erlebt haben, können Sie nach Ihrer Rückkehr vielleicht im Gemeindezentrum, in einem Verein oder in der Schule einen Vortrag über Ihre Reise halten und dafür Eintritt nehmen

Schauen Sie sich in Ihrer Wohnung um, denken Sie über Ihre Fähigkeiten und Interessen nach, werden Sie kreativ (aber nicht blind vor Sparwut!).

Wie viel können wir durch eine Wohnungsauflösung einnehmen?

Wahrscheinlich weniger, als Sie hoffen. Die Auflösung einer Wohnung ist vor allem eine Heidenarbeit (→ *Wie lösen wir unsere Wohnung auf?*, Seite 142). Das Ausmisten, Einpacken und Einlagern kostet nicht nur eine Menge (Arbeits-)Zeit, sondern auch Geld. Das Einlagern von Möbeln oder Gegenständen, die Sie behalten wollen, ist teuer, die Renovierung vor der Übergabe kostet leicht hunderte Euro. Was Sie durch Verkäufe Ihrer Besitztümer einnehmen, dürfte allenfalls für einen Ausgleich der Kosten sorgen (und auch das Verkaufen kostet Sie wieder Zeit).

Wenn durch Flohmarktverkäufe und *Ebay.de* ⑨ doch ein ordentlicher Betrag zusammengekommen ist, freuen Sie sich über die zusätzlichen Einnahmen für Ihre Reisekasse. Aber kalkulieren Sie diese nicht vorher als feste Größen ins Reisebudget ein (→ *Wie stellen wir unser Reisebudget auf?*, Seite 150).

●● TIPP

Lösen Sie Ihre Wohnung nicht nur aus dem Grund auf, um Geld für Ihre Reise zu sammeln. Tun Sie es nur, wenn Sie wirklich überzeugt sind, dass Sie nach der Reise neu anfangen oder überhaupt nicht wiederkommen wollen.

Welche legalen Steuertricks helfen beim Sparen?

Der Steuersatz, den Sie auf Ihr normales Einkommen entrichten, wird nach dessen Höhe berechnet – und zwar für das ganze Steuerjahr von Januar bis Dezember im Vorhinein, anhand einer Hochrechnung. Fällt Ihr Einkommen ab der Mitte des Jahres auf Null oder reduziert sich stark, weil Sie auf Reisen sind, ist diese Hochrechnung natürlich nicht mehr korrekt.

Über den Steuerjahresausgleich bekommen Sie, nachdem Sie Ihre Steuererklärung eingereicht haben (was Sie dann unter Umständen von unterwegs tun müssen!), die zu hoch berechneten Abzüge von Ihrem Einkommen aus der ersten Jahreshälfte zurückerstattet. Nehmen Sie im nächsten Juli Ihre Arbeit wieder auf, können Sie diese Rückerstattung im folgenden Jahr noch einmal vornehmen lassen.

Rechenbeispiel: Bei einem Jahreseinkommen von 36.000 Euro in Steuerklasse 1 können Sie eine Rückerstattung von über 3.000 Euro erwarten, wenn Sie ab Juli eines Jahres nicht mehr arbeiten.

> **•• TIPP**
>
> Nutzen Sie diese Reserve zum Beispiel, um unterwegs ein gebrauchtes Auto zu kaufen oder um nach Ihrer Rückkehr eine neue Wohnungseinrichtung zu bezahlen.

Wie können wir uns zum Sparen motivieren?

Nicht immer läuft das Sparen nach Plan. Unvorhergesehene Ereignisse zwingen Sie zu großen Ausgaben, mindern Ihr Einkommen oder halten Sie vom Sparen ab. Spontane Gelüste und bettelnde Kinder nagen an Ihrem Sparwillen. Das alles kann passieren, vor allem wenn Sie über einen längeren Zeitraum sparen müssen.

- Überweisen Sie den Sparbetrag gleich am Monatsanfang auf das Reisekonto.
- Zahlen Sie alle Fixkosten und Rechnungen möglichst schon am Monatsanfang, damit Sie deutlich sehen, wie viel Geld Ihnen noch zur freien Verfügung steht.
- Heben Sie das Geld, das Ihnen monatlich für Ausgaben zur Verfügung steht, jede Woche in bar ab und zahlen Sie alle Einkäufe nur mit diesem Geld. Die Maestro-Karte oder gar Kreditkarten bleiben zu Hause.
- Sagen Sie niemals: „Eigentlich hätten wir ja 300 Euro mehr!" Das Geld in der Reisekasse ist weg, denken Sie gar nicht mehr daran.
- Es ist besser, Ihre monatlichen Sparziele zwischenzeitlich zu senken, als sie ganz aufzugeben.

> **•• ACHTUNG**
>
> Machen Sie keine Schulden, um im Sparplan zu bleiben. Nehmen Sie keine neuen Kredite auf, und sorgen Sie dafür, dass Sie nie lange im Dispositionskredit stehen.

Was machen wir, wenn wir gar nicht allzu viel einsparen können?

Strenge Finanzberater würden sagen: Dann dauert die Ansparphase eben länger. Aber manchmal lässt sich eine große Familienreise aus diversen Gründen nicht ewig aufschieben. Reichen die Einnahmen gerade aus, um über die Runden zu kommen, sind mehrere Strategien möglich:

- Können Sie Ihre Einnahmen erhöhen? (→ *Wie können wir unsere Einnahmen steigern?*, Seite 166)
- Können Sie es einrichten, dass Sie während der Reise Ihre Einnahmen weiterbeziehen (→ *Wie können wir uns während der Reise laufende Einnahmen sichern?*, siehe nächste Frage) oder unterwegs arbeiten (→ *Darf ich als Freiberuflerin oder als Angestellter im Home Office auch auf unserer Reise arbeiten?*, Seite 56)?
- Können Sie die Reisekosten senken? Das ist eigentlich der einfachste Punkt, wenn Sie in Ihren Ansprüchen flexibel sind: Es gibt auch für Familien extrem günstige Arten zu reisen (Kapitel → *Als Familie günstig unterwegs* ab Seite 206).

Einige Ideen:
- Wählen Sie günstige Reiseländer. In vielen Ländern der Welt ist das Leben für eine Familie wesentlich preiswerter als in Deutschland (→ *Welche Reiseziele sind am günstigsten?*, Seite 33).
- Wählen Sie günstige Transportmittel – statt teurer Flugtickets etwa ein Roadtrip mit dem eigenen Auto oder Wohnmobil oder auch eine Reise per Fahrrad, zu Fuß …
- Suchen Sie nach günstigen oder kostenfreien Unterkünften (Couchsurfing, Wwoofing, Haushüten …).
- Suchen Sie nach Möglichkeiten, um unterwegs kostenlos zu wohnen oder Geld für Ihr tägliches Leben zu verdienen, etwa als „Hausmeister" für Ihr Hostel oder als Kinderbetreuer für

Ihre Wirtsleute (Achtung, das ist streng genommen nicht legal! → *Dürfen wir unterwegs arbeiten, um unsere Reisekasse aufzubessern?*, Seite 29).

●● TIPP

Was Sie nicht tun sollten: den Kopf in den Sand stecken und Ihre Reiseträume aufgeben oder auf die Rente verschieben. Es gibt immer einen Weg!

Wie können wir uns während der Reise laufende Einnahmen sichern?

Auf Ihrer Reise wollen Sie reisen und die Zeit mit Ihrer Familie genießen – arbeiten fällt also weitgehend aus und ist auch ohnehin legal fast unmöglich (→ *Dürfen wir unterwegs arbeiten, um unsere Reisekasse aufzubessern?*, Seite 29). Der Trick heißt: „passives Einkommen" generieren, also Geld verdienen, ohne aktiv dafür arbeiten zu müssen.

Das heißt nicht, dass Sie dafür gar nicht arbeiten müssen. Der Trick ist, dass die Einnahmen (fast) von selbst weiterlaufen, wenn sie einmal angestoßen wurden. Solche Einnahmequellen sind klassischerweise Mieten aus Wohneigentum, Zinsen auf angelegtes Kapital, aber auch Tantiemen aus Buchverkäufen, Gewinne aus Onlineshops oder Werbeeinnahmen aus Webseiten.

Passive Einnahmequellen während der Reise können sein:

- Kindergeld (→ *Bekommen wir Kindergeld, auch wenn wir eine längere Reise unternehmen?*, Seite 126)
- Elterngeld (→ *Wie können wir das Elterngeld für die Reisefinanzierung nutzen?*, Seite 64)
- Zwischenvermietung der eigenen Wohnung oder des eigenen Autos (→ *Lohnt es sich, unser Auto zu verkaufen?*, Seite 180)
- Vermietung anderer Besitztümer, eventuell eigens dafür angeschafft (Baumaschinen, Boote)

- Einnahmen aus einer Unternehmensbeteiligung (kennen Sie einen aufstrebenden Unternehmer, dem Sie mit einer Investition helfen könnten?)
- Werbeeinnahmen (Sie können zum Beispiel Werbung auf Ihr Auto oder Wohnmobil kleben lassen oder Anzeigen auf Ihrem Reiseblog schalten)
- Einnahmen (oder gesparte Ausgaben) durch Sponsoring, wenn Sie eine besondere Reise machen und es schaffen, dass in den Medien darüber berichtet wird
- eigenes (Online-)Dienstleistungsgeschäft, das Sie nach erfolgreichem Aufbau nur verwalten und die Dienstleistung anderen überlassen (zum Beispiel Onlinevermittlung von Babysittern, Übersetzungen oder mobilen Friseuren)
- Tantiemen oder Direkteinnahmen aus Buchverkäufen (E-Books können Sie ohne viel Aufwand selbst schreiben und verlegen, Plattformen wie Amazon übernehmen die Vermarktung)
- Onlinekurse: wenn Sie etwas gut (erklären) können und sich nicht scheuen, dies vor der Kamera zu tun
- Verkauf von Designs, etwa auf T-Shirts oder Tassen (Plattformen wie Spreadshirt übernehmen Marketing, Herstellung und Versand)

Vergessen Sie nicht, dass auch passives Einkommen hin und wieder aktive Arbeit benötigt. Sie werden auf Ihrer Reise nie vollkommen abschalten oder für Wochen im Funkloch verschwinden können, wenn Sie im Hinterkopf immer Ihr „Projekt" haben, um das Sie sich kümmern müssen.

●● ACHTUNG

Damit ein passives Einkommen zuverlässig Einnahmen generiert, müssen Sie oft sehr viel Zeit, Geld und Vorarbeit investieren.

LAUFENDE KOSTEN MINIMIEREN

Dürfen wir unsere Wohnung/unser Haus untervermieten?

Bevor Sie mit den Einnahmen aus der eventuellen Untervermietung Ihrer Wohnung kalkulieren, sollten Sie unbedingt prüfen, ob es Ihnen überhaupt erlaubt ist, das zu tun.

Ist die Wohnung/das Haus gemietet, müssen Sie auf jeden Fall Ihren Vermieter über die geplante Zwischenvermietung informieren. Keine Sorge, er darf Ihr Vorhaben nur in begründeten Fällen ablehnen. Verschweigen Sie die Zwischenvermietung, kann er Sie allerdings abmahnen oder sogar fristlos kündigen.

Fragen Sie bei Ihrer Gemeinde- oder Stadtverwaltung nach: Wurde an Ihrem Wohnort in den letzten Jahren ein „Zweckentfremdungsverbot für Wohnraum" erlassen? Dann ist es prinzipiell nicht erlaubt, eine Wohnung oder ein Haus an Touristen zu vermieten – auch dann nicht, wenn es sich um Ihr Wohneigentum handelt, und auch dann nicht, wenn Ihr Vermieter zugestimmt hat!

Es gibt allerdings einige Schlupflöcher: So gelten häufig nur Vermietungen bis zu zwei Monate als Zweckentfremdung, darüber hinaus wird keine touristische Nutzung mehr angenommen. Mitunter ist es auch erlaubt, einen Teil der Wohnung unterzuvermieten – solange ein Raum oder ein Teil der Wohnung abgesperrt ist, greift also das Zweckentfremdungsverbot nicht. Informieren Sie sich genau über die Regelung und halten Sie sich auf dem Laufenden. Das im Mai 2016 in Berlin erlassene Zweckentfremdungsverbot wurde zum Beispiel bereits im August vom Verwaltungsgericht für rechtswidrig erklärt und ausgesetzt.

> **●● TIPP**
>
> Überlassen Sie Ihre Wohnung oder Ihr Haus an jemanden, ohne dafür Geldzahlungen zu erhalten, können Sie das unbehelligt von allen Zweckentfremdungsverboten tun. Haustausch oder Haushüten stehen Ihnen also immer offen.

Wie können wir während der Reise unsere Wohnung untervermieten?

Um Zwischenmieter für Ihre Wohnung oder Ihr Haus zu finden, können Sie verschiedene Vermittler nutzen. Sie unterscheiden sich nicht nur in der Art der Abwicklung, sondern auch in der Art der Zwischenmieter, die man finden wird.

Mitwohn-Onlineportale (→ *Was sind Mitwohnportale?*, Seite 223) sind in den letzten Jahren enorm erfolgreich geworden. Während auf *Wimdu.de* (75) vorrangig Gastgeber aus Europa ihre Privatwohnungen und -häuser untervermieten, ist *Airbnb.de* (59) auf der ganzen Welt verbreitet. Als Gastgeber können Sie Ihre Wohnung, Ihr Haus oder auch nur ein einzelnes Zimmer auf einem dieser Portale ganz einfach inserieren.

Die Onlineplattform sorgt für die Vermarktung, Sie finden für Ihre Wohnung also mit hoher Wahrscheinlichkeit Zwischenmieter. Durch das Bewertungsprinzip und die Verifizierungsmöglichkeit können Sie ziemlich sicher sein, dass Ihre Gäste vertrauenswürdig sind. Die Zahlungsabwicklung wird vom Portal für Sie übernommen, Sie müssen sich keine Gedanken um säumige Zahlungen machen. Dafür zieht das Portal allerdings einen Anteil von Ihren Mieteinnahmen für sich ab.

Der Nachteil: Die meisten Gäste, die eine Unterkunft über *Airbnb.de* und *Wimdu.de* suchen, sind „ganz normale" Touristen oder Geschäftsreisende. Sie sind an Aufenthalten von nicht mehr als zwei bis drei Wochen interessiert, häufig wollen sie auch nur

ein Wochenende übernachten. Für eine längere Reise werden Sie kaum jemanden finden, der für die ganze Zeit bei Ihnen wohnen will. Zwar kann man durchaus mehrere Gäste nacheinander beherbergen, allerdings müssen Sie dann eine vertrauenswürdige Person mit der Schlüsselübergabe, dem Aufräumen und Putzen und der Betreuung Ihrer Wohnung in den Leerstandsphasen betrauen können.

Andere Onlineportale: Neben den schicken Mitwohnportalen gibt es nach wie vor Schwarze Bretter im Internet, über die Wohnungen und (WG-)Zimmer zur (Unter-)Miete angeboten und gesucht werden. Das bekannteste ist *Wg-gesucht.de* ⑩, daneben gibt es *Studenten-wg.de* ⑪ oder *Wohngemeinschaft.de* ⑫. Allen diesen Websites ist gemein, dass man hier kostenlos und ohne viel Schnickschnack eine Anzeige erstellen und ein Zimmer oder eine Wohnung zur Untervermietung inserieren kann.

Hier suchen nicht nur Studenten, sondern auch Azubis und andere Menschen nach Wohnraum, und zwar meistens für mehrere Wochen, Monate oder Jahre. Ihre Chance ist also hoch, Untermieter auch für eine längere Abwesenheit zu finden. Was Sie von Ihren Zwischenmietern verlangen und was sie Ihnen bezahlen, bleibt zwischen Ihnen beiden, Sie müssen keinem Dritten Rechenschaft abgeben oder Provision zahlen.

Der Nachteil: Sie wissen nicht, an wen Sie da Ihre Wohnung vermieten. Setzen Sie unbedingt einen Untermietvertrag auf, in dem Sie alle Bedingungen regeln. Verlangen Sie eine Kaution und vermieten Sie Ihre Wohnung nur an Menschen, die Sie vorher persönlich kennengelernt haben.

Relocation Services: Solche Agenturen sind ständig auf der Suche nach temporären Unterkünften für ihre Klienten. Finden Sie einen solchen Service für Ihre Stadt, können Sie Ihre Wohnung dort in die Vermittlungskartei aufnehmen lassen.

> **●● ACHTUNG**
>
> Bevor Sie überlegen, wo Sie Ihre Wohnung zur Untervermietung inserieren, stellen Sie bitte sicher, dass das in Ihrer Gemeinde auch erlaubt ist und dass Ihr Vermieter dem zustimmt (→ *Dürfen wir unsere Wohnung/unser Haus untervermieten?*, Seite 175)!

Lohnt es sich, unsere Mietwohnung zu kündigen?

Eventuell ja. Es hängt von mehreren Faktoren ab:
- Wollen Sie länger als ein Jahr verreisen?
- Ist es nicht erlaubt oder aus anderen Gründen nicht möglich, Ihre Wohnung unterzuvermieten?
- Haben Sie keine konkreten Pläne für die Zeit nach Ihrer Rückkehr und können sich sogar vorstellen, ganz woanders neu anzufangen?
- Gibt es in Ihrer Heimatstadt genug günstigen Wohnraum für Familien, sodass Sie nach Ihrer Rückkehr problemlos eine neue Wohnung finden werden?
- Wollten Sie sowieso schon lange ausziehen?

Wenn Sie alle diese Fragen bejahen können, dürfte sich eine Kündigung lohnen. Bedenken Sie allerdings:
- Ihr Mietvertrag hat eine Kündigungsfrist von (wahrscheinlich) drei Monaten – ist noch genug Zeit vor der Reise, um alle Möbel und Besitztümer auszuräumen, zu verkaufen oder einzulagern und die Wohnung übergabefertig zu machen? Haben Sie eine Unterkunft für die Zwischenzeit?
- Eine Wohnungsauflösung ist zeitaufwendig und teuer (→ *Wie lösen wir unsere Wohnung auf?*, Seite 142).
- Die Suche nach einer neuen Wohnung kann mehrere Monate in Anspruch nehmen. Wenn Sie keine Zwischenunterkunft für die Zeit nach Ihrer Rückkehr haben, müssen Sie schon während Ihrer Reise mit der Wohnungssuche in der Heimat anfangen. Nicht eben eine Aktivität, mit der man seine Fami-

lienauszeit verbringen will. (→ *Was müssen wir zuerst erledigen, wenn wir zurückkommen?*, Seite 237)

- Ohne Wohnsitz wird es sehr schwer, sich für einen neuen Job zu bewerben. Und ohne festes Einkommen aus einem Job ist es schwer, eine Wohnung zu bekommen…
- Ohne Wohnung haben Sie auch keine Meldeadresse mehr und sind effektiv abgemeldet. Das kann sich auf den Kindergeld- bezug auswirken (→ *Bekommen wir Kindergeld, auch wenn wir eine längere Reise unternehmen?*, Seite 126). Auch andere Ämter und Behörden haben nun keine Adresse mehr, an die sie ihre Post zustellen können.

●● TIPP

Damit Sie Schreiben vom Finanzamt oder von der Rentenversi- cherung trotz fehlenden Wohnsitzes erhalten, sollten Sie dort die Adresse einer vertrauten Person hinterlegen (→ *Müssen wir jemandem zu Hause Vollmachten erteilen – und wenn ja, wofür?*, Seite 131).

Können wir uns den teuren Automobilclub- Mitgliedsbeitrag sparen?

Reisen Sie mit dem Auto ins Ausland, zahlen Sie als Familie etwa einen ADAC-Plus-Mitgliedsbeitrag von 109 Euro im Jahr (dann ist Ihr Partner ebenfalls mitversichert).

Dieses Geld können Sie sich – wenigstens teilweise – sparen und die ADAC-Mitgliedschaft kündigen, wenn Sie

- einen Neuwagen fahren: Dann sind Pannendienst, Abschleppen und Leihwagenkosten über die Mobilitätsgarantie des Herstel- lers abgedeckt. Diese gilt bis zu drei Jahren und kann gegen einen Aufpreis auch verlängert werden. Bedingung: Sie lassen Ihr neues Auto nur in Vertragswerkstätten des Herstellers warten und reparieren.

- einen Schutzbrief im Rahmen Ihrer Kfz-Versicherung abschließen: Dieser kostet zwischen 7 und 19 Euro im Jahr und bietet je nach Versicherung dieselben oder sogar noch umfassendere Pannendienst-Leistungen als die ADAC-Mitgliedschaft. Der Haken: Für sehr alte Autos erhalten Sie meist keinen Schutzbrief mehr.
- Mitglied in einem anderen Automobilclub werden: Der BAVC (Bruderhilfe Automobil- und Verkehrssicherheitsclub, ursprünglich nur für Pfarrer vorgesehen) kostet ab 39 Euro pro Jahr und bietet sogar einen umfassenderen Pannenschutz als der ADAC.

Lohnt es sich, unser Auto zu verkaufen?

Vor einer längeren Reise das Auto zu verkaufen, kann Sie mental von Ballast befreien und gleichzeitig einen ordentlichen Beitrag für die Reisekasse leisten – wenn Ihr Auto noch nicht allzu alt, gut erhalten und abbezahlt ist natürlich. Es scheint logisch: Während der Reise würde das Auto nur herumstehen und an Wert verlieren oder gar Kosten verursachen, nach der Reise können Sie sich ja wieder ein neues kaufen, wenn Ihnen der Sinn danach steht.

Gehen Sie diesen Schritt trotzdem nur nach reiflicher Überlegung. Bedenken Sie, dass für den Kauf eines gleichwertigen Autos mehrere (zehn-)tausend Euro nötig sein werden, die Sie erst einmal neu erwirtschaften müssen – nach der Reise, die Ihre Reserven sowieso erschöpft haben wird. Natürlich können Sie den Verkauf auch nutzen, um ohnehin auf ein kleineres Auto umzusteigen, oder Sie nehmen ihn als Anlass, fortan ganz auf das eigene Auto zu verzichten. Gerade in Großstädten sind Carsharing-Dienste auch bei Familien zunehmend beliebt.

Es kann in jedem Fall nicht schaden, Ihr Auto in einer Werkstatt schätzen zu lassen. Schauen Sie sich auch auf dem Gebrauchtwagenmarkt um und vergleichen Sie. Den besten Preis werden

Sie wohl kaum erzielen, gehen Sie von einem realistischen Betrag aus, wenn Sie den Verkaufspreis in Ihr Reisebudget einplanen. Ist der voraussichtliche Gewinn aus dem Verkauf geringer als der Betrag, den Sie ein vergleichbares Auto bei einer Neuanschaffung kosten würde, und brauchen Sie nach Ihrer Reise das Auto wieder als Transportmittel, dann sehen Sie von einem Verkauf besser ab. Er wird Ihnen kaum zusätzliches Geld einbringen, aber viel überflüssigen Aufwand.

•• TIPP

Lohnt sich ein Verkauf nicht, dann kann Ihr Auto sich in der Wartezeit während Ihrer Reise vielleicht wenigstens finanziell selbst tragen, indem Sie es vermieten. Über einen privaten Carsharing-Dienst wie *Drivy.de* (4) oder *Tamyca.de* (3), bei denen man sein Privatauto zur Nutzung vermieten kann. Diese Plattformen bieten spezielle Haftpflicht-, Teil- und Vollkaskoversicherungen an, die auch fremde Fahrer abdecken (Ihre normale Kfz-Versicherung tut das nämlich nicht, wenn Sie Ihr Auto einem fremden Fahrer gegen Geld überlassen haben). Wollen Sie Ihr Auto privat im Bekanntenkreis vermieten, können Sie beim Verkehrsclub Deutschland einen Nachbarschaftsauto-Mietvertrag herunterladen.

Möglich wäre es auch, mit dem Gewinn aus dem Autoverkauf auf Reisen ein anderes (gebrauchtes) Auto oder einen kleinen Campervan zu kaufen. Bekommen Sie dieses weitere Fahrzeug wieder zu einem guten Preis los, nehmen Sie mit Glück fast genauso viel Geld wieder mit nach Hause und können es für den Kauf eines neuen (gebrauchten) Familienautos einsetzen.

> **●● ACHTUNG**
>
> Ihr Auto sollte in jedem Fall nicht die alleinige Finanzierungs-quelle für die geplante Reise sein; dafür wird der Verkaufserlös mit hoher Wahrscheinlichkeit nicht genügen.

Wie können wir laufende Fixkosten während unserer Abwesenheit senken?

Was genau Sie einsparen, kündigen oder ruhend stellen können, hängt individuell von Ihrer Situation ab. Auf jeden Fall sollten Sie versuchen, Ihre regelmäßig anfallenden Fixkosten für den Zeitraum Ihrer Reise so weit wie möglich zu reduzieren.

Listen Sie zunächst Ihre Fixkosten anhand Ihrer Kontoauszüge auf. Entscheiden Sie dann, wo Sie etwas einsparen können. Ob Ihre Versicherungen zum Beispiel alle notwendig sind, erfahren Sie bei einem Beratungsgespräch mit einem unabhängigen (!) Makler.

Sie finden nur geringe Beträge, die Sie einsparen könnten? Rechnen Sie alles zusammen und auf zwölf Monate hoch, kommt ziemlich sicher eine vierstellige Summe heraus – Geld, das Sie während Ihrer Reise gut gebrauchen können.

> **●● TIPP**
>
> Vorschläge für solche Spartricks, die Sie auch unabhängig von einer anstehenden Reise im Alltag umsetzen können, finden Sie in der → *Checkliste: Fixkosten reduzieren*, Seite 280.

Reisebuchung

Ist es günstiger, so viel wie möglich frühzeitig zu buchen, oder sollten wir lieber spontan handeln?

Beide Vorgehensweisen haben etwas für sich.

Frühzeitig buchen:
- Auf Linienflugstrecken und bei Zugverbindungen bekommen Sie so mit hoher Wahrscheinlichkeit die besten Preise; abwarten lohnt sich hier kaum.
- Miet-Wohnmobile bekommen Sie auch mit vier oder fünf Sitzplätzen und im Sommer zu einem bezahlbaren Preis, weil Sie den Frühbucherrabatt nutzen. Solche Fahrzeuge sind sehr schnell ausgebucht.
- Sie haben Ihre Reisekosten gut im Blick, die Planung Ihres Reisebudgets fällt so leichter und Sie können frühzeitig gegensteuern, wenn sich Ihre Kostenkalkulation als zu niedrig erweist.
- Als Frühbucher bekommen Sie die begehrten großen Familienzimmer, die in vielen Hotels schnell ausgebucht sind, Sie können im Flugzeug nebeneinanderliegende Sitzplätze reservieren usw.

Spontan buchen:
- Sie umgehen das Risiko, gebuchte Flüge oder Hotels stornieren zu müssen, wenn sich Ihre Reisepläne ändern. Je länger Ihre Reise dauert und je kleiner Ihre Kinder sind, desto wahrscheinlicher werden Sie Ihre Reiseroute oder die Reisegeschwindigkeit zwischendurch ändern wollen.
- Direkt vor Ort können Sie in wenig besuchten Hotels oft persönlich Preisrabatte oder Upgrades aushandeln.
- Als Spontanbucher können Sie auch mit kleinem Budget und ohne hohe Startkosten losreisen, weil die Ausgaben in kleineren Abschnitten erfolgen.

- Ihr Reisebudget können Sie natürlich ebenfalls spontan kontrollieren: Sind die Ausgaben zu hoch, reduzieren Sie fortan für eine Weile Ihre Ansprüche oder ändern den Reisestil.

Bewährt hat sich eine Mischung: Buchen Sie die wichtigsten Langstreckenflüge und alles, was Sie auf jeden Fall oder zu einem ganz bestimmten Zeitpunkt auf Ihrer Reise tun wollen, schon vorher. Auch die Unterkunft am ersten Ankunftsort sollten Sie vorher aussuchen und reservieren, um sich und Ihren Kindern unnötigen Stress zu ersparen. Alles andere wird sich während der Reise ergeben.

●● TIPP

Abonnieren Sie die Newsletter der Airlines, die für Ihre Reiseroute interessant sind. So erfahren Sie von kurzfristigen Schnäppchenangeboten.

Wann sollten wir unsere Flugtickets spätestens buchen?

Je früher Sie buchen, desto günstiger sind die Tickets. Das gilt vor allem, wenn Sie während der Hauptsaison reisen wollen (auf der Nordhalbkugel ist das in den meisten Ländern der Sommer, auf der Südhalbkugel hingegen der Jahreswechsel!).

Elf Monate im Voraus veröffentlichen die meisten Airlines ihre Flugpläne. Sonderangebote mit zum Teil deutlichem Sparvorteil gibt es mitunter zwischen neun und fünf Monaten im Voraus, aber darauf sollten Sie sich nur verlassen, wenn Sie die Preispolitik einer Airline auf einer Flugroute schon lange beobachten und selbst dann ist es nicht garantiert. Vor allem bei Studententickets und Round-the-World-Tickets, die an bestimmte, günstige Buchungsklassen gebunden sind, heißt es schnell zugreifen – denn was ausgebucht ist, ist weg.

Suchen Sie mindestens ein Jahr vor der geplanten Reise ein Reisebüro auf und stellen Sie die für Sie passende Route zusammen. Bei Reisen, die mehr als sechs Monate dauern sollen, lassen Sie sich dort zuerst ein Gesamtangebot erstellen. Das basiert zum Teil auf Schätzungen, weil noch nicht alle Flüge buchbar sein werden, aber Sie wissen damit ungefähr, was auf Sie zukommt. Buchen Sie die Tickets dann aber nicht alle zusammen, sondern gestaffelt in zwei bis drei Paketen – sonst sind die Anfangsflüge schon viel zu teuer geworden, wenn die letzten Flüge gerade erst buchbar sind.

Nur bei einem klassischen Round-the-World-Ticket können Sie auch noch nicht frei verkäufliche Flüge schon direkt mitbuchen und -bezahlen und die ersten Flüge bereits auf Ihre Wunschdaten festlegen. Sobald sie freigeschaltet sind, werden die restlichen Flüge dann kostenfrei auf die korrekten Daten geändert. Passt später etwas nicht genau, ist es nicht schwierig, im Nachhinein noch umzubuchen (→ *Sollten wir lieber Round-the-World-Tickets kaufen oder unsere Reise einzeln zusammenstellen?*, Seite 195).

●● ACHTUNG

Flugtickets kann man nicht für ungeborene Kinder buchen. Sie benötigen nämlich ein Geburtsdatum und eine Passnummer für die Buchung. Wollen Sie Ihr Baby auf dem Schoß transportieren, können Sie eventuell ein Infant-Ticket nachbuchen; ist allerdings bereits die maximale Anzahl von Kleinkindern in dem Flieger erreicht, haben Sie Pech. Soll das Baby sicher und bequem auf seinem eigenen Sitzplatz fliegen, können Sie ohnehin erst nach der Geburt alle Tickets zusammen buchen.

●● TIPP

Alles, was Sie über das Fliegen mit Kindern wissen müssen, beantwortet der Ratgeber *Fliegen mit Baby und Kleinkind: 190 Fragen und Antworten* (102), Kerstin Führer, 245 Seiten, 14,95 Euro, erschienen im KidsAway Verlag, ISBN 978-3000-434334.

Wann können wir frühestens Hotels, Mietwagen, Zugtickets buchen?

Hotels: Das kommt ganz darauf an, wo das Hotel liegt, für welchen Termin und für wie viele Tage Sie ein Zimmer suchen. Genügt es normalerweise, wenige Wochen im Voraus nach einem Zimmer zu suchen oder gar direkt vor Ort nach einer schönen Unterkunft zu schauen, ist das zum Beispiel in der Osterzeit in Spanien, im Hochsommer auf Mallorca oder zur Kirschblüte in Japan vollkommen aussichtslos.

Für Familien mit mehr als einem Kind, die mehr als das Standard-Doppelzimmer brauchen, wird die Auswahl noch enger, da die wenigen geeigneten Zimmer oft schnell vergeben sind.

Reisepakete: Die meisten Reiseveranstalter veröffentlichen ihre Kataloge für die nächste Saison etwa zehn Monate vorher. Wollen Sie eine Pauschalreise aus Flug und Hotel oder ein Paket aus Flug und Mietwagen/Mietwohnmobil buchen, schauen Sie pünktlich im Reisebüro vorbei. In den ersten Wochen gibt es oft Rabatte von bis zu 30 Prozent, diese sinken mit der Zeit immer weiter. Last-Minute-Schnäppchen für Familien sind dagegen rar.

Zugtickets: Zugfahrpläne werden bei vielen Bahngesellschaften im halbjährlichen Rhythmus herausgegeben und geändert. Bei der Deutschen Bahn können Sie Verbindungen im Dezember etwa erst ab Mitte Oktober recherchieren und buchen, wenn der Winterfahrplan veröffentlicht wurde. In der Regel genügt es hier, wenn Sie einen bis drei Monate im Voraus buchen (an Ferienterminen und wichtigen Feiertagen sind in vielen Ländern die Züge rappelvoll und frühzeitig ausgebucht).

Mietwagen: Einen normalen Mietwagen bekommen Sie am günstigsten, wenn Sie einige Wochen vor Ihrer Reise buchen. In touristischen Regionen finden Sie auch akzeptable Preise, wenn Sie vor Ort das Angebot verschiedener Anbieter vergleichen (an Flughäfen

sitzen die meisten Vermieter alle nebeneinander). Allenfalls in kleineren Orten (etwa auf Ferieninseln wie Menorca oder Kos) ist der verfügbare Pool an Autos in der Hochsaison ausgeschöpft. Brauchen Sie dann noch ein Auto mit mehr als vier Sitzen, kann es knapp werden.

Wohnmobile: Im Unterschied zu Mietwagen sollten Sie ein Wohnmobil so zeitig wie möglich buchen. Viele Anbieter locken mit Frühbucherrabatten und berechnen Flexpreise – steigt also die Nachfrage, steigen auch die Preise. Warten Sie nicht, wenn Sie ein akzeptables Angebot gefunden haben, sondern schlagen Sie zu. Das kann für Australien, Neuseeland oder Südafrika schon bis zu zehn Monate im Voraus sinnvoll sein.

●● TIPP

Schauen Sie möglichst frühzeitig auf *Booking.com* (62) und *Airbnb.de* (59) nach freien Hotelzimmern zum gewünschten Termin. Hier wird Ihnen angezeigt, wie viele der insgesamt verfügbaren Unterkünfte noch frei sind. So bekommen Sie einen guten Eindruck davon, ob Sie sich beeilen müssen.

Bei *Booking.com* können Sie viele Hotelzimmer unverbindlich buchen und bis zu 24 Stunden vorher kostenlos stornieren.

Bis zu welchem Alter fliegen Kinder kostenlos?

Hartnäckig hält sich das Gerücht, Babys bis zwei Jahre würden kostenlos fliegen. Das stimmt nicht! Zwar gibt es einige Airlines, die Babys bis zum zweiten Lebensjahr auf Inlandsflügen kostenlos befördern, vor allem US-amerikanische auf Inlandsflügen. Die meisten Airlines berechnen aber etwa 10 Prozent des regulären Ticketpreises („Infant"-Tarif) und einen unterschiedlich hohen Anteil der Steuern und Gebühren (und dabei haben die Babys dann nicht einmal einen eigenen Sitzplatz, sondern reisen auf dem Schoß eines Erwachsenen).

Kulanterweise bieten die meisten Fluggesellschaften in diesen Fällen zwar trotzdem die kostenfreie Mitnahme eines eigenen Handgepäckstücks und oft auch eines Gepäckstücks an. Ein Menü bekommen Babys ohne Sitzplatz jedoch nicht.

Kinder zwischen zwei und zwölf Jahren – und auch jüngere Kinder, sofern sie einen eigenen Sitzplatz gebucht haben – zahlen auf Linienflügen den „Child"-Tarif. Hier ist das Ticket oft um 10 bis 25 Prozent günstiger als ein Erwachsenenticket, Steuern und Gebühren fallen aber in voller Höhe an.

•• TIPP

Dass Babys unter zwei Jahren keinen Anspruch auf einen eigenen Sitzplatz haben, bedeutet nicht, dass Sie für Ihr Baby keinen Sitzplatz kaufen dürfen! Auch wenn unerfahrene oder schlecht geschulte Reisebüromitarbeiter oder Airline-Angestellte dies bestreiten – bestehen Sie auf einen eigenen Sitzplatz für Ihr Baby.

•• ACHTUNG

Es ist weder kostenlos noch sicher, Babys auf dem Schoß zu transportieren. Auf einem Langstreckenflug ist es außerdem sehr unbequem, mit Baby auf dem Schoß zu sitzen, zu essen oder zu schlafen. Am besten sitzen und schlafen Babys auf einem eigenen Sitzplatz in ihrer für das Flugzeug zugelassenen (*for use in aircraft*) Babyschale.

Wird Ihr Kind zwischen Hin- und Rückflug zwei oder zwölf Jahre alt, zahlen Sie für den kompletten Flug den jeweils höheren Tarif.

•• INFO

Bei Billigairlines und Charterfliegern wie Condor, TUIfly oder Air Asia fällt für Kinder in der Regel derselbe Preis wie für Erwachsene an oder sie zahlen eine Kinderpauschale. Diese kann im Extremfall sogar höher sein als das normale Ticket!

Wie finden wir möglichst günstige Flugtickets?

Flugprofis haben eine ganze Reihe von Tricks parat, um günstige Flugverbindungen zu finden:
- so weit wie möglich im Voraus buchen (→ *Wann sollten wir unsere Flugtickets spätestens buchen*, Seite 184)
- Newsletter der in Frage kommenden Airlines abonnieren und auf Angebote reagieren
- für Kurzstreckenflüge Billigairlines (auch *no frills/low cost carrier* genannt) in Betracht ziehen
- ungewöhnliche Flugverbindungen/Flughäfen probieren – hier kann ein spezialisiertes Reisebüro Wunder vollbringen!

- lange Flüge in Teilstrecken aufsplitten (Stopover oder Zwischenaufenthalte dort einlegen oder Teilstrecken an Land zurücklegen)
- an flexiblen Terminen suchen, Wochenenden und Ferientermine vermeiden
- nicht vor oder nach, sondern *an* Feiertagen fliegen
- Preisvergleichs-Suchmaschinen nutzen und günstigste Angebote direkt bei den Airlines gegenchecken
- Round-the-World-Tickets und Airpässe vergleichen (→ *Was kostet ein Round-the-World-Ticket?*, Seite 195)
- nach Error Fares suchen (→ *Wir haben ein absolutes Flugschnäppchen entdeckt – kann das sein?*, Seite 198)
- Return-Tarife buchen, auch wenn nur der Hinweg geflogen werden soll (Achtung, anders herum funktioniert das nicht!)

•• TIPP

So verlockend die Suche nach dem günstigsten Ticket auch ist: Der niedrigste Preis ist nicht unbedingt die beste Wahl, vor allem nicht bei Flügen mit Kindern! Denken Sie dreimal nach, ob ein Start um 4:30 Uhr oder Zwischenaufenthalte von zehn Stunden (oder nur 20 Minuten) die Ersparnis wert sind.

•• ACHTUNG

Bei Billigairlines werden oft nachträglich noch hohe Gepäckaufschläge oder Gebühren für Sitzplatzreservierungen fällig, die im angezeigten Ticketpreis nicht enthalten sind. Auch ist hier häufig nur der Online-Check-in kostenlos, am Schalter fallen dann Gebühren an.

Welche Buchungsportale sind am günstigsten?

Es gibt hunderte Online-Buchungsportale und alle behaupten, die günstigsten Angebote zu haben. Verbraucherschutzorganisationen und Testinstitute sehen das anders: Buchen Sie über eine Online-Buchungsplattform einen Flug, ein Hotelzimmer oder eine Reise, sparen Sie nicht unbedingt viel Geld. Oft ist der Preis direkt beim Anbieter genauso hoch, mitunter sogar günstiger.

Für Familien, die kompliziertere Flugverbindungen, ein Hotelzimmer mit fünf Betten oder einfach Beratung brauchen, bieten spezialisierte (!) Reisebüros einen guten Service (→ *Sollen wir uns für die Reisebuchung an ein Reisebüro wenden oder zahlen wir dabei drauf?*, Seite 25).

Im schlimmsten Fall riskieren Sie langwierige Scherereien im Fall von ausgefallenen oder verspäteten Flügen, bekommen unnötige Reiseversicherungen aufgeschwatzt und verkaufen Ihre E-Mail-Adresse an Werbetreibende, die Sie fortan mit Spam bombardieren. Auch bei Portalen, deren Firmensitz im Ausland liegt, haben Sie bei einem Rechtsstreit schlechte Karten. Wie der Fall des Unternehmens Unister gezeigt hat, kann ein Onlineportal auch blitzschnell insolvent gehen und Sie als Kunde stehen dann ganz am Ende der Gläubigerschlange.

●● **TIPP**

Wenn Sie an einem Bonusmeilen-Programm für Vielflieger teilnehmen, müssen Sie die richtige Buchungsklasse buchen. Diese Information bekommen Sie auf einer Onlineplattform kaum.

Nutzen Sie Buchungs- und Schnäppchenportale, um einen allgemeinen Überblick über das Preisniveau zu bekommen, sich inspirieren zu lassen oder auch um aktuelle Meldungen zu erhalten (viele Portale bieten Push-Benachrichtigungen auf dem Smartphone oder E-Mail-Newsletter an). Buchen sollten Sie die Angebote dann direkt bei den Airlines, den Hotels oder den Reiseveranstaltern.

•• ACHTUNG

Buchen Sie vorsichtshalber keine Flüge oder Reisen über Ab-in-den-urlaub.de, Fluege.de, Reisen.de, Urlaubstours.de, Hotelreservierung.de oder Kurz-mal-weg.de. All dies sind Angebote des insolventen Unternehmens Unister. Juristen warnen davor, dass es in Zukunft zu „Weiterleitungsproblemen" zwischen den Onlineplattformen und den Reiseanbietern kommen könnte. Auch Rabattgutscheine dieser Websites können nicht mehr eingelöst werden.

Was müssen wir beachten, wenn wir Flüge über ein Onlineportal buchen wollen?

Tipps für die Flugbuchung über Onlineportale (wenn es denn sein muss):

- Suchen Sie die angezeigte Verbindung auf jeden Fall auch direkt auf der Website der Airline und vergleichen Sie den Preis. Onlinevermittler schlagen oft eine Servicegebühr auf.
- Stellen Sie sicher, dass vor der Buchung nicht versehentlich ein Häkchen für diverse Reiseversicherungen oder Zusatzangebote aktiviert ist (*opt-out* ist zwar verboten, wird aber immer noch praktiziert).
- Stellen Sie sicher, dass es eine Zahlungsmöglichkeit gibt, für die Sie keinen Aufschlag bezahlen müssen.
- Lesen Sie sich die Stornierungsbedingungen genau durch.
- Seien Sie misstrauisch, wenn Flüge extrem günstig angeboten werden. Hier handelt es sich oft um Lockangebote, keine tatsächlich existierenden Flüge.
- Suchen Sie vor der Buchung über ein Portal nach den Kontaktmöglichkeiten: Gibt es nur eine kostenpflichtige Hotline oder einen Onlinechat, sollten Sie auf eine Buchung verzichten.
- Ihr Flug ist erst dann verbindlich gebucht, wenn Sie Ihr E-Ticket erhalten.

●● TIPP

Suchen Sie nach Flugtickets auf reinen Vergleichsportalen wie *Kayak.de* (37), *Skyscanner.de* (40) oder *Momondo.de* (38). Haben Sie einen günstigen Flug gefunden, buchen Sie den direkt bei der Airline oder im Reisebüro.

●● ACHTUNG

Müssen Sie über eine Buchungsplattform gebuchte Tickets stornieren oder umbuchen, zahlen Sie die dafür anfallenden Gebühren oft doppelt: einmal für den Flugvermittler, einmal für die Airline.

Lohnt es sich, Flugmeilen zu sammeln?

Jeder Passagier mit einem Sitzplatz (Ausnahme: Kinder unter zwei Jahren) ist berechtigt, an Vielflieger- oder Bonusprogrammen teilzunehmen, die die meisten Linienfluggesellschaften anbieten. Die Teilnahme ist fast immer kostenlos. Pro geflogenem Kilometer sammeln Sie Punkte, die Sie ab einem Mindestwert gegen Prämien wie Upgrades in eine höhere Buchungsklasse, kostenlose Flüge und Hotelübernachtungen oder auch Prämien eintauschen können.

Die meisten Fluggesellschaften bieten ihren Passagieren an, auf ihren Flugstrecken Bonusmeilen zu sammeln; entweder gibt es ein eigenes Prämienprogramm oder sie sind zusammen mit mehreren anderen Airlines Teilnehmer an einem globalen Vielfliegerprogramm. Sich bei so einem Programm anzumelden, ist kostenlos und schnell erledigt. Legen Sie mit derselben Airline (oder demselben Prämienprogramm) auf Ihrer Reise mehrere lange Flugstrecken zurück, sammeln Sie schnell eine stattliche Anzahl an Bonusmeilen. Die Meilen der Kinder lassen sich in der Regel auf das Konto eines Elternteils mit anrechnen.

Während das Sammeln problemlos vonstattengeht, wenn Sie beim Check-in Ihre Prämienkarte vorlegen, kann das Einlösen kompliziert werden. Oft ist man enttäuscht, wie gering der gebotene Gegenwert für die vielen Meilen ist. Zudem sind Tickets in sehr günstigen Economy-Buchungsklassen oder solche, die bereits preisreduziert gekauft wurden, oft vom Meilensammeln ausgeschlossen.

Richtig lohnend ist das Meilensammeln nur für Vielflieger oder wenn Sie mehrere Interkontinentalflüge in einem kurzen Zeitraum absolvieren. Lassen Sie sich nicht dazu hinreißen, wegen des Meilensammelns nur Airlines eines bestimmten Flugverbunds in Betracht zu ziehen. Die Mehrkosten für die Tickets werden nur selten von den gesammelten Extrameilen aufgewogen. Sammeln Sie also Flugmeilen, wenn es passt, werden Sie aber nicht zu Sklaven eines Meilenprogramms, so wie es die Airlines gern hätten!

●● TIPP

Einige Kreditkarten arbeiten mit Prämienprogrammen zusammen. Für jeden mit der Karte bezahlten Euro wird dann eine Bonusmeile gutgeschrieben. Wenn Sie also möglichst immer, wenn Sie können, zu Hause mit der Karte bezahlen, kann hier über einen längeren Zeitraum auch ein erkleckliches Meilensümmchen entstehen (→ *Welche Kreditkarte ist die beste für uns?*, Seite 118).

●● ACHTUNG

Gesammelte Bonusmeilen verfallen nach Ablauf einiger Monate oder Jahre.

Kinder unter zwei Jahren sind oft von der Teilnahme an Vielfliegerprogrammen ausgeschlossen, auch wenn sie einen eigenen Sitzplatz haben.

Sollten wir lieber Round-the-World-Tickets kaufen oder unsere Reise einzeln zusammenstellen?

Diese Entscheidung ist nicht so einfach, wenn Sie wirklich „um die Welt" fliegen wollen. Klassische Round-the-World-Tickets haben viele Einschränkungen, sind aber auf vielen Routen sehr günstig. Das hängt extrem von der gewählten Route ab. Ein gutes Reisebüro prüft daher, was für Sie günstiger ist.

Round-the-World-Tickets sind leicht umzubuchen, wenn sich Ihre Reisepläne ändern. Jedoch müssen Sie Ihre Route mit einer feststehenden Anzahl von Stopps (zwischen fünf und 15) aus einem vorgegebenen Streckennetz auswählen. Es müssen zwingend sowohl der Atlantik als auch der Pazifik überquert werden, und die Route muss nach spätestens einem Jahr zum Startpunkt zurückführen. Außerdem schreiben die meisten Anbieter vor, dass nur in eine Richtung (nach Osten oder Westen) geflogen werden darf.

Schwierig oder eben teurer wird es immer dann, wenn folgende Kontinente kombiniert werden sollen:

- Nordamerika und Südamerika
- Afrika und Asien
- Südamerika und Afrika

Passen die Vorstellungen von der Wunschroute partout nicht zu den Vorgaben möglicher Round-the-World-Tickets, kann es günstiger sein, die Flüge individuell zusammenzustellen.

Was kostet ein Round-the-World-Ticket?

Der Preis eines solchen Sammelflugtickets hängt sehr stark von der gewählten Route, der Zahl der Zwischenstopps, gelegentlich dem Abflugdatum und der gesamten Gültigkeitsdauer des Tickets ab.

Der „Klassiker" führt von Europa über Südostasien, eventuell Australien, Neuseeland und die USA, ergänzt wahlweise mit einem

Südsee-Stopp. Ein solches Ticket kostet zwischen 2.000 und 3.000 Euro pro Erwachsenem, Kinder zahlen etwa 80 bis 85 Prozent (Fluggesellschaften in den USA und Australien bieten oft gar keine Kindertarife an!), Babys unter zwei Jahren (die dann ohne eigenen Sitzplatz fliegen) zahlen ca. 15 Prozent.

Reiseagenturen bieten oft vorgefertigte Routen an, die man jedoch nach Belieben (im Rahmen der Vorgaben des Tickets natürlich) abändern kann. Entscheidend ist, welchen Anbieter man dabei wählt, denn dieser gibt den Rahmen, also die möglichen Flugstrecken und die Berechnungsmethode vor.

Die beiden größten Anbieter von Round-the-World-Tickets sind die zwei größten Airline-Allianzen:

- „Star Alliance RTW" bietet das Streckennetz der Star Alliance, in der 27 hochwertige Airlines wie Lufthansa, Thai und Singapore Airlines, Swiss, ANA und Air New Zealand zusammengeschlossen sind. Hier wird ein Meilensystem verwendet: Man kauft eines von drei Meilenpaketen, die auf die gewünschten Flugstrecken aufgeteilt werden. Dazu gibt es günstigere Specials, wenn man nicht die volle Anzahl erlaubter Stopps benötigt.

- Die Oneworld-Allianz aus 16 Airlines bietet den „Oneworld Explorer" und den „Global Explorer" – Ersterer ist nicht meilen-, sondern zonenbasiert, wodurch auf einzelnen Kontinenten vergleichsweise viele kürzere Flüge möglich sind.

Daneben gibt es noch zahlreiche weitere Anbieter von Round-the-World-Tickets, auch einzelne Airlines bieten solche Rundflugtickets auf ihren eigenen Streckennetzen an.

Sind Sie vor allem an einem einzelnen Kontinent interessiert, erkundigen Sie sich im Reisebüro nach einem passenden **Airpass**: Damit kann man kostengünstig mehrere Flüge innerhalb eines Kontinents oder eines Landes zusammenstellen, in das man mit einem Langstreckenflug einreist. Dafür kauft man zwischen drei und zehn Coupons, die dann vor Ort gegen Flüge eingetauscht werden, und legt nur die erste Inlandsstrecke fest. Der Preis hängt von der Zahl der gewünschten Coupons und ihrer Reichweite ab.

Insgesamt ist dies häufig günstiger, als würde man die Flüge einzeln buchen.

Ein Airpass eignet sich also, um ein Round-the-World-Ticket zu ergänzen oder um mehrere Reisen zu verbinden, zwischen denen man zurück nach Deutschland kommt (→ *Wir müssen in regelmäßigen Abständen nach Hause kommen. Können wir trotzdem eine Weltreise machen?, Seite 16*).

●● ACHTUNG

Einen Airpass müssen Sie schon vor dem Abflug aus Deutschland kaufen.

Die Coupons sind zwar günstig, aber nicht umsonst. Tritt man einen der geplanten Flüge nicht an, verfällt der Coupon, es gibt keine Rückerstattungsmöglichkeit.

●● INFO

Airpass-Angebote sind nicht individuell über das Internet zu buchen. Sie müssen ein Reisebüro beauftragen, und zwar eines, das sich mit Airpässen auskennt.

Wir haben ein absolutes Flugschnäppchen entdeckt – kann das sein?

Manchmal findet man bei der Flugsuche Tickets, die so günstig sind, dass es eigentlich nicht sein kann. Oft liegt das tatsächlich an einem Fehler (*error*) im Buchungssystem. Durch eine fehlende Null oder einen Zahlendreher kostet ein Flug von Frankfurt nach Neuseeland dann plötzlich nur 500 statt 1.500 Euro. Manchmal wird auch die Kerosinsteuer falsch ausgegeben, dann handelt es sich um einen *fuel dump*.

Da es sich um eine Fehlberechnung der Airline handelt, wäre man schön blöd, wenn man ihr diese Entdeckung mitteilen würde. Error Fares sind meist nur für sehr kurze Zeit zu buchen, bis sich der Fehler herumgesprochen hat und die Airline ihn bemerkt und korrigiert.

Oft storniert die Airline die Tickets, die auf einem Buchungsfehler beruhen, und bietet Ihnen Tickets zum regulären (deutlich höheren) Preis an – manchmal erst Monate später. Handelte es sich um einen offensichtlichen Fehler (also um Tickets, die so günstig waren, dass Sie als Kunde erkennen mussten, dass dies auf einem Fehler beruht), ist die Airline dazu auch berechtigt. Sie als glücklicher Schnäppchenkunde haben leider das Nachsehen.

Erst wenn Sie die Flugtickets in der Hand halten, können Sie sicher sein, dass Ihr Error-Fare-Ticket am Check-in akzeptiert wird.

•• INFO

Es gibt zahlreiche Internetseiten, die gezielt nach Error Fares suchen und diese dann zum Kauf anbieten. Da man mit solchen Fehlern aber nicht planen kann, eignen sich Error Fares für reisende Familien kaum zum Sparen. Freuen Sie sich, wenn Sie einen erwischen, aber kalkulieren Sie Error Fares nicht in Ihr Reisebudget ein.

Wie und wo finden wir günstige Unterkünfte?

Es gibt so viele Hotels und Ferienwohnungen auf der Welt, dass Sie unmöglich jede einzeln anfragen können. Ein Großteil der Vermieter und Hoteliers ist daher auf Vergleichs- und Buchungsplattformen registriert. Für reisende Familien ist das vorteilhaft, denn sie können gezielt nach Unterkünften suchen, die ihren Bedürfnissen entsprechen und zu ihrem Geldbeutel passen. Buchungsportale bieten eine ganze Reihe an Vorteilen:

- Sie können bequem Preise vergleichen.
- Die Unterkünfte sind zum Teil sehr detailliert und mit vielen Fotos beschrieben.
- Bei einigen Portalen (zum Beispiel *Booking.com* (62)) können gebuchte Unterkünfte bis 24 Stunden vorher kostenfrei storniert werden.
- Bei einigen Portalen (zum Beispiel auf *Agoda.com* (58)) sammeln Sie mit jeder Buchung Treuepunkte, die Sie gegen Wertgutscheine für neue Buchungen eintauschen können.
- Sie können die Bewertungen einer großen Zahl von anderen Gästen lesen, bevor Sie sich entscheiden.

Kostenlos sind die Buchungsportale allerdings nicht; die Anbieter zahlen an die Portale ordentliche Gebühren, und die holen sie natürlich über den Zimmerpreis wieder rein. Fragen Sie persönlich bei einer Unterkunft an, können Sie eventuell einen besseren Preis herausschlagen, da die Provision an die vermittelnde Onlineplattform dann entfällt.

•• TIPP

In der Regel sind nicht alle Zimmer großer Hotels online registriert. Auch wenn die Plattform es als „ausgebucht" markiert oder keine Zimmer mit mehr als zwei Betten angegeben sind, lohnt sich eine telefonische Nachfrage.

Nicht alle Unterkünfte sind auf Onlineplattformen registriert, gerade in Entwicklungsländern oder in sehr ländlichen Gegenden ohne Internetzugang. Wenn ein Buchungsportal an Ihrem Wunschort keine Unterkünfte angibt, kann es dort trotzdem welche geben. Und die sind dann oft sehr günstig!

Links zu empfehlenswerten Hotelbuchungsportalen finden Sie auf → Seite 271.

Wie finden wir einen günstigen Mietwagen?

Mietautos für Familien müssen nicht teuer sein, wenn man clever bucht und genau überlegt, wie viel Komfort man benötigt.

Online-Buchungsportale bieten fast immer bessere Preise als die Mietwagenanbieter selbst, hier kann man auch viel besser zwischen den Angeboten vergleichen.

Preisfallen, auf die Sie achten sollten:

- Bearbeitungsgebühren, Kreditkartengebühren
- Extrakosten für die Endreinigung
- Kilometergeld oder Kilometerpauschalen (in den USA und Kanada verbreitet)
- die Tankregelung: Hat man ein vollgetanktes Auto gemietet, sollte die Tankfüllung bei der Fahrzeugübernahme unbedingt kontrolliert werden. Das großzügige Angebot, den Tank am Ende nicht extra wieder auffüllen zu müssen, ist selten zum Vorteil des Mieters, denn fast niemand schafft es, das Auto komplett leergefahren abzugeben.
- Extrakosten für Kindersitze, Winterreifen oder Dachgepäckträger: vielleicht können die selbst mitgebracht werden? Das ist fast immer günstiger. (→ *Sollten wir einen Autokindersitz mitnehmen oder vor Ort kaufen?*, Seite 112).
- Zweitfahrer: Ans Steuer darf nur, wer im Vertrag steht!
- Alter: Wer als Fahrer unter 21 oder 25 Jahre ist, muss oft einen hohen Aufpreis zahlen.
- Ist die Mehrwertsteuer im angegebenen Endpreis enthalten? Bei Billigangeboten fehlt sie mitunter.

●● TIPP

Bei *AutoEurope.de* (52), *Billiger-mietwagen.de* (53) und anderen Onlinevermittlern können Sie die Buchung noch 24 Stunden vor Abholung stornieren. Frühbucherrabatte sind dagegen bei Mietwagen selten.

●● ACHTUNG

Lesen Sie den Mietvertrag durch, bevor Sie ihn unterschreiben! Achten Sie auf Vollkasko (*fully comprehensive insurance)*, Deckungssumme (*cover*), Selbstbeteiligung (*deductible*), Fahrzeugbeschreibung, Freikilometer (*free kilometers*) und Anzahl der Fahrer. Lassen Sie die Angaben vom Mietwagenunternehmen korrigieren, wenn etwas nicht stimmt.

Mieten Sie Autos im Ausland stets mit Vollkaskoschutz, dann sind auch von Ihnen selbst verursachte Schäden abgedeckt. Eine Teilkaskoversicherung greift nur bei Diebstahl. Bevorzugen Sie Verträge ohne oder mit geringer Selbstbeteiligung, denn diese kann im schlimmsten Fall mehrfach fällig werden (sie gilt nicht für die Vertragsdauer, sondern pro Schadensfall!).

●● INFO

Für einen wochenlangen Roadtrip mit Gepäck für wechselhaftes Wetter und Unterkünfte mit Selbstversorgung sollte das Auto genug Platz bieten, und bei Fahrten durch bergiges Land ist es kurzsichtig, an der PS-Zahl zu sparen – dann hängt man nämlich schnaufend an jeder Steigung und verbraucht kostbare Zeit und Treibstoff. Brauchen Sie das Auto aber nur für kürzere Fahrten vor Ort, können Sie auch zu fünft in einen günstigen Kompaktwagen steigen.

Lohnt es sich, für die Reise ein Wohnmobil zu kaufen?

Es gibt viele Gründe, eine Reise ganz oder etappenweise in einem eigenen Fahrzeug zu bestreiten. Anstatt große Distanzen im Nu mit dem Flugzeug zurückzulegen, kann man auf der Straße die gefahrene Strecke viel direkter erleben, man ist flexibel, frei und unabhängig von Fahrplänen – kurz, es reist sich total anders (→ *Was kostet eine Reise im Auto oder Wohnmobil für Familien?*, Seite 42).

Auf der anderen Seite schränken Sie Ihre möglichen Reiseziele und die Route stark ein, wenn Sie an ein Fahrzeug gebunden sind: Eine Fernreise, bei der Sie mehrere Ozeane überqueren müssen, wird durch die dann notwendigen Verschiffungskosten sehr teuer und dauert lange, weil Ihr Wohnmobil im Container viel langsamer reist als Sie im Flugzeug. Daneben gelten in vielen Ländern sehr restriktive Einreisebestimmungen für Fahrzeuge (→ *Was müssen wir beachten, wenn wir mit unserem eigenen Fahrzeug reisen wollen?*, Seite 44).

Für Familien kann sich der Kauf eines Wohnmobils finanziell sehr lohnen, weil Sie auf Reisen für jede Etappe gleich vier oder fünf Flug- oder Zugtickets kaufen müssen. Die Kosten für Ihre Unterkunft sparen Sie sich in einem eigenen Wohnmobil ebenfalls (falls Sie keine kostenpflichtigen Stellplätze aufsuchen müssen – und auch diese sind nicht annähernd so teuer wie ein Hotelzimmer). Bei längeren Reisen mit Kindern kommt außerdem der psychologische Nutzen hinzu, ein eigenes, vertrautes Heim immer dabei zu haben. Und: Sie sind Selbstversorger, was Ihnen auf Ihrer Reise weiteres Geld sparen wird.

Nun kommt das Aber: Die Anschaffungskosten eines Wohnmobils, selbst eines gebrauchten, sind enorm – wenn Sie ein Fahrzeug kaufen wollen, dessen Zustand und Kilometerzahl für eine längere Reise taugen. Gerade Fahrzeuge, die für Familien groß und für eine lange Fahrt robust genug sind, kosten selten unter 10.000 Euro. Rechnen Sie genau durch, was Sie durch den Kauf eines Wohnmobils an Transport- und Unterkunftskosten sparen könnten und welche Folgekosten Sie eventuell erwarten, etwa Treibstoff, Stellplätze, Versicherung und anfallende Reparaturen, aber auch notwendige Umbauten, Überführungskosten und Dokumente, die in einigen Ländern vorgeschrieben sind.

Was wird Ihr Wohnmobil am Ende der Reise noch wert sein? Ist es jetzt in einem sehr guten Zustand, können Sie zwei Drittel des Kaufpreises wieder hereinholen – mit Pech wird es aber wesentlich weniger sein, wenn Sie unterwegs viel in Reparaturen investieren mussten.

Und seien Sie ehrlich zu sich selbst: Wollen und können Sie jeden Tag am Steuer eines so großen Fahrzeugs sitzen, lange Strecken fahren und sich in fremden Ländern und Städten zurechtfinden? Können Sie notfalls dringend nötige Reparaturen selbst durchführen? Haben Sie die Zeit und die Geduld, in fremden Ländern eventuell tagelang in einer Werkstatt festzusitzen, weil ein wichtiges Teil fehlt? Und fühlen Sie sich wohl, wenn Sie mit Ihrer Familie täglich auf wenigen Quadratmetern zusammengepfercht leben müssen – ohne Rückzugsmöglichkeit und mit sehr wenig Komfort? – Wenn ja, dann versuchen Sie Ihr Glück!

Wollen Sie hingegen ein **Wohnmobil im Ausland kaufen**, also zum Beispiel in Australien oder den USA, müssen Sie anders planen. Dann ist es nicht nur wichtig, in relativ kurzer Zeit ein geeignetes Fahrzeug zu finden und günstig zu kaufen, Sie müssen es vor der Weiterreise auch noch weiterverkaufen – und zwar möglichst so, dass Sie keinen Verlust machen.

Diesen Aufwand und das nicht unerhebliche finanzielle Risiko sollten Sie nur dann auf sich nehmen, wenn Sie mindestens drei Monate mit dem Wohnmobil unterwegs sein wollen oder wenn es keine geeigneten oder bezahlbaren Miet-Wohnmobile vor Ort gibt.

Bei Autos können Sie großzügiger kalkulieren: Hier genügen schon zwei Monate Reisedauer, um nach dem Wiederverkauf finanziell besser dazustehen als mit einem Mietauto.

Wie finden und kaufen wir ein bezahlbares Wohnmobil für unsere Reiseauszeit?

Beginnen Sie möglichst frühzeitig mit der Suche nach einem geeigneten Fahrzeug. Die beste Zeit für Schnäppchenkäufe ist der Herbst. Dann verkaufen viele Besitzer ihre Fahrzeuge, um sie nicht während des Winters unterstellen zu müssen. Planen Sie einige Wochen, besser zwei bis drei Monate für die Kaufverhandlungen und notwendige Umbauten ein, bevor Sie Ihre Reise starten können.

Schauen Sie nicht nur nach den klassischen Alkoven-Wohnmobilen, die auch gebraucht noch sehr teuer sein können. Wendiger, robuster, sparsamer und viel günstiger sind Kastenwagen und Campingbusse. Vielleicht finden Sie auch einen umgebauten Bus oder Lkw? Wenn Sie Zeit und Lust haben, Ihr Fahrzeug selbst umzubauen, können Sie geeignete Kandidaten für sehr wenig Geld auf Versteigerungen der Bundespolizei, der Feuerwehr und anderer Behörden finden.

●● TIPP

Wenn Sie Ihr Wohnmobil von privat kaufen, schauen Sie gezielt nach Fahrzeugen, die von älteren Paaren gefahren wurden. Diese Fahrzeuge sind in der Regel sehr gut gepflegt und wurden nur wenig gefahren, weil sie auf Dauerstellplätzen als „Sommerlager" genutzt werden.

Ein wenig reduzieren lässt sich das Risiko, am Ende der Reise keinen Käufer zu finden, wenn Sie bei einem Händler mit *buyback*-Garantie kaufen. Er verpflichtet sich dabei, Ihr Fahrzeug zu einem festgelegten (ziemlich niedrigen) Preis wieder zu kaufen – falls Sie selbst keinen Käufer finden, haben Sie auf diese Weise ein Sicherheitsnetz.

Als Familie günstig unterwegs

Wie legen wir unsere Reisekasse an?

Große Bargeldvorräte herumzuschleppen, ist riskant und unnötig. Mit Kreditkarte oder Maestro-Karte greifen Sie heute in jedem Land der Welt auf Ihre Finanzen zu.

- **Girokonto:** Ein Online-Girokonto haben Sie wahrscheinlich sowieso oder Sie haben für die Reise eines angelegt (→ *Wie können wir gezielt einen größeren Betrag ansparen?*, Seite 159). Mit der dazugehörigen Maestro-Karte bezahlen Sie bargeldlos innerhalb Europas und können in vielen Ländern Geld abheben. Im Rest der Welt nutzen Sie Kreditkarten, um Geld abzuheben oder zu bezahlen. Zwei Girokonten sind besser als eines; vielleicht verlangt Ihre Kreditkarte ohnehin ein eigenes Girokonto für die Geldabbuchungen (→ *Welche Kreditkarte ist die beste für uns?*, Seite 118).

- **Tagesgeldkonto:** Aus Sicherheitsgründen sollten Sie nicht Ihre gesamten Ersparnisse auf das Girokonto packen, das Sie im täglichen Zahlungsverkehr verwenden. Hierfür empfiehlt sich ein Tagesgeldkonto. Über das Geld auf diesem Konto können Sie zwar nicht per Plastikkarte sofort verfügen, aber Sie können sich zum Beispiel per Dauerauftrag monatlich einen festen Betrag auf das Reise-Girokonto überweisen. So behalten Sie den Überblick über die Höhe Ihrer Ausgaben und bauen eine Notfallgrenze ein, an der Sie zum Überprüfen Ihres Budgets gezwungen sind (→ *Wie behalten wir unterwegs den Überblick über unsere Finanzen?*, Seite 208). Weiterer Vorteil: Auf dem Tagesgeldkonto generiert Ihr Geld Zinsen – heutzutage zwar im sehr niedrigen Bereich, aber immerhin.

- **Bargeld:** Bargeld zu tauschen, macht höchstens in Ländern mit schwacher Währung und einem etablierten Schwarzmarkt Sinn. Ansonsten bekommen Sie hier fast immer einen schlechteren Wechselkurs, als wenn Sie einfach am Automaten Geld in der Landeswährung abheben. Trotzdem sollten Sie immer

einen kleinen Bargeldvorrat bei sich haben, falls es einmal keine Bankautomaten gibt oder die Kreditkarte nicht akzeptiert wird. Mehr als 200 US-Dollar (die weltweit akzeptierte Währung) müssen es nicht sein; verlieren Sie dieses Geld, ist das kein finanzieller Nackenbruch.

•• TIPP

Haben Sie einen Dispositionskredit für Ihr Girokonto, dann kündigen Sie diesen vor der Reise. Diese „Hängematte" wiegt Sie in falscher Sicherheit. Sie haben Ihre Reisekosten durchkalkuliert und wissen, wie viel Geld Sie brauchen. Brauchen Sie kurzfristig doch Nachschub, überweisen Sie das Geld vom Tagesgeldkonto. Im schlimmsten Fall büßen Sie beim Verlust Ihrer Girokarte nämlich alles ein, was auf dem Konto ist – plus den Dispositionskredit.

Viele Banken bieten den Homebanking-Zugang über eine Smartphone-App an. So müssen Sie auch ohne eigenen Laptop nicht in zweifelhaften Internetcafés Passwörter und TANs eingeben.

•• ACHTUNG

Bei Banktransaktionen per SMS-TAN muss Ihr Handy im Ausland SMS empfangen können. Bedenken Sie das bei der Wahl Ihres Handyvertrags (→ *Wie telefonieren wir weltweit günstig?*, Seite 214).

Wie behalten wir unterwegs den Überblick über unsere Finanzen?

Je länger Sie auf Reisen sind und je mehr Länder Sie dabei besuchen, desto wichtiger und sinnvoller wird es, wenn Sie täglich über Ihre Ausgaben Buch führen. Machen Sie es sich zur Gewohnheit, abends die Ausgaben des Tages aufzuschreiben – dafür empfiehlt sich entweder eine Excel-Tabelle im Laptop oder eine Haushaltsbuch-App. Zettel oder Büchlein werden bei längeren Reisen schnell unübersichtlich. Am Ende jedes Monats oder beim Verlassen jedes Landes können Sie dann schnell errechnen, was Sie ausgegeben haben und ob Sie sich im „Plan" befinden. Es ist in Ordnung, wenn Sie in teuren Ländern über dem Budget liegen, solange Sie das durch geringere Ausgaben in günstigeren Ländern ausgleichen. Ob das funktioniert, erfahren Sie aber nur, wenn Sie regelmäßig Ihre Ausgaben überprüfen!

•• TIPP

Prüfen Sie jeden Monat online Ihre Kontoauszüge und laden Sie sich die PDF-Versionen herunter. So können Sie schnell feststellen, ob Kreditkartenbetrüger am Werk sind oder Händler von Ihnen nicht autorisierte Zahlungen eingezogen haben (das kommt zum Beispiel bei Mietwagenverleihern hin und wieder vor).

Einen Reisebudget-Rechner für kürzere und längere Reisen können Sie auf *KidsAway.de/reisebudget-links* (15) herunterladen.

Empfehlungen für geeignete Apps finden Sie auf → Seite 266.

Wie sichern wir uns gegen Notfälle ab?

Notfälle treten im Leben unerwartet und vielfältig auf. Sichern Sie sich auf Reisen gegen die wichtigsten ab, aber werden Sie nicht übervorsichtig – Sie verpassen sonst die tollsten Erlebnisse!

- Gegen Krankheiten und Unfälle sollten Sie sich auf jeden Fall absichern: mit einer Auslandsreisekrankenversicherung (→ *Worauf müssen wir beim Abschluss einer Auslandsreise-krankenversicherung für unsere Langzeitreise achten?*, Seite 102) und, wenn Sie Flugtickets oder Unterkünfte im Voraus bezahlt haben, einer Reiserücktritts- und -abbruch-versicherung (→ *Brauchen wir eine Reiserücktrittsversicherung?*, Seite 97).

- Gegen den Verlust Ihrer Habseligkeiten sichern Sie sich ab, indem Sie so wenige Wertsachen wie möglich mitnehmen, auf Ihr Gepäck achten und vor allem: wichtige Reisedokumente einscannen und online abrufbar halten.

- Gegen den Verlust Ihres Geldes sichern Sie sich ab, indem Sie Bargeld und Kreditkarten getrennt aufbewahren, unauffällig am Körper tragen (zum Beispiel in einem Geldgürtel), nicht Ihre gesamte Reisekasse auf dem Girokonto lagern und verlorene Kredit- und Maestro-Karten sofort sperren.

- Gegen unvorhergesehene Notfälle zu Hause sichern Sie sich ab, indem Sie eine Kontaktperson mit Ihren wichtigsten Informationen und Vollmachten ausstatten (→ *Müssen wir jemandem zu Hause Vollmachten erteilen – und wenn ja, wofür?*, Seite 131).

- Gegen Notfälle wie Naturkatastrophen können Sie sich immerhin ein wenig absichern, indem Sie sich in den Kontaktlisten der deutschen Botschaften registrieren, sobald Sie in ein Land einreisen. Nach einem Erdbeben oder einem Terroranschlag ist dann zumindest bekannt, dass Sie im Land sind, sodass gezielt nach Ihnen gesucht wird.

Gegen alles Weitere hilft nur: Vertrauen!

Welche Preisfallen und versteckten Kosten sollten wir unterwegs im Blick behalten?

Viele kleine Dinge können die Reisekosten enorm in die Höhe treiben. Deshalb muss man immer aufmerksam sein – je länger Ihre Reise dauert, desto mehr können sich versteckte Kosten summieren!

- An lokalen Feiertagen und in den nationalen Schulferien können Preise für Unterkünfte und Transportmittel steil ansteigen. → Nutzen Sie diese Tage möglichst nicht zum Reisen, sondern bleiben Sie am Ort.
- Kurtaxe gibt es nicht nur in Deutschland. Sie ist meistens nicht in den angegebenen Übernachtungspreisen inbegriffen und muss direkt vor Ort abgeführt werden. → Vermeiden Sie Übernachtungen in touristischen Regionen und Kurorten.
- Strom und Wasser wird in vielen Unterkünften vor Ort und separat nach Verbrauch abgerechnet und ist nicht im Mietpreis inbegriffen. → Mieten Sie nur Unterkünfte mit Inklusivverbrauch.
- Bettwäsche in Jugendherbergen und Ferienhäusern kostet oft extra. Auch die Endreinigung wird mitunter nachträglich aufgeschlagen. → Rechnen Sie genau nach, bevor Sie buchen.
- Alkohol, Zigaretten, aber auch Fleisch sind in vielen Ländern sehr teuer. → Ernähren Sie sich gesund.
- Bettelkäufe oder Frustkäufe wegen hungriger oder gelangweilter Kinder sind gefährlich für das Reisebudget. → Gehen Sie nie hungrig einkaufen, heben Sie den Kassenzettel auf und verbuchen Sie Ihre Ausgaben nach Rubriken sortiert.
- Wechselkursschwankungen können das Reisebudget erleichtern, aber auch stark belasten. → Schauen Sie bei größeren Ausgaben (Mietwagen, Flüge) immer, wie der Tageskurs gerade steht, und warten Sie möglichst noch ein wenig ab.
- Parkplätze für das eigene oder Mietauto können enorm teuer werden, vor allem in Großstädten der Ersten Welt. → Vermeiden Sie Innenstädte, parken Sie am Stadtrand.

- Strafzettel und Bußgelder für (versehentliches!) Falschparken, Geschwindigkeitsübertretungen etc. können erschreckend teuer sein – jedes Land hat andere Gesetze, die teilweise sehr anders sind als die von zu Hause gewohnten. → Fahren Sie aufmerksam und informieren Sie sich über die Verkehrsregeln.
- Mietwagen können viel mehr Sprit verbrauchen, als man es vom eigenen Auto gewohnt ist. → Bei längeren Touren Treibstoffkosten großzügig kalkulieren.
- Selbstbeteiligung bei Mietfahrzeugen: → 250 Dollar erscheinen beim Unterschreiben des Vertrags wenig, können aber bei kleineren Schäden gleich mehrfach anfallen.
- Günstige Mietpreise für Autos und Wohnmobile gehen oft mit sehr hohen Kautionszahlungen einher. Diese Kosten muss man zumindest auslegen können.
- Restaurants erheben in einigen Ländern einen festen Aufschlag für das Gedeck, für bereitgestelltes Wasser oder für Servietten. Mancherorts gibt es auch Feiertagsaufschläge.
- Manche Hotels berechnen Mietgebühren für Extras wie Babybettchen → Fragen Sie vor der Buchung nach, ob diese gratis sind.
- Kreditkartengebühren und Gebühren für den Auslandseinsatz werden in sehr verschiedener Höhe berechnet (→ *Welche Kreditkarte ist die beste für uns?*, Seite 118).

Wie nutzen wir unterwegs günstig das Internet?

Für moderne Reisende ist das Internet auf Reisen unverzichtbar. Damit Sie auch unterwegs Unterkünfte und Flüge buchen, E-Mails und Kontostände checken, Routen finden und natürlich Kontakt zu Verwandten und Freunden halten können, bietet sich ein eigenes internetfähiges Gerät an.

Wenn Sie öffentliche Computer in Internetcafés, Hotelfoyers oder Bibliotheken nutzen, müssen Sie keine Ausrüstung herumschleppen und vor Beschädigung oder Diebstahl schützen. Diese

Option sollten Sie aber nur wählen, wenn Sie wirklich nur gelegentlich zu Zwecken der Informationssuche ins Internet wollen. Sobald Sie sensible Daten wie PIN-Nummern oder Passwörter eingeben, Fotos hochladen oder vertrauliche Nachrichten schreiben, ist ein eigenes Gerät sehr zu empfehlen.

Bei regelmäßiger Nutzung können Internetcafés auch schnell recht teuer werden – hier wird oft nach Minuten abgerechnet, und Zeit im Internet vergeht bei langsamen Datenverbindungen erstaunlich schnell.

Am sichersten und günstigsten gehen Sie mit einem eigenen Smartphone oder Laptop in einem kostenfreien WLAN-Netz online. Heutzutage ist das bei sehr vielen Unterkünften im Übernachtungspreis enthalten, vor allem in Südostasien. Achten Sie bei der Buchung Ihrer Unterkunft darauf, dass kostenfreies WLAN angeboten wird, sparen Sie sich die Internetkosten komplett.

Außerhalb kostenfreier WLAN-Netze müssen Sie sich entweder einschränken (*Google Maps* (5) und andere Onlinekarten kann man vorausschauend herunterladen und sie dann offline nutzen) oder auf einen eigenen Hotspot zurückgreifen. Haben Sie ein Smartphone, können Sie in vielen Ländern eine kostengünstige Prepaid-SIM-Karte mit Datenflatrate kaufen. Für Laptops gibt es UMTS-Sticks oder Sie verbinden Ihr Smartphone via Bluetooth mit dem Laptop.

Ohne internetfähiges Smartphone können Sie einen mobilen Hotspot („Mifi") mit integriertem Akku und eigener, virtueller SIM-Karte kaufen (manchmal wird es von Wohnmobil-Verleihern auch vermietet). Das bietet sich besonders an, wenn Sie mehrere internetfähige Geräte nutzen. Pluspunkt: Sie sparen das Geld und den nicht zu unterschätzenden Zeitaufwand für den Kauf immer neuer SIM-Karten und Sie müssen bei der Ausreise aus einem Land keine ungenutzten Restguthaben verfallen lassen. Der Anschaffungspreis für ein solches Gerät rechnet sich umso schneller, je mehr Länder Sie bereisen.

•• TIPP

Viele Cafés und Restaurants, Bibliotheken und Universitäten, Flughäfen und ganze Stadtzentren bieten kostenfreies WLAN an. Für kleinere Erledigungen genügt das, die Übertragungsraten sind aber (auch wegen der vielen Nutzer) oft so niedrig, dass man kaum ein Foto hochladen kann. Findet Ihr Smartphone ein passwortgeschütztes WLAN-Netz, kann es nicht schaden, freundlich nach dem Passwort zu fragen.

•• ACHTUNG

Nicht in jedem Land der Welt können Sie ohne Weiteres eine Prepaid-SIM-Karte nutzen; so ist es in Indien, China, Japan schwierig oder unmöglich, als Ausländer eine Prepaidkarte zum Telefonieren zu erwerben, und in der Türkei wird diese nach einigen Wochen gesperrt.

In offenen WiFi-Netzen sollten Sie genauso vorsichtig agieren, als wenn Sie an einem fremden PC das Internet nutzen würden. Wollen Sie Passwörter und andere sensible Daten eingeben, schalten Sie eine VPN-App dazwischen (→ Seite 275). Diese verschlüsselt Ihre eingegebenen Daten und schützt sie vor Hackern und Datenräubern. Zusätzlicher Nutzen: Über eine VPN-Verbindung kann man auch Web-Angebote nutzen, die in einigen Ländern nicht freigeschaltet sind (etwa Facebook in China).

Wie telefonieren wir weltweit günstig?

Nicht immer genügt eine Internetverbindung, um auf Reisen zu kommunizieren; eine Telefonnummer, unter der man vor Ort erreichbar ist und mit der man auch selbst ein Ortsgespräch führen kann, etwa um die Botschaft zu kontaktieren oder eine Unterkunft zu reservieren, ist durchaus praktisch.

Die bequemste Lösung ist heutzutage, das eigene Handy oder Smartphone mit einer lokalen SIM-Karte auszustatten. Das ist wesentlich billiger, als den eigenen Vertrag mit einer Roaming-Option auszustatten.

Um weiterhin über die eigene Rufnummer erreichbar zu sein, ist ein Smartphone mit Dual-SIM sehr praktisch. So muss kein neues Gerät angeschafft werden, wenn Sie mit dem alten zufrieden sind. Zumal sich ja auf Reisen viele weitere Funktionen des Smartphones, nicht zuletzt der Internetzugang, hervorragend nutzen lassen. Stellen Sie einfach alle ausgehenden Telefonate und Datenübertragungen auf die neue SIM-Karte um.

Sind Sie nur für einen kurzen Zwischenstopp im Land oder finden kein Geschäft mit Prepaidkarten, können Sie auch kurzzeitig auf das Roaming-Angebot Ihres Vertragsproviders zurückgreifen. Normalerweise bekommen Sie sofort, wenn Sie in ein neues nationales Mobilfunknetz wechseln, eine SMS mit den Preisen für internationale Telefonate und Datenübertragungen.

Es geht aber auch ganz schlicht mit einem robusten, preiswerten Reisehandy, das man nur für kurze Anrufe und Textnachrichten kauft und je nach Reiseland mit einer neuen SIM-Karte ausstattet.

Puristen, die keine überflüssigen technischen Geräte mit sich herumschleppen wollen, können natürlich auch ganz klassisch an Telefonzellen telefonieren. Prepaid-Telefonkarten für öffentliche Fernsprecher sind weltweit sehr günstig zu haben.

●● TIPP

Mit Diensten wie *WhatsApp* ⑧⑨ oder *Skype* ⑧⑦ können Sie, sofern Sie sich in einem WLAN-Netz befinden, mittels *Voice over IP* auch kostenfrei telefonieren. Zum Skypen brauchen Sie nicht einmal ein Telefon.

Die preiswertesten Prepaid-SIM-Karten sind nicht immer die besten. Wollen Sie nicht nur telefonieren, sondern auch günstig ins Internet gehen, suchen Sie nach einer Prepaidkarte mit Datenflatrate (→ *Wie nutzen wir unterwegs günstig das Internet?*, Seite 211). Kaufen Sie SIM-Karten vorzugsweise nicht im Supermarkt oder bei Straßenhändlern, sondern gehen Sie in das Geschäft einer Telefongesellschaft. Dort können Sie den Verkäufer gleich bitten, Ihnen die SIM-Karte zu installieren; auf Thailändisch oder Japanisch ist das nämlich gar nicht so leicht.

Schalten Sie unbedingt „Roaming" und „automatische Datenübertragung" in den Einstellungen Ihres Mobiltelefons aus, wenn Sie ins außereuropäische Ausland reisen. Manche Apps aktualisieren sich automatisch oder nutzen geringe Datenmengen im Hintergrund, ohne dass Sie das merken.

●● ACHTUNG

In Europa verkaufte Mobiltelefone nutzen eine andere Bandbreite für ihre Funkwellenübertragung als in den USA oder Asien erhältliche. Damit Sie überall telefonieren können, muss Ihr Gerät ein Triband- oder besser noch ein Quadband-Handy sein, also die GSM-Frequenzen 900/1800 (in Europa, Asien und Afrika verwendet) und 850/1900 (in den USA verwendet) empfangen können. Sofern Sie Ihr Mobiltelefon nach 2010 gekauft haben, sollte das kein Problem sein. Außerdem darf es nicht für fremde SIM-Karten gesperrt (*SIM-locked*) sein.

Wie kommen wir als Familie günstig von A nach B?

Die Fortbewegung, ob mit einem eigenen Fahrzeug oder mit anderen Verkehrsmitteln, gehört zu den größten Posten im Reisebudget von Familien.

Legen Sie längere Strecken nur dann mit dem Flugzeug zurück, wenn es nicht anders geht. Das spart nicht nur Geld – wenn Sie eine Strecke zu Land oder zu Wasser anstatt in der Luft zurücklegen, ist das auch eine ganz andere Reiseerfahrung. Mögliche Überlandstrecken sollten Sie schon vor Ihrer Abreise recherchieren und einplanen.

Weitere Möglichkeiten, um günstig voranzukommen:

Zu Fuß gehen: Die günstigste Art, kürzere Strecken zurückzulegen, wird oft übersehen. Auf der Reise machen Sie (wahrscheinlich) keinen Sport, betrachten Sie also das Laufen als körperlichen Ausgleich. Tragen Sie bequeme Schuhe, setzen Sie kleine Kinder in die Rückentrage oder in den Buggy und los geht's. Bei Stadtbummeln sparen Sie viel Geld, wenn Sie auf kürzere Taxi- und Metrofahrten verzichten, und Sie lernen eine Stadt viel besser kennen.

Öffentliche Verkehrsmittel: Lässt es sich nicht vermeiden, dass Sie sich chauffieren lassen, dann wählen Sie möglichst immer öffentliche Verkehrsmittel. Auch wenn Sie vier oder fünf Tickets lösen müssen, ist das günstiger als ein Taxi, ein privates Shuttle oder ein Mietwagen. Es mag anstrengender und komplizierter sein, aber so tauchen Sie viel tiefer ins Alltagsleben Ihres Reiselandes ein.

Zug fahren: Im Zug bezahlen Kinder unter sechs Jahren weltweit oft gar nichts, bei der Deutschen Bahn fahren sie sogar bis zum 15. Lebensjahr in Begleitung ihrer Eltern kostenfrei. Für lange Strecken bieten sich Züge aus mehreren Gründen an: Sie sind oft

ANH DAO
GUESTHOUSE

TRAVEL SERVICE CENTER

OPEN BUS - BOAT - TICKETS
AIR - TRAIN TICKETS
VISA EXTENSION

günstig (Sie müssen ja nicht in der ersten Klasse reisen), sie können als Nachtzug genutzt werden und sparen damit eine Übernachtung ein, sie sind sicherer und bequemer als enge, schwankende Reisebusse und sie haben eine Toilette an Bord.

●● TIPP

In Südostasien haben sich sogenannte VIP-Busse für Überlandstrecken fest etabliert. Auch wenn sie im Vergleich zu den öffentlichen Überlandbussen mehr Platz für Gepäck, ein wenig mehr Komfort und einen garantierten Sitzplatz bieten, kosten sie allerdings deutlich mehr und sind außerdem auf das „Abzocken" von Touristen ausgerichtet: Rastpausen werden zum Beispiel fast immer in der Einöde gemacht, wo Sie nur ein einziges (sehr teures) Restaurant finden. Die Abholung in der Innenstadt oder direkt an Ihrem Hotel ist zwar bequem, aber abgesetzt werden Sie dann wiederum vor Unterkünften, die Sie nicht frei wählen können, oder an abgelegenen Haltepunkten, von denen Sie gezwungen sind, ein (teures) Taxi zu nehmen.

In Asien gibt es Billigairlines wie Air Asia oder Jetstar, die regelmäßig in Aktionen enorm günstige Flugtickets verkaufen. Abonnieren Sie alle Newsletter, die für Ihre Reiseroute in Frage kommen, und bleiben Sie flexibel. Dann kann auch ein Familienflug ein preiswertes Unterfangen sein.

> **●● ACHTUNG**
>
> Das günstigste Verkehrsmittel ist allerdings nicht automatisch das beste. Gerade wenn Sie mit Kindern reisen, haben Sie die große Verantwortung, für deren Sicherheit zu sorgen. Auch wenn das Mopedtaxi in Saigon oder der Minibus in Nairobi viel günstiger ist als ein Auto-Taxi oder schneller ans Ziel kommt als der Zug, überlegen Sie dreimal, bevor Sie einsteigen: Verkehrsmittel in Entwicklungsländern sind oft unsicher, werden von nicht ausgebildeten Fahrern gesteuert und heillos mit Passagieren und Gepäck überladen. Minibusse halten in der weltweiten Unfallstatistik den Rekord als unsicherstes Verkehrsmittel!

Wie finden wir günstige Unterkünfte vor Ort?

Auf Luxushotels mit All-inclusive-Angebot müssen Sie auf einer längeren Reise nicht komplett verzichten – aber daran gewöhnen sollten Sie sich auch nicht. In generell günstigen Reiseländern, vor allem in Südostasien, können hochklassige Hotels aber überraschend preiswert sein (→ *Wie und wo finden wir günstige Unterkünfte?*, Seite 199).

Für längere Zeiträume sollten Sie allerdings nach Unterkünften schauen, in denen Sie sich selbst versorgen können – mit einer Küche und einer Waschmaschine. Diese Dienstleistungen bilden nämlich auf Reisen die größten Budgetposten, wenn man sie auslagern muss. Plus: Mit Kindern genießen Sie es auf längere Zeit, wenn Sie ein wenig mehr Platz und Rückzugsmöglichkeiten haben, als ein Hotel normalerweise bietet.

Neben Ferienwohnungen oder Apartments, die über längere Zeiträume recht günstig werden können, können Sie nach Privatwohnungen Ausschau halten (sehr einfach über Mitwohnportale wie *Airbnb.de* (59) oder *Wimdu.de* (75), aber auch in den Kleinanzeigenrubriken von lokalen Zeitungen und an Anschlagbrettern in Hostels und Supermärkten). Oder Sie lassen sich für einige

Tage von einem Couchsurfing-Gastgeber einladen (→ *Können wir mit Couchsurfing völlig kostenfrei übernachten?*, Seite 227).

Am besten für Ihr Budget sind kostenfreie Unterkünfte. Das ist üblicherweise auf Farmen der Fall, die nach Handlangern suchen und kostenlose Kost und Logis als Bezahlung anbieten. Als Familie können Sie sich bei *Wwoof.net* (78) oder *Helpx.net* (76) registrieren, beachten Sie aber die Visabestimmungen, die manchmal das Arbeiten als Tourist verbieten. (→ *Können wir als Familie „Work and Travel" machen?*, Seite 232)

Wie können wir die Kosten für Hotels niedrig halten?

Entgegen gängiger Vorstellungen können Hotels für reisende Familien wesentlich günstiger sein als Hostels. Der Grund: Kleinere Kinder zahlen oft gar nichts oder nur einen geringen Preis, wenn sie im Bett der Eltern oder in einem Zustellbett schlafen. Auch am Hotelbuffet dürfen Kinder unter sechs Jahren häufig kostenlos mitessen.

Vor allem in Südostasien kosten auch gute Hotels mit allen Annehmlichkeiten nur einen Bruchteil von dem, was wir aus der Ersten Welt gewohnt sind. 40 US-Dollar für eine Suite mit zwei großen Doppelbetten in einem Hotel mit Spa und Pool, Frühstück inklusive, sind in Thailand oder Vietnam nichts Ungewöhnliches. Nutzen Sie dieses Preisgefälle und lassen Sie es sich gutgehen.

So sparen Sie bei der Buchung von Hotelzimmern:

- Verlangen Sie bei der Buchung ausdrücklich das günstigste Zimmer.
- Recherchieren Sie, wie viel das Hotelzimmer auf Onlineportalen kostet, und handeln Sie.
- Fragen Sie nach einer Preisermäßigung, wenn Sie mehr als drei bis vier Tage bleiben.
- Buchen Sie in Asien über *Agoda.com* (58) und sammeln Sie Bonuspunkte, die Sie für weitere Übernachtungen eintauschen können.

- Buchen Sie über das Bonussystem *iGraal.com* (84) und sammeln Sie Cashback-Vergütungen für Ihre gebuchten Übernachtungen.
- Lassen Sie kleine Kinder im breiten Doppelbett in der Mitte schlafen, anstatt ein kostenpflichtiges Zustellbett zu buchen. Passt es gar nicht, können Sie das Zustellbett immer noch ordern.
- Buchen Sie zu viert ein Zimmer mit zwei Queen-Size-Betten, in denen jeweils ein Erwachsener und ein Kind schlafen können.
- Nehmen Sie Isomatten mit kleinem Packmaß mit und lassen Sie Ihre Kinder auf dem Boden schlafen.
- Achten Sie darauf, dass niemand Getränke oder Snacks aus der Minibar nimmt.
- Lassen Sie sich kein Essen aufs Zimmer bringen.
- Zimmer mit Ventilator sind viel günstiger als mit Klimaanlage.
- Essen Sie nur im Hotel, wenn es im Übernachtungspreis inklusive ist.
- Wechseln Sie kein Geld an der Rezeption.
- Fragen Sie an der Rezeption nach Gutscheinen oder Rabatten für Sehenswürdigkeiten in der Umgebung.
- Gehen Sie in einen Waschsalon, anstatt den Wäscheservice des Hotels zu nutzen.

Können wir als Familie auch in Hostels übernachten?

Jein. Nicht jedes Hostel ist offen für Familien mit Kindern; das steht in der Regel bereits auf der Homepage, sicherheitshalber sollten Sie aber immer vorher per E-Mail oder telefonisch nachfragen, ob Ihre Kinder willkommen sind (nennen Sie immer das exakte Alter). Das liegt nicht daran, dass die Betreiber Kinder hassen, sondern oft sind abendlicher Alkoholausschank im Hostel oder die Lage an einer belebten Partymeile einfach nichts für Familien.

Davon abgesehen, gibt es viele familienfreundliche Hostels und Jugendherbergen. Wünschen Sie Privatsphäre, können Sie hier Familienzimmer mit angeschlossenem Bad buchen. Und der Kontakt zu anderen Reisenden (mit und ohne Kindern) im Gemeinschaftsraum wird von vielen Familien als sehr schöne Reiseerfahrung hervorgehoben.

Mit einer Mitgliedschaft beim Internationalen Jugendherbergsverband „Hostelling International" bekommen Sie in angeschlossenen Jugendherbergen (*youth hostels*) 10 Prozent Rabatt auf die Übernachtung und viele andere Preisnachlässe; in einigen europäischen Ländern müssen Sie sogar Mitglied sein, um aufgenommen zu werden. Ohne Mitgliedschaft können Sie eine internationale Gastkarte (*hostelling international card*) kaufen, die weltweit für ein Jahr gültig ist. Die Kosten hierfür betragen 18 Euro pro Person (oder sechs Hostel-Übernachtungen à 3,50 Euro) für eine Gastkarte, 21 Euro pro Jahr für eine Familienmitgliedschaft (jedes Familienmitglied sollte einen eigenen Ausweis erhalten).

Moderne Hostels sehen ganz anders aus als die Jugendherbergen in der Erinnerung vieler Erwachsener. Zur Ausstattung gehören eine (oft rund um die Uhr geöffnete) Rezeption, die Touren und Ausflüge bucht, ein Gemeinschaftsraum und eine voll ausgestattete Küche, manchmal auch ein eigenes Café oder Restaurant. Computer und WLAN sind weit verbreitet, Waschmaschinen und Trockner können gegen Gebühr genutzt werden. Wertsachen können in Schließfächern eingeschlossen oder an der Rezeption abgegeben werden. Einen Schlafsack braucht man nicht (oft ist er sogar verboten, weil darüber Bettwanzen übertragen werden können).

Manche Hostels holen angemeldete Gäste vom Flughafen oder Bahnhof ab, reservieren kann man online direkt über die Homepage oder über Buchungsportale wie *Hostelworld.com* (71). Möchte man länger als ein paar Tage bleiben, gibt es oft Rabatt (etwa sieben Nächte zum Preis von sechs). Und in vielen Hostels ist es möglich, für eine kostenlose oder preisreduzierte Unterkunft Putz- und Hausmeistertätigkeiten zu übernehmen.

●● TIPP

Familienzimmer in Hostels sind häufig vergleichsweise teuer. Fragen Sie nach, welche Größe die Gemeinschaftsschlafsäle haben – vielleicht können Sie ein Vierer- oder Sechserzimmer komplett belegen.

Da Kinder in Hostels in der Regel keinen Rabatt bekommen, solange sie ein eigenes Bett belegen, kann es für Familien mit mehreren Kindern preiswerter sein, im Hotel zu übernachten.

Was sind Mitwohnportale?

Mitwohnportale wie *Airbnb.de* (59) und *Wimdu.de* (75) basieren auf der Grundidee der *sharing economy*: Privatpersonen auf der ganzen Welt stellen ihre Wohnungen (oder Häuser oder Wohnwagen oder Bungalows) als Unterkünfte für Reisende zur Verfügung. Dabei wird entweder nur ein Zimmer vermietet oder die komplette Wohnung. Der Gastgeber steht seinen Gästen oft persönlich zur Verfügung, begrüßt sie und führt sie unter Umständen sogar durch „seine" Stadt.

Immer mehr professionelle Anbieter stellen ihre Ferienwohnungen und Apartments aber ebenfalls auf Mitwohnportalen ein – Sie können also ein breites Spektrum erwarten, von der „echten" Studentenabsteige mit Familienanschluss bis zum schicken Apartment mit Verwalter und automatisierter Schließanlage. Außerdem finden Sie dieselbe Unterkunft oft zu sehr verschiedenen Preisen auf Ferienwohnungsplattformen wie *Fewo-direkt.de* (64) und auf Mitwohnportalen. Vergleichen lohnt sich!

Unterkünfte auf Mitwohnportalen sind nicht kostenlos, aber gerade für Familien oft billiger als Hotels. Und besonders in zentralen Stadtlagen, in Ferienzeiten und an Feiertagen sind solche Privatunterkünfte oft eine viel günstigere Option.

Der Buchungsvorgang und die Bezahlung laufen komplett über das Portal. Um eine Unterkunft mieten zu können, müssen Sie einen (kostenlosen) Account anlegen. Dann können Sie im weltweiten Angebot suchen, bequem gefiltert nach Ort und Datum, Ausstattung und Größe der Unterkunft. Achten Sie besonders darauf, das Häkchen bei „familienfreundlich" zu machen.

Abgerechnet wird über Kreditkarte oder über PayPal. Dabei zieht das Mitwohnportal den Betrag meist sofort ein und hält ihn treuhänderisch zurück, bis Sie die Unterkunft bezogen haben. Erst wenn Sie binnen 24 Stunden nach Mietbeginn keine Beschwerde beim Portal eingelegt haben, bekommt der Gastgeber sein Geld überwiesen (abzüglich einer Provision, die das Portal einbehält). Storniert der Gastgeber sein Angebot, erstattet Ihnen das Mitwohnportal das bezahlte Geld zurück. Müssen Sie dagegen Ihren Aufenthalt stornieren, fallen dafür Gebühren an, die der Gastgeber in seinem Profil festlegt (von moderat bis streng).

Alle weiteren Mietbedingungen müssen Sie selbst mit dem Gastgeber klären, am besten noch vor der Buchung. Erkundigen Sie sich vor allem, wie Sie die Unterkunft finden und ob Sie der Gastgeber persönlich empfangen wird, ob Sie Bettwäsche und Handtücher selbst mitbringen müssen (meistens nicht) und ob Sie die Endreinigung übernehmen sollen. Einen guten Eindruck geben die Bewertungen früherer Gäste. Mieten Sie eine Unterkunft ohne Bewertungen nur, wenn Sie gar keine andere Option haben.

•• TIPP

Der Übernachtungspreis gilt für die gesamte Unterkunft. Der Gastgeber kann nach Belieben eine Kaution, einen Aufschlag für die Endreinigung oder einen Aufpreis für zusätzliche Gäste verlangen oder auch Rabatt für Kinder gewähren. Es lohnt sich also, vor der Buchung genau nachzufragen.

Können wir mit Zelten Reisekosten sparen?

Zelten kann eine sehr günstige Art des Reisens sein, wenn man sein Zelt auf kleinen, günstigen Campingplätzen oder mitten in der Natur aufstellt (→ *Gibt es Länder, in denen „wildes Camping"* *erlaubt ist?*, Seite 225). Der Vorteil: Sie können relativ spontan sein, müssen selten einen Platz vorbuchen und sind nah an der Natur – genau das, was man sich von einer Reiseauszeit wünscht.

In vielen touristischen Regionen Europas und Nordamerikas müssen Sie aber zum Teil lange suchen, um günstig (oder überhaupt) zelten zu können. Erlaubt ist das Campen hier nur auf ausgewiesenen Plätzen und für diese fallen hohe Gebühren an. Vor allem wenn Sie mit mehreren Kindern unterwegs sind und pro Person zahlen müssen, kommen Sie preislich schon an den Aufenthalt in einer günstigen Herberge heran.

Denken Sie außerdem an die Begleitkosten: Die Campingausrüstung muss erst einmal angeschafft werden, wobei schnell mehrere hundert Euro zusammenkommen. Wer billig kauft, kauft zweimal (oder friert, oder sitzt im Nassen) – das ist eine goldene Regel im Outdoorbereich. Auf längeren Reisen macht die Ausrüstung auch einiges an Gepäck aus. Für Langzeit-Rucksackreisende fällt die Camping-Option deshalb in der Regel weg.

Schließlich eignet sich Camping nicht für jedes Klima; in der tropischen Hitze Südostasiens ist es nachts in einem Zelt kaum auszuhalten, und einen Monsunregen übersteht auch nicht jedes Zelt. In skandinavischen Ländern oder Neuseeland können Sie im Frühling oder Herbst dagegen eine frostige Überraschung erleben, wenn Sie zelten wollen. Hier eignet sich ein Wohnmobil wesentlich besser (→ *Was kostet eine Reise im Auto oder Wohnmobil* *für Familien?*, Seite 42).

Gibt es Länder, in denen „wildes Camping" erlaubt ist?

In den skandinavischen Ländern (bis auf Dänemark), aber auch in Schottland, in den baltischen Staaten und in der Schweiz gilt

das Jedermannsrecht. Dieses Gewohnheitsrecht ist zwar nirgendwo schriftlich fixiert, aber allgemein anerkannt. Es besagt im Prinzip, dass das Land allen Menschen gehört, sodass jeder überall dort umsonst ein Zelt aufstellen darf, wo er andere Menschen und ihr Eigentum nicht stört oder beschädigt – auch auf Privatgrund. Einschränkungen gibt es zum Beispiel in Nationalparks; dort ist in Schweden jegliches Camping verboten. Außerdem ist im Rahmen des Jedermannsrechts nicht erlaubt, zu angeln, zu jagen oder etwa Vogeleier zu sammeln.

Sind Sie in diesen Ländern unterwegs, können Sie Ihr Zelt tatsächlich überall aufstellen, wo Sie wollen – und kostenlos übernachten. Ein Paradies (→ *Können wir mit Zelten Reisekosten sparen?*, Seite 225)!

Können wir mit Haustausch Unterkunftskosten sparen?

Bei der Grundform des Haustauschs wohnen Sie in der Wohnung einer anderen Familie, während diese in Ihrer Wohnung lebt. Beide Familien bekommen so eine kostenlose Ferienwohnung, ohne dass sie dafür Geld bezahlen müssten. Weil kein Geld fließt, sind auch eventuelle „Zweckentfremdungsverbote" (→ *Dürfen wir unsere Wohnung/unser Haus untervermieten?*, Seite 175) unwirksam und Sie brauchen keine Zustimmung Ihres Vermieters einzuholen.

Völlig kostenlos ist Haustausch trotzdem nicht, denn um Tauschpartner zu finden, müssen Sie sich auf einer Tauschplattform registrieren. Für die Vermittlung werden Jahresgebühren zwischen 95,40 Euro (*Haustauschferien.com* (65)) und 140 Euro (*Homelink.de* (66)) fällig. Konnten Sie im ersten Jahr Ihrer Mitgliedschaft keinen Tauschpartner finden, ist ein zweites Jahr oft kostenlos.

Bevor Sie frohlocken: Es ist kaum planbar, ob und wann Sie ein passendes Tauschangebot finden werden. Um gezielt kostenlose Unterkünfte für eine längere Reise miteinander zu kombinieren, eignet sich Haustausch daher nicht. Sind Sie aber bereit, spontan eine Reiseauszeit um ein spannendes Haustausch-Angebot herum zu bauen, kann das eine sehr günstige Reise werden.

Können wir mit Couchsurfing völlig kostenfrei übernachten?

Theoretisch ja – beim Couchsurfing soll zwischen Gastgeber und Gast kein Geld fließen, die Übernachtung wird kostenfrei angeboten. (Eine Pauschale für Wäsche oder Verpflegung zu erheben, ist aber grundsätzlich erlaubt.)

Couchsurfing ist aber keine Plattform für Menschen, die auf Reisen kostenfrei wohnen wollen, sondern eine Community, die einen bestimmten Gemeinschaftsgeist vertritt und pflegt. Wer als Gast mit der Erwartung erscheint, ein kostenloses Hotelzimmer zu bekommen, der wird auf wenig positive Reaktionen stoßen.

Kurz: Couchsurfing ist vor allem eine weltoffene, kommunikative Art des Reisens. Das bedeutet, dass man Gastgeschenke mitbringt, für seine Gastgeber (gern typisch deutsch) kocht und mal einen Einkauf übernimmt und sich ebenso verhält wie ein guter Freund der Familie. Ein wenig Geld und/oder Zeit muss also auf jeden Fall investiert werden, wenn man eine bis drei (in Ausnahmen auch mehr) Nächte auf einer fremden „Couch" verbringen will.

Dazu kommt ein nicht unerheblicher Zeitaufwand, etwa für das Anlegen und Pflegen des eigenen Profils auf der Website, für die Suche nach passenden Gastgebern und die Kommunikation im Vorfeld, für das eventuell nötige Abweichen von der Reiseroute, um eine Unterkunft zu erreichen.

Die zweite Einschränkung ist vielleicht noch wichtiger: Nicht immer und überall wird man als Familie mit einem Mindestanspruch an Sauberkeit und Sicherheit eine passende, freie „Couch" finden. Sich darauf zu verlassen, dass man mit Couchsurfing die Übernachtungskosten bei Null halten kann, wäre ziemlich naiv.

●● TIPP

Kalkulieren Sie kostenlose Couchsurfing-Nächte nicht ins Budget ein! Freuen Sie sich lieber über das gesparte Geld, wenn Sie nette Gastgeber gefunden haben.

> **•• TIPP**
>
> Internetadressen von Couchsurfing-Portalen finden Sie
> auf → Seite 272.

Wie können wir als Familie beim Essen sparen?

Selbstversorgung heißt das Stichwort, wenn es um günstiges Essen auf Reisen geht:

- Buchen Sie nur Hotelzimmer mit Sitzecke und Kochnische, damit Sie kleine Mahlzeiten auf Ihrem Zimmer einnehmen, aufwärmen oder zubereiten können. Eine Tütensuppe, einen Milchbrei oder einen Tee können Sie so einfach selbst zubereiten, wenn die Kinder Heißhunger haben.
- Im Hotel sollten Sie grundsätzlich keine Vollpension buchen – es sei denn, Sie halten sich wirklich den ganzen Tag auf dem Hotelgelände auf, etwa in einem Resort. Mahlzeiten, die Sie bezahlt haben, können Sie auch als Lunchpaket einpacken lassen und mit auf Ausflüge nehmen.
- In Apartments, Ferienwohnungen oder gemieteten Privatwohnungen können Sie Ihre Mahlzeiten bequem selbst zubereiten. Sind Sie unterwegs, nehmen Sie eine Lunchbox mit oder kaufen Sie Zutaten für ein Picknick.
- Kaufen Sie nicht im Stadtzentrum oder in der Nähe von Touristenattraktionen ein, sondern möglichst in Großmärkten am Stadtrand – oder auf Wochenmärkten.
- Müssen oder wollen Sie auswärts essen, wählen Sie Restaurants, die nicht direkt an Attraktionen liegen. Indizien für überteuerte Gaststätten sind Speisekarten in mehreren Sprachen oder Angestellte, die auf der Straße „Gäste fischen".
- In Südostasien ist es durchaus möglich, über den Preis im Restaurant zu verhandeln. Wo die meisten Touristen ahnungslos überhöhte Preise bezahlen, können Sie Ihr Essen locker um die Hälfte herunterhandeln oder wenigstens einen

kostenlosen Nachtisch herausschlagen (allerdings vor Betreten des Restaurants!).

- Mittagessen ist fast immer günstiger als Abendessen. In vielen Ländern gibt es fest zusammengestellte Mittagsmenüs mit mehreren Gängen zu sehr moderaten Preisen.
- Kinder, die erfahrungsgemäß wenig essen oder mäkeln, bekommen einen leeren „Räuberteller" (auf den Sie dann ausgewählte Kostproben von Ihrem Essen abzweigen können). Übrig gebliebene Reste sollten Sie einpacken lassen und mitnehmen. Der große Hunger kommt oft erst nach dem Essen.
- Pubs und Kneipen sind immer günstiger als „richtige" Restaurants. Noch besser sind *food squares*, *takeaways* und Garküchen am Straßenrand.
- Fast Food und „Western Food" muss bei Heimweh auch mal sein, aber bitte nur selten. Abgesehen davon, dass es nicht lange satt macht und ungesund ist, kostet solch „exotisches" Essen fast immer mehr als einheimische Gerichte.
- Verzichten Sie weitgehend auf Fleisch, Nachtisch und alkoholische Getränke – das sind auch in sehr günstigen Ländern enorme Preistreiber.

●● TIPP

Auf der Hotelbuchungsplattform *Booking.com* (62) ist oft ein Frühstück im Übernachtungspreis enthalten. Vergleichen Sie immer, um wie viel günstiger eine Übernachtung ist, wenn sie kein Frühstück beinhaltet; und buchen Sie bloß keines extra zu! Die Preise rechtfertigen fast nie die angebotene Qualität. Günstiger frühstücken Sie in einem Café um die Ecke oder als Selbstversorger auf Ihrem Zimmer.

Müssen wir auch Trinkgelder einplanen?

Viele Urlauber machen sich Gedanken darüber, wie viel Trinkgeld man geben sollte, um nicht unhöflich zu wirken. Ein paar Anhaltspunkte:

- In Europa, Nordamerika, Australien und Neuseeland sind mindestens 10 Prozent Trinkgeld üblich, in den USA ist dieses sogar bereits in der Endabrechnung eingepreist.
- Eine Ausnahme sind die skandinavischen Länder, hier ist Trinkgeld eher unüblich.
- Je weiter Sie nach Süden kommen, desto weniger Trinkgeld wird erwartet. Hier ist es eher gebräuchlich, den Rechnungsbetrag aufzurunden oder das Wechselgeld auf dem Tisch liegenzulassen.
- In Nordafrika heißt Trinkgeld „Bakschisch" und ist eher eine Art soziales Schmiergeld – jeder bekommt einen kleinen Betrag in die Hand gedrückt, damit überhaupt etwas passiert.
- In Asien ist Trinkgeld dagegen eine Beleidigung – Höflichkeit gegenüber dem Gast ist selbstverständlich, warum sollte man sich dafür bezahlen lassen? (Thailand ist hier eine Ausnahme und hat sich den westlichen Standards angepasst.)

Können wir auf Reisen als Haushüter arbeiten?

Was für uns Deutsche abwegig klingt, ist im englischsprachigen Raum sehr verbreitet: Wer verreist, sucht jemanden, der sich in dieser Zeit um das Haus kümmert und derweil darin wohnt. Dafür bekommt man die Unterkunft zur freien Verfügung und hat (wenn die Pflichten erledigt sind) Zeit, um die Umgebung zu entdecken.

Zum Haushüten gehören meistens kleinere Arbeiten wie Garten- und Haustierpflege, Poolreinigung, Postdienst und eben „menschliche Alarmanlage" sein: Wenn Leute im Haus sind, halten sich Einbrecher fern.

Haushüter (*house sitter*) werden meist für mehrere Wochen gesucht, in denen eben kein Nachbar mal fix das Blumengießen

übernehmen will. Das ist eine tolle Gelegenheit, sich in einer Stadt oder einem Land richtig einzuleben und dabei Unterkunftskosten zu sparen. Wer dagegen nur wenige Tage Zeit an einem Ort eingeplant hat, für den ist Haushüten keine Option.

Als Haushüter werden Rentner, Alleinstehende oder kinderlose Paare bevorzugt. Nur mit Glück findet man Menschen, die ihr Haus einer Familie mit Kindern anvertrauen (meist sind das selbst Familien mit Kindern). Die Vorbereitung eines Haushüter-Aufenthalts ist gerade beim ersten Mal sehr lang, und es ist nicht sicher, ob sich die Investition lohnt. Fest planen können Sie das nicht.

Haushüteragenturen nehmen Familien mit Kindern gar nicht erst in ihre Karteien auf. Manchmal findet man Suchanzeigen in Tageszeitungen, effektiver suchen Sie aber nach Haushüterangeboten auf einem Haushüterportal. Erstellen Sie ein aussagekräftiges Profil mit vielen Familienfotos und lassen Sie sich vorsorglich von Bekannten eine „Referenz" auf Englisch ausstellen, was für eine tolle und saubere Familie Sie sind. Eventuell wird sogar ein polizeiliches Führungszeugnis verlangt. Dann können Sie gezielt nach passenden Objekten suchen oder sich finden lassen. Die Sprache ist immer Englisch!

Die Mitgliedschaft bei einer Haushüterplattform kostet zwischen 20 USD/Jahr (*Mindmyhouse.com* (81)) und 66 Euro/ Jahr (*Trustedhousesitters.com* (82)). Oft gibt es auch kostenlose Probemitgliedschaften (*Housecarers.com* (80)).

•• TIPP

Vor allem in Ferienregionen, wo viele Apartments nur wenige Monate im Jahr von ihren Besitzern genutzt werden, sowie in Australien und Neuseeland während der Hauptsaison sind Haushüter sehr gefragt. Die Balearen und Andalusien, die Kanarischen Inseln oder die Türkische Riviera sind Orte, wo viele deutsche Aussteiger leben.

> ●● ACHTUNG
>
> Da Sie kein Geld bekommen und nicht „arbeiten", können Sie auch mit einem Touristenvisum haushüten. Hängen Sie das aber bei der Einreise trotzdem nicht an die große Glocke – gerade in den USA sind die Grenzbeamten mitunter absurd streng (→ *Dürfen wir unterwegs arbeiten, um unsere Reisekasse aufzubessern?*, Seite 29).

Können wir als Familie „Work and Travel" machen?

Ja, das geht – unter bestimmten Voraussetzungen.

Um während einer Reise zu arbeiten, ist in der Regel ein Arbeitsvisum nötig. Einige Länder bieten allerdings spezielle Working Holiday-Visa für Touristen an, mit denen man in eingeschränktem Rahmen arbeiten darf.

Für Familien sind solche Visa nur selten geeignet: Sie werden nur bis zum 30. oder 35. Geburtstag ausgestellt und man darf als Inhaber eines solchen Visums keine Kinder dabei haben. Reisen Sie zusammen mit Ihrem Partner und stimmt das Alter, kann jedoch zumindest dieses Elternteil das Visum beantragen, während Sie selbst als normaler Tourist mit den Kindern einreisen. Kosten:

- Australien (18 bis 30 Jahre, online in wenigen Tagen ausgestellt, wird maximal zweimal im Leben ausgestellt): 280 AUD (etwa 224 Euro)
- Neuseeland (18 bis 30 Jahre, Bearbeitungsdauer 2 Monate, wird nur einmal im Leben ausgestellt): etwa 80 Euro
- Kanada (18 bis 35 Jahre, „International Experience Canada", einmalige Ausgabe von etwa 4.000 Stück pro Jahr per Verlosung): etwa 110 Euro

Die genauen Bestimmungen, wann man mit dem Visum wie oft in das jeweilige Land einreisen und wie lange man in welchen

Berufen in den zwölf Monaten seiner Gültigkeit damit arbeiten darf, variieren von Land zu Land.

In einigen Ländern können Sie „Work and Travel" ohne ein besonderes Visum machen und manchmal ist Arbeiten auch mit einem Studentenvisum möglich. Es gibt zahlreiche Agenturen, die das teilweise komplizierte Beantragen des richtigen Visums und die Suche nach einer geeigneten Arbeitsstelle übernehmen; natürlich gegen eine Gebühr.

●● TIPP

Die genauen Bedingungen und Antragsvoraussetzungen für jedes Land finden Sie auf *Work-and-travel.co* (25).

Was ist Wwoofen?

Die Abkürzung Wwoof steht für *world-wide opportunities on organic farms* oder *willing workers on organic farms*. Über dieses weltweite Netzwerk wird unbezahlte Arbeit auf Bio-Bauernhöfen an freiwillige (größtenteils ungelernte) Helfer vermittelt. Die Arbeitgeber bekommen kostenfrei, unbürokratisch und kurzfristig Hilfskräfte für kleinere Arbeiten, die Wwoofer bekommen freie Unterkunft und Verpflegung, oft mit Familienanschluss und häufig in landschaftlich schöner Lage, gegen fünf bis sechs Stunden Arbeit pro Tag.

Weiterer Vorteil des Wwoofing: Auch ohne Arbeitsvisum kann man sich so während einer Reise etwas dazuverdienen bzw. Ausgaben für Unterkunft und Verpflegung einsparen – oft ist aber ein spezielles Working Holiday-Visum nötig! (→ *Können wir als Familie „Work and Travel" machen?*, siehe vorige Frage). Dazu kommen einzigartige Erfahrungen, die man als „normaler" Reisender nie machen würde.

Bauernhöfe, die am Netzwerk teilnehmen, finden sich weltweit. In Australien gibt es fast 3.000 Farmen, in den USA etwa 1.400

und in Neuseeland fast 1.300. Nach Farmen im jeweiligen Reiseland kann man auf der Website des *Wwoof-Dachverbands* (78) suchen oder beim Verband *Wwoof Independent* (79), in dem sich 49 Länder ohne eigenen nationalen Wwoof-Verband zusammengeschlossen haben.

Kosten: Will man wissen, welche Höfe derzeit nach Arbeitskräften suchen, muss man Mitglied des jeweiligen Verbands werden. Der Jahresbeitrag kostet zwischen 0 und etwa 50 Euro. Die Anreise zum Gastgeber-Hof, die Ausgaben für das eventuell nötige Visum und die Kosten für Versicherungen während des Wwoofing-Aufenthalts müssen allein vom Wwoofer getragen werden!

•• TIPP

Einige Wwoof-Gastgeber nehmen gern Familien mit Kindern auf. Oft sind diese Gastgeber selbst Eltern und freuen sich über die Kinderbetreuung und die Spielkameraden, die man mitbringt. Die Arbeit muss aber trotzdem erledigt werden – entweder von einem der Elternteile oder von beiden in reduziertem Umfang. Je kleiner Ihre Kinder also sind, desto weniger Chancen werden Sie haben, einen passenden Wwoof-Gastgeber zu finden.

Adressen von Wwoof-Gastgebern weltweit finden Sie auf → Seite 273.

Wie finden wir eine familiengeeignete Wwoof-Farm?

Registrieren Sie sich zuerst bei der Wwoof-Organisation Ihres Wunschlandes und entrichten Sie den Mitgliedsbeitrag. Nun können Sie alle Wwoof-Farmen in diesem Land kontaktieren, die Sie interessieren. Wenn nicht schon in der Vorstellung des Hofes erwähnt ist, ob Kinder erwünscht sind, sollten Sie diese Frage als erste klären.

Wichtige Kriterien für eine familiengeeignete Farm:
- Die Gastgeber haben selbst Kinder, die zusammen mit den Wwoof-Kindern betreut werden.
- Der Hof ist gut erreichbar und stellt Ihnen, wenn nötig, ein Fahrzeug für Erledigungen oder Notfälle zur Verfügung.
- Das Gelände ist kindersicher (flach, ohne offene Wasserstellen).
- Es gibt weder schwere Maschinen noch große Tiere auf dem Hof.
- Vom Hof aus kann man telefonieren und eventuell das Internet nutzen.
- Es ist nicht weit bis zum nächsten Arzt oder Kinderkrankenhaus.
- Ihre Unterbringung ist zufriedenstellend (lassen Sie sich Fotos zeigen!), beheizbar, vor Insekten geschützt und groß genug.
- Sie müssen nicht mehr als fünf Stunden täglich und vier Tage in der Woche arbeiten.
- Ihre (älteren) Kinder können auf Wunsch mitarbeiten.
- Sie können Ihr Kind betreuen lassen, wenn Sie beide arbeiten. Oder nur einer von Ihnen muss arbeiten, der andere kann Ihr Kind betreuen.
- Die Verpflegung umfasst kindgerechte Speisen (am besten, eigene Kinder der Hofbesitzer essen mit).
- Es sind noch weitere Wwoof-Familien mit Kindern dort oder schon dort gewesen.
- Sie können Kinderbedarf (Windeln etc.) in der Nähe einkaufen.
- Weder auf dem Hof noch im Haus wird geraucht.

Nach der Reise

Was müssen wir zuerst erledigen, wenn wir zurückkommen?

Mal abgesehen von den üblichen Verrichtungen wie Wohnung lüften, Wäsche waschen, sich bei Freunden zurückmelden und seufzen, wie kalt und grau es doch in Deutschland ist?

- **Arbeitsamt:** Haben Sie sich vor Ihrer Reise arbeitslos gemeldet (→ *Arbeitslosengeld I: Was muss ich beachten, wenn ich für die Reiseauszeit meinen Job kündigen will?*, Seite 58) und Ihren Anspruch auf Arbeitslosengeld feststellen lassen, können Sie sich direkt nach Ihrer Rückkehr bei der Arbeitsagentur melden und Ihren Status als arbeitssuchend bestätigen. Tun Sie das möglichst schnell, denn ab dem Tag Ihrer Meldung erhalten Sie die Arbeitslosengeldzahlungen. Von diesem Tag an sind Sie auch automatisch gesetzlich krankenversichert und Ihre familienversicherten Kinder gleich mit.

- **Krankenversicherung:** Sind Sie nicht arbeitslos, sollten Sie sich ebenfalls so schnell wie möglich bei Ihrer Krankenkasse melden und entweder die auf ruhend gestellte Versicherung wieder aufleben lassen oder – falls Sie gekündigt hatten – eine neue Krankenversicherung abschließen.

- **Wohnsitz:** Einen vor der Reise abgemeldeten Wohnsitz sollten Sie ebenfalls binnen einer Woche wieder anmelden, um die Berechtigung für das Kindergeld wieder zu erhalten und ein Girokonto eröffnen zu können.

- **Kita und Schule:** Mit gemeldetem Wohnsitz können Sie sich auf die Suche nach einem Kitaplatz machen oder Ihr Kind in der Schule anmelden. Dafür gibt es feste Fristen, die Sie einhalten sollten – vor allem, wenn Sie Ihr Kind an einer Wunschschule anmelden wollen.

- **Steuererklärung:** Ein wenig mehr Zeit können Sie sich für Ihre Steuererklärung lassen, sofern Sie keine Frist einhalten mussten. Während Ihrer Reise hatten Sie fast kein Einkommen und das kann dazu führen, dass Sie eine Steuerrückzahlung erhalten.

Trotz aller Behördengänge sollten Sie versuchen, sich so viel Zeit wie möglich für das Ankommen zu lassen. Nicht selten erleidet man nach der Rückkehr von einer langen Reise erst einmal einen „umgekehrten Kulturschock". Lassen Sie sich Zeit, treten Sie Ihre Arbeit nicht gleich am nächsten Tag wieder an und widerstehen Sie auch der Versuchung, alle Freunde und Bekannten auf einmal zu sich einzuladen.

Soll ich mich nach der Reise arbeitslos melden?

Wenn Sie schon vor Ihrer Abreise gekündigt haben, ist es fast immer besser, wenn Sie sich sofort arbeitssuchend melden. So sichern Sie sich Ihren Anspruch auf Arbeitslosengeld auch über mehrere Jahre (→ *Arbeitslosengeld I: Was muss ich beachten, wenn ich für die Reiseauszeit meinen Job kündigen will?*, Seite 58).

Nach Ihrer Rückkehr geben Sie dann möglichst noch in der ersten Woche der Arbeitsagentur Bescheid, dass Sie wieder zu Hause sind und dem Arbeitsmarkt nun zur Verfügung stehen. Dann können Sie schnell mit der ersten Auszahlung von Arbeitslosengeld rechnen.

> **●● ACHTUNG**
>
> Für den Anspruch auf Arbeitslosengeld gilt der Tag der Beantragung, nicht der Tag Ihrer Kündigung oder Ihrer Rückkehr!

Wann sollte ich mit der Suche nach einem neuen Job beginnen?

Lassen Sie sich nicht zu viel Zeit, um wieder einzusteigen, auch wenn Sie durch ein finanzielles Polster für einige Monate abgesichert sind. Sobald Sie sich wieder an Ihrem Wohnort angemeldet und eine Wohnung bezogen haben, sollten Sie Bewerbungen versenden oder sich beim Arbeitsamt als arbeitssuchend registrieren.

Idealerweise haben Sie schon vor der Reise die Lage auf dem Arbeitsmarkt sondiert und ein Profil in einer Jobbörse (zum Beispiel Xing oder LinkedIn) erstellt. Lassen Sie die Zeit für sich arbeiten, während Sie reisen. Vielleicht werden Sie von einem Headhunter gefunden und müssen sich gar nicht um die Stellensuche kümmern.

Ich habe meine Krankenversicherung gekündigt. Nimmt sie mich nach der Reise wieder auf?

Seit 2007 ist jede gesetzliche Krankenkasse verpflichtet, jeden Versicherungspflichtigen, der zuletzt gesetzlich versichert war, aufzunehmen. Sie brauchen also keine Bestätigung Ihrer Krankenkasse für eine Wiederaufnahme nach Ihrer Rückkehr.

Ein Antrag auf eine neue Mitgliedschaft braucht etwa eine Woche Bearbeitungszeit. Als Nachweis, ab wann Sie sich wieder in Deutschland aufhalten, genügt in der Regel das letzte Flugticket.

TIPP

Wer auf Nummer sicher gehen will, der kann eine Vertrauensperson zu Hause mit einer Vorsorgevollmacht (→ *Müssen wir jemandem zu Hause Vollmachten erteilen – und wenn ja, wofür?*, Seite 131) ausstatten. Damit kann diese Person dann auch, wenn man etwa schwerkrank oder verletzt zurück nach Deutschland kommt, eine Anmeldung beim Einwohnermeldeamt und gleich darauf bei der Krankenkasse vornehmen. Gute Auslandsreisekrankenversicherungen übernehmen die Anschlussbehandlungskosten nach einer Rückkehr in die Heimat.

INFO

Vorher privat Versicherte können mindestens einen Basistarif bei einer privaten Krankenversicherung abschließen, der nicht teurer sein darf als eine gesetzliche Versicherung.

Anhang

DETAILLIERTES FRAGENVERZEICHNIS

FAMILIENBUDGETS

Ein Jahr Weltreise mit vier schulpflichtigen Kindern

Familie Conradi: zwei Erwachsene, vier Kinder zwischen sieben und elf Jahren

Reisedauer: ein Jahr

Reisezeit: April 2015 bis März 2016

Bereiste Länder: Südafrika (1 Monat) – Namibia (1 Monat) – Qatar (3 Tage) – Sri Lanka (1 Monat) – Malaysia (2 Monate) – Singapur (2 Wochen) – Australien (2 Monate) – Neuseeland (2 Monate) – Chile (2 Monate) – Mexiko (1 Monat)

Günstigstes Reiseland: Asien ist natürlich am günstigsten. Meistens findet man sehr preiswerte Unterkünfte. Wir haben immer nur für uns Erwachsene bezahlt, die Kinder haben mit Isomatten auf dem Boden umsonst geschlafen. Allerdings ist der Standard dann schon sehr niedrig und man sollte nicht empfindlich sein. In Hostels werden Kinder voll berechnet, deshalb kam das für uns finanziell meistens nicht in Frage.

Teuerstes Reiseland: Die anderen Länder haben für uns finanziell keinen großen Unterschied gemacht. Sobald man irgendwo länger ist, wird es billiger, weil man Leute kennenlernt und gute Tipps bekommt. Wir haben in den Fällen immer kostenlos bei Familien wohnen können.

Budget: Wir hatten kein festes Budget. Versuchen wollten wir, mit etwa 75.000 Euro hinzukommen. Das wären pro Person etwa 1.000 Euro pro Monat gewesen, inklusive Flugtickets. Insgesamt sind es dann eher 90.000 bis 95.000 Euro geworden. Das sind pro Person etwa 1.300 Euro pro Monat, also etwa 44 Euro pro Person pro Tag.

Tatsächliche Reisekosten:

Flüge: insgesamt 27.800 Euro
- Oneworld Round-the-World-Ticket plus Extraflüge (Johannesburg – Port Elizabeth und Windhoek – Johannesburg) für insgesamt 25.800 Euro
- in Chile: Punta Arenas – Santiago und Santiago – Calama – Santiago ca. 2.000 Euro

Mietwagen: insgesamt 17.300 Euro, plus Autokauf
- Afrika: Port Elizabeth – Kapstadt 1.550 Euro, Kapstadt – Windhoek 3.700 Euro
- Sri Lanka (Mietwagen mit Fahrer/Reiseleiter): 2.250 Euro
- Malaysia: Penang – Johor Bharu 450 Euro, Johor Bharu – Kuala Lumpur 1.450 Euro
- Neuseeland (Campervan): Christchurch – Auckland 7.200 Euro
- Chile: Calama – San Pedro – Calama 1.200 Euro
- Mexiko: Cancun – Yucatan 1.500 Euro
- Australien (Autokauf): 3.000 Euro (Differenz zwischen Kauf- und Verkaufssumme)

Unterkünfte: insgesamt etwa 22.350 Euro. In fast jedem Land sind wir zwischendurch auch kostenlos untergekommen.
- Südafrika: Camping und andere Unterkünfte, ca. 3.000 Euro
- Namibia: oft Camping, ca. 1.500 Euro
- Doha: teures Hotel in letzter Minute wegen Airbnb-Stornierung, ca. 500 Euro
- Sri Lanka: Hotels, oft mit Mahlzeiten, ca. 2.500 Euro
- Malaysia: 2.000 Euro
- Singapur: 1.000 Euro
- Australien: 4.500 Euro
- Neuseeland: Häuser/Apartments ca. 1.300 Euro, Campingplätze alle drei bis vier Tage 1.250 Euro
- Chile: ca. 1.800 Euro
- Mexiko: ca. 3.000 Euro

Verpflegung: insgesamt etwa 9.500 Euro. Genauer kann ich diesen Posten nicht mehr aufschlüsseln. Wir haben, so oft es ging, selbst gekocht (Campingkocher oder eigene Küche), also keine höheren Kosten als zu Hause. In Sri Lanka und Malaysia haben wir sehr günstiges *street food* gegessen, etwa 30 Euro/Tag.

Ausgaben vor der Reise: insgesamt etwa 10.000 Euro
- Versicherungen (Reiserücktritt, Krankenversicherung): ca. 2.000 Euro
- Visa (Bearbeitung durch Reisebüro): 665 Euro
- zwei Ultraleichtzelte, sechs Ultraleichtschlafsäcke und Isomatten: ca. 3.600 Euro
- Moskitonetze: ca. 250 Euro
- Seideninlets mit Moskitoschutz: ca. 360 Euro
- kleiner Fotoapparat: ca. 500 Euro
- GoPro: ca. 200 Euro
- zwei Notebooks: ca. 2.000 Euro
- Kleinigkeiten (Adapter etc.): ca. 300 Euro

Gab es finanzielle Probleme unterwegs? Da wir vor der Reise genug Geld gespart hatten, gab es keine finanziellen Probleme unterwegs. Allerdings waren manche Sachen deutlich teurer, als wir es vorher erwartet hätten. In Doha hatten wir fest mit der Airbnb-Unterkunft gerechnet. In allen Hostels waren wir sehr überrascht, dass es nicht möglich war, unsere Kinder umsonst/günstiger übernachten zu lassen. Jeder benötigt ein eigenes Bett und dieses muss natürlich voll bezahlt werden. Da waren alle Hotels etc. flexibler und entgegenkommender.

Öffentliche Verkehrsmittel sind mit so vielen Personen und Gepäck auch nicht günstiger, als ein Auto zu mieten oder zu kaufen. Das Wetter hat in Australien und Neuseeland leider nicht so gut mitgespielt, es war zum Zelten oft zu kalt, dadurch wurde es deutlich teurer. Außerdem hatten wir einige Arzt- und Krankenhausbesuche; wie viel davon die Reiseversicherung übernimmt, wird sich noch zeigen.

Was würdet ihr beim nächsten Mal anders machen? Je flexibler und freier man ist, umso besser. Wir würden beim nächsten Mal nicht mehr so viele verschiedene Länder in so kurze Zeit packen. Die Möglichkeit, durch längere Aufenthalte Geld zu sparen, hatten wir so nur selten. Oft hätten wir kostenlos bei Leuten unterkommen können oder von ihnen andere Unterkünfte oder Aktivitäten günstig vermittelt bekommen. Aber unser Zeitplan war so straff …

Wir hätten auch viel Gepäck sparen können, wenn wir uns auf eine Klimazone beschränkt hätten.

Seit unserer Rückkehr sind wir dabei, uns neu zu orientieren. Wir sind in die Schweiz umgezogen, haben unsere vier Kinder aus der Schule genommen und sind auf dem Weg zum Freilernen!

> **•• TIPP**
>
> Von ihrer Reise berichtet Familie Conradi auf dem Blog *In 365 Tagen um die Welt* (96).

Sieben Monate Auszeit in Nord- und Mittelamerika mit zwei Kindern

Familie Frank: zwei Erwachsene, zwei Kinder – fünf und drei Jahre

Reisedauer: sieben Monate

Reisezeit: November 2015 bis Juni 2016

Bereiste Länder: Mexiko (vier Monate) und USA (drei Monate, davon fünf Wochen auf Hawaii, danach im Wohnmobil durch den Westen)

Günstigstes Reiseland: Mexiko, außerhalb von Yucatan

Teuerstes Reiseziel: Hawaii

Budget: 50.000 Euro, tatsächlich waren es dann etwa 60.000 Euro; das sind etwa 2.100 Euro pro Person im Monat bzw. 41 Euro pro Person und Tag

Tatsächliche Reisekosten:

Flüge: insgesamt etwa 6.000 Euro
- Hinflug nach Cancun
- Rückflug von San Francisco
- Flug vom Festland auf Baja California
- Los Angeles – Hawaii
- 3 inner-hawaiianische Flüge
- Hawaii – Los Angeles

Campervan (Frühbucher- und Langzeitrabatt): 105 Euro/Tag

Mietwagen:
- Mexiko: 50 bis 60 Euro/Tag plus 300 bis 500 Euro Einweggebühren pro Strecke
- Hawaii und Los Angeles: ca. 35 Euro/Tag

Unterkünfte:
- Mexiko: 50 bis 80 Euro/Nacht

- Hawaii: ca. 110 Euro/Nacht (Geheimtipp: Airbnb!)
- USA Festland: Campingplätze durchschnittlich 30 Euro/Nacht

Verpflegung:
- Mexiko: 50 bis 60 Euro/Tag (fast ohne Selbstverpflegung)
- USA: mindestens 100 Euro/Tag (trotz teilweiser Selbstverpflegung)

Gab es finanzielle Probleme unterwegs? Es war schwierig, bezahlbares Essen auf Hawaii zu finden (horrende Supermarktpreise) und die gigantischen Trinkgelderwartungen von 15 bis 20 Prozent in den USA haben genervt.

Was würdet ihr beim nächsten Mal anders machen? Wir würden nichts anders machen, höchstens weniger Gepäck mitnehmen.

●● TIPP

Von dieser und anderen Reisen mit ihrer Familie berichtet Susanne Frank auf ihrem Blog *Kidsontheroad* (97).

3,5 Monate Elternzeitreise mit Baby durch Südostasien und Ozeanien

Familie Gebhard: zwei Erwachsene, ein Baby

Reisedauer: 3,5 Monate

Reisezeit: Oktober 2014 bis Januar 2015

Bereiste Länder: Singapur (5 Tage) – Australien (1,5 Monate) – Neuseeland (1,5 Monate) – Thailand (12 Tage)
Insgesamt 108 Tage

Günstigstes Reiseland: Thailand (nur relativ, da wir zum Entspannen ein touristisches Gebiet gewählt haben)

Teuerstes Reiseland: Neuseeland (Hauptsaison)

Budget: 22.500 Euro, tatsächlich ausgegeben: 25.000 Euro; das sind etwa 77 Euro Tagesbudget pro Person

Tatsächliche Reisekosten:

Flüge:
- Anreise Flughafen (Bahn Hamburg – Berlin): 96 Euro
- Langstreckenflüge (Paketbuchung): 1.665 Euro/Erwachsene, 1.364 Euro/Kind, Airline-Insolvenzversicherung 14,70 Euro
- Inlandsflüge (Melbourne – Cairns, Bangkok – Phuket): 625 Euro

Unterkünfte:
- Hotels: 2.644 Euro
- Campingplätze: 690 Euro (Australien), 590 Euro (Neuseeland)

Campervan:
- Australien; 3.159 Euro + 464 Euro (Tanken, Parken, Maut)
- Neuseeland: 5.313 Euro + 555 Euro (Tanken, Parken)

Verpflegung: ca. 3.800 Euro

Sonstige Ausgaben unterwegs: insgesamt 4.420 Euro

Ausgaben vor der Reise:
Krankenversicherung: 396 Euro
Wir hatten schon ein Jahr im Voraus geplant, Campervan und
Flüge gebucht. So konnten wir die finanzielle Belastung weit
strecken.

Gab es finanzielle Probleme unterwegs? Eigentlich war alles im
Rahmen. Die Preise für Ausflüge in Australien haben uns stark
beeindruckt. Egal, was man machen wollte, 200 AUD pro Person
schienen normal. Da haben wir auch einiges bewusst nicht
gemacht.

Was würdet ihr beim nächsten Mal anders machen?
- Den Campervan noch zeitiger buchen, noch mehr Anbieter
  vergleichen und die All-inclusive-Pakete genauer unter die
  Lupe nehmen. Ich bin sicher, dass wir hier viel zu viel bezahlt
  haben.
- Weniger essen gehen und mehr selbst kochen.

Zurückblickend ist das Geld aber eigentlich nebensächlich. Wie
sagt man so schön: Es ist meist nicht das Geld, sondern der
fehlende Mut, der einen vom Reisen abhält!

●● T I P P

Von dieser und vielen anderen Reisen mit ihrem Baby berichten
David und Eva auf ihrem Blog *Unterwegs bleiben* (98).

30.000 km auf der Straße: mit zwei schulpflichtigen Kindern zehn Monate durch Europa

Familie Hahn: zwei Erwachsene, zwei Kinder – acht und zehn Jahre

Reisedauer: 298 Tage/zehn Monate

Reisezeit: September 2014 bis Juni 2015

Bereiste Länder: Österreich – Slowenien – Kroatien – Ungarn – Rumänien – Serbien – Bosnien-Herzegowina – Montenegro – Kosovo – Mazedonien – Bulgarien – Türkei – Griechenland – Albanien – Italien (inklusive Sizilien) – Spanien – Portugal – Frankreich (inklusive Korsika)

Günstigstes Reiseland: Balkanländer

Teuerstes Reiseland: Frankreich (Korsika)

Budget: geplantes Familien-Tagesbudget 100 bis 115 Euro, tatsächliches Tagesbudget durchschnittlich 111 Euro, insgesamt 33.383 Euro

Tatsächliche Reisekosten:

Auto: insgesamt 6.900 Euro (VW Touran, 8 Jahre alt, 6 l Diesel pro 100 km, inklusive Wertverlust, Steuern, Versicherung, Wartung und Instandhaltung), davon:
- Sprit:1.981 Euro
- Parkgebühren: 367 Euro

Insgesamt machte der Transport etwa 30 Prozent unserer Ausgaben aus.

Fähren, Maut, öffentliche Verkehrsmittel: ca. 1.900 Euro
Unterkünfte: insgesamt 8.500 Euro (meistens Ferienwohnungen, selten Hotels)
- Balkan: ca. 35 Euro/Nacht
- Westeuropa: ca. 50 Euro/Nacht und mehr
- etwa 25 Prozent der Übernachtungen über Couchsurfing

Verpflegung: insgesamt 7.300 Euro, davon 2.500 Euro Restaurant. Insgesamt 25 Prozent der Gesamtausgaben.

Sonstiges:
- Gastgeschenke für Couchsurfing: 470 Euro
- Eintrittsgelder: 1.200 Euro
- Schule für die Kinder: 1.500 Euro Schulgebühren für Fernschule, 300 Euro Büchergeld

Gab es finanzielle Probleme unterwegs? Nein. Im Gegenteil: Als zwei Monate vor unserer Rückkehr ein Arbeitsangebot über ein Jobportal hereinkam, war die Zeit nach unserer Rückkehr auf einmal schon abgesichert und wir brauchten unseren dafür angesparten Notgroschen nicht mehr. In Westeuropa gönnten wir uns daher etwas mehr.

Was würdet ihr beim nächsten Mal anders machen?
- Man könnte die Fahrtkosten durch bessere Routenplanung optimieren, aber eigentlich würden wir alles noch einmal genauso machen.
- „Der einfachste Weg, Geld zu haben, ist, es nicht auszugeben" – auf diese Weise sind wir zu unseren Ersparnissen gekommen. „Man kann jeden Euro nur einmal ausgeben"– also haben wir aufmerksam über unsere Ausgaben gewacht. Aber das Beste, was man sich für Geld kaufen kann, sind Erinnerungen. Und das waren die sinnvollsten 34.000 Euro, die wir je investiert haben!

●● TIPP

Von ihrem Roadtrip und vielen anderen Reisen durch Europa berichtet Lena Marie auf ihrem Blog *Family4travel* (99).

Fünf Wochen durch Thailand mit zwei Kleinkindern

Familie Lazrak: zwei Erwachsene, zwei Kleinkinder, ein Bauchbaby

Reisedauer: fünf Wochen

Reisezeit: März bis April 2016

Bereiste Länder: Thailand: Bangkok – Ayutthaya – Chiang Mai – Pai – Koh Chang – Koh Mak – Chanthaburi – Bangkok

Budget: Wir haben nichts extra angespart und insgesamt 4.645 Euro ausgegeben. Das sind etwa 33 Euro pro Tag und Person.

Tatsächliche Reisekosten:

Flüge: 1.800 Euro (Düsseldorf – Bangkok, über Dubai)

Unterkünfte (fast immer inklusive Frühstück): insgesamt 1.515 Euro, durchschnittlich 38 Euro/Nacht (in Bangkok deutlich teurer!).

Wir schlafen meist zu viert in einem Bett, daher brauchten wir keine teuren Aufbettungen.

Transport: insgesamt 490 Euro, durchschnittlich 14 Euro/Tag, vor allem für Zug (Langstrecken), Fähren und Speedboats, Taxis und Tuktuks; plus 70 Euro Motorroller/10 Tage

Verpflegung: insgesamt 455 Euro, durchschnittlich 13 Euro/Tag.

Wir essen kein Fleisch und keinen Fisch und trinken keinen Alkohol; teuer waren allerdings die vielen frischen Säfte.

Aktivitäten und Wellness: insgesamt 315 Euro (für Eintritte, Elefantencamp, Massagen usw.)

Gab es finanzielle Probleme unterwegs? Nein.

Was würdet ihr beim nächsten Mal anders machen? Da ich im 7. Monat schwanger war, haben wir uns dieses Mal den Luxus eines Privattaxis gegönnt. Sonst wären die Transportkosten deutlich niedriger geworden. Auch der vergleichsweise lange Aufenthalt in Bangkok (5 Tage) hat ziemlich reingehauen. Aber man gönnt sich ja sonst nichts!

●● TIPP

Von dieser und anderen Reisen nach Südostasien mit ihren Kindern berichtet Nicole auf ihrem Blog *Ilyanikaaufreisen* ⑩.

▲ Familie Lazrak
▼ Familie Frank 

▲ Familie Conradi
▼ Familie Hahn

▲ Familie Gebhardt

NÜTZLICHE WEBSEITEN UND APPS

Reiseplanung und -vorbereitung

Arriver
Übersichtliche, knapp dargestellte Einreisebestimmungen für Menschen jeder Nationalität und jedes Land, immer aktuell, basierend auf Daten der IATA (Internationale Luftverkehrsvereinigung) (*www.arriver.info* ①)

Auswärtiges Amt
Einreisebestimmungen und Gesundheitsinformationen für jedes Land, aktuelle Reisewarnungen (*www.auswaertiges-amt.de* ②)

Carsharing
Das eigene Auto gegen Geld an andere vermieten
(*www.tamyca.de* ③, *www.drivy.de* ④)

Google Maps
Karten, auch offline nutzbar (*www.maps.google.de* ⑤)

KidsAway
Onlineratgeber zum Reisen mit Baby und Kind
(*www.kidsaway.de* ⑥)

Numbeo
Lebenshaltungskosten in vielen Ländern und Städten detailliert aufgeschlüsselt (*www.numbeo.com* ⑦)

Onlinemarktplätze
Verkaufen von überflüssigem Besitz vor der Reise
(*www.markt.de* ⑧, *www.ebay.de* ⑨)

Onlinevermietungsportale
Die eigene Wohnung für Zwischenmieter anbieten
(*www.wg-gesucht.de* ⑩, *www.studenten-wg.de* ⑪,
www.wohngemeinschaft.de ⑫)

Onlineholidays
Internationale Einreisebestimmungen für Haustiere
(*www.onlineholidays.de* (13))

Plansify
Erfahrene Reisende aus aller Welt geben konkrete Ratschläge per
E-Mail oder Skype (*www.plansify.com* (14))

Reisevollmachten
Vorlagen für Reisevollmachten (Deutsch und Englisch) zum
Ausdrucken
(*www.kidsaway.de/checklisten-packlisten-vollmachten* (15))

Reissaus! family
Auf Familien-Weltreisen spezialisiertes Reisebüro, das telefonisch
und per E-Mail berät (*www.weltreisemitkind.de* (16))

Rundfunkbeitrag
Staatlichen Rundfunkbeitrag („GEZ") abmelden (17)

Strandbewertungen
Nutzerbewertungen und Fotos vieler Strände weltweit
(*www.strandbewertung.de* (18))

Toshl
Budgetplaner-App für iOS, Android und Desktop, kostenlos
(*www.toshl.com/de* (19))

Travelfish
Onlinereiseführer für Asien (*www.travelfish.org* (20))

TripAdvisor
Onlineportal mit Millionen Nutzertipps und Bewertungen für
alles auf Reisen, von Unterkünften über Restaurants bis Aktivitäten, leider etwas unübersichtlich (*www.tripadvisor.de* (21))

Verkehrsclub Deutschland
Nachbarschaftsauto-Mietvertrag zum Vermieten des eigenen
Autos an Fremde
(*www.vcd.org/themen/auto-umwelt/carsharing* (22))

Visamapper
Weltkarte mit Einreisebestimmungen für Deutsche, Österreicher und Schweizer (*www.visamapper.com* (23))

Wikitravel
Onlinereiseführer für fast alle Länder der Welt (*www.wikitravel.org* (24))

Workandtravel
Informationen zum Working-Holiday-Visum (*www.work-and-travel.co* (25))

Kindergeld, Elterngeld, Schule und Schulfreistellung

Clonlara
Internationale Fernschule, die auf Homeschooler spezialisiert ist, ansässig in den USA (*www.clonlara.de* (26))

Deutsche Fernschule
Empfohlen vom Auswärtigen Amt für Grundschüler (*www.deutsche-fernschule.de* (27))

Elterngeld
Informationen und Beratung rund ums Elterngeld plus Antragsservice (*www.elterngeld.net* (28))

Familien-Wegweiser
Fragen rund ums Kindergeld (*www.familien-wegweiser.de* (29))

Institut für Lernsysteme (ILS)
Für Schüler ab der 5. Klasse (*www.ils.de* (30))

Ortsdienst
Schulämter und Schulbehörden in Deutschland (*www.ortsdienst.de/schulamt* (31))

Gesundheit

CRM
Informationen zur Kostenübernahme von Reiseimpfungen der deutschen Krankenversicherer (32)

Die-Reisemedizin
Übersichtskarte mit Impfempfehlungen und Malariaverbreitung (*www.die-reisemedizin.de/reiseziele/weltkarte.html* (33))

DTG
Liste reisemedizinischer Institutionen in Deutschland (*www.dtg.org/institut.html* (34))

Flüge

Error Fare Alarm
E-Mail-Benachrichtigung bei Error Fares (*www.errorfarealerts.com* (35))

Flystein
(Englischsprachige) Flugexperten stellen individuelle Flüge nach Vorgaben zusammen und kassieren ihre Prämie nur, wenn sie einen realen Flugpreis um mehr als 50 US-Dollar unterbieten können (*www.flystein.com* (36))

Kayak
Flugvergleichsportal mit flexiblen Suchoptionen (*www.kayak.de* (37))

Momondo
Flug-Übersichtsportal, gut zum Buchen von Gabelflügen und Flügen mit mehreren Zwischenstopps (*www.momondo.de* (38))

Seatguru
Unter Eingabe der Flugnummer kann man das Layout jedes Flugzeugs sehen und die besten Sitzplätze auswählen (*www.seatguru.com* (39))

Skyscanner
Flug-Übersichtsportal mit sehr flexibler Suche
(*www.skyscanner.de* (40))

Sleeping in airports
Flughäfen weltweit bewertet nach ihrer Eignung zum Übernachten
(*www.sleepinginairports.net* (41))

Telefonnummer-Airlines
Rufnummern aller Fluggesellschaften
(*www.telefonnummer-airlines.de* (42))

TSbot
Übersicht über Bonus- und Prämienprogramme der Fluggesellschaften (*www.tsbot.de* (43))

TÜV Rheinland
Liste der Autokindersitze mit dem TÜV-Siegel *„for use in
aircraft"* (44)

Wikitravel
Round-the-World-Ticket-Übersicht (45)

Transport

Camperboerse
Online-Buchungsportal für Wohnmobile in USA, Kanada,
Südafrika, Australien und Neuseeland
(*www.camperboerse.de* (46))

Cruisesheet
Suchmaschine für Kreuzfahrten (*www.cruisesheet.com* (47))

Fähren-Service
Internationale Fährverbindungen (*www.faehren-service.de* (48))

Happycar
Metasuchmaschine für Mietwagen weltweit
(*www.happycar.de* (49))

I hate Taxis
Wie kommt man vom Flughafen ohne Taxi in die Stadt?
(*www.ihatetaxis.com* (50))

Kidsoncruise
Infoportal für Familien-Kreuzfahrten (*www.kidsoncruise.de* (51))

Mietwagen
Mietwagenvermittler-Plattformen, Buchungen sind bis 24 Stunden
vorher kostenlos stornierbar
(*www.autoeurope.de* (52), *www.billiger-mietwagen.de* (53))

Pangaeacargo
Wohnmobilverschiffung weltweit (*www.pangaeacargo.com* (54))

Rome 2 Rio
Weltweiter Routenplaner für Nicht-Flugreisen
(*www.rome2rio.com/de* (55))

Seabridge-Tours
Wohnmobilverschiffung weltweit (*www.seabridge-tours.de* (56))

Seat61
Alles, was man über Bahnreisen in der ganzen Welt wissen muss,
mit detaillierten Fahrplänen, Kosten und Streckenübersichten
(*www.seat61.com* (57))

Unterkünfte

Agoda
Hotels vor allem in Asien (englisch) (*www.agoda.com* (58))

Airbnb
Mitwohnangebote weltweit (deutsch und englisch)
(*www.airbnb.de* (59))

All the rooms
Metasuchmaschine für Hotels, inklusive Agoda, Booking.com,
Airbnb, Hostelworld (*www.alltherooms.com* (60))

Bewelcome
Non-Profit-Gastgeberdienst mit über 60.000 Mitgliedern und eigener Familiengruppe (*www.bewelcome.org* (61))

Booking.com
Hotels, Ferienwohnungen, Apartments etc. weltweit (*www.booking.com* (62))

Couchsurfing
Größtes Gastgeber-Portal mit 9 Mio. Mitgliedern weltweit und eigener Familiengruppe, App für Android und iPhone (*www.couchsurfing.com* (63))

Fewo-direkt
Ferienwohnungen und -häuser weltweit, von privat und über Agenturen (*www.fewo-direkt.de* (64))

Haustausch
Kostenlos das eigene Haus gegen ein anderes tauschen (*www.haustauschferien.com* (65), *www.homelink.de* (66))

HI Hostels
Buchungsportal für alle Jugendherbergen, die Mitglied im HI sind (deutsch und englisch) (*www.hihostels.com* (67))

Hometogo
Metasuchmaschine für Ferienwohnungen weltweit, über 250 Plattformen (*www.hometogo.de* (68))

Hospitalityclub
Größter deutscher Gastgeberdienst (*www.hospitalityclub.org* (69))

Hostelbookers
Buchungsportal für privat betriebene Hostels (*www.hostelbookers.com* (70))

Hostelworld
Buchungsportal für private Hostels mit garantierter Buchungsbe-
stätigung (*www.german.hostelworld.com* (71))

Hotels combined
Metasuchmaschine für Hotels, inklusive Booking.com,
Hotels.com, Expedia.de, Hotel.de usw.
(*www.hotelscombined.com* (72))

Sleepout
Mitwohnen in Afrika, Nahost und Indischer Ozean (englisch)
(*www.sleepout.com* (73))

Travelmob
Mitwohnen im asiatischen Raum
(*www.travelmob.com* (74))

Wimdu
Größtes Mitwohnportal Europas, viele Angebote in Deutschland
(*www.wimdu.de* (75))

Arbeit gegen Kost und Logis

Helpx
Tauschnetzwerk wie Wwoof, aber nicht auf Bio-Höfe beschränkt
und weniger organisiert (*www.helpx.net* (76))

Workaway
Freiwilligenarbeit gegen Kost und Logis weltweit, mehr als
10.000 Gastgeber (deutsch/englisch) (*www.workaway.info* (77))

Wwoof
Arbeit auf Biohöfen; Links zu den einzelnen Landesorganisationen
(*www.wwoof.net* (78)), Informationen und Links zu allen nicht
unter Wwoof organisierten Ländern
(*www.wwoofindependents.org* (79))

Haushüten

Housecarers
Haushüterplattform für Europa, Nordamerika, Australien und Neuseeland, Jahresmitgliedschaft 50 US-Dollar (*www.housecarers.com* 80)

Mindmyhouse
Weltweite Haushüterplattform, Jahresmitgliedschaft 20 US-Dollar (englisch) (*www.mindmyhouse.com* 81)

Trustedhousesitters
Weltweite Housesitting-Plattform, Fokus auf Haustier-Sitting (englisch) (*www.trustedhousesitters.com*) 82)

Praktisches unterwegs

Hotspot Locations
Datenbank für kostenlose Wifi-Hotspots (englisch) (*www.hotspot-locations.com* 83)

iGraal
Online-Bonusportal zur Nutzung von Cashbacks und anderen Vergünstigungen bei Onlinekäufen (*www.igraal.com* 84)

Payback
Bonussystem fürs Onlineshopping und reales Einkaufen bei vielen großen Unternehmen, Punkte können gegen Geld oder Gutscheine eingetauscht werden (*www.payback.de* 85)

Prepaid SIM Wiki
Übersicht über Datentarife von Prepaidkarten in vielen Ländern 86

Skype
(Video-)Telefonieren und Chatten, kostenlos über Internet, nach Preisplänen auch mit Telefonnummern (*www.skype.com* 87)

SpeedVPN
App für sicheres Internet unterwegs, für iOS und Android, kostenlos (englisch) (*www.speedvpn.us* (88))

WhatsApp
App zum Chatten, Telefonieren, Bilder und Sprachnachrichten verschicken über Internet, für iOS, Android und Windows Phone, kostenlos (*www.whatsapp.com* (89))

Zum Weiterlesen: Familienreiseblogs

Backpacker-Kids
Weltreisebericht einer Familie mit drei Kindern, zwei schulpflichtig (*www.backpacker-kids.com* (90))

Freileben
Reiseblog einer Aussteigerin, die allein mit ihrem Sohn fast ohne Geld um die Welt reist (*www.freileben.net* (91))

Going anyway
Reiseblog einer australischen Familie mit fünf Kindern, eines davon schwerstbehindert (englisch) (*www.goinganyway.net* (92))

Sechs Paar Schuhe
Weltreiseblog einer norwegisch-deutschen Familie mit vier Kindern, zwei davon schulpflichtig
(*www.sechspaarschuhe.de* (93))

Unterwegs mit Kind
Eine Single-Mama bloggt über Nah- und Fernreisen mit ihrem Sohn (*www.unterwegsmitkind.com* (94))

Weltwunderer
Reiseblog der Autorin dieses Buches über Fernreisen mit Kindern nach Neuseeland und Japan (*www.weltwunderer.de* (95))

VORLAGEN, VOLLMACHTEN, CHECKLISTEN

Muster: Vollmacht für Kontaktperson daheim

Der/Die unterzeichnete [Name, Geburtsdatum einfügen], [Adresse einfügen] *ernennt* [Name, Geburtsdatum einfügen], [Adresse einfügen] *zu seinem/seiner Generalbevollmächtigten in allen seinen/ihren Angelegenheiten, in denen eine rechtsgeschäftliche Vertretung möglich ist.*

Der/Die Bevollmächtigte ist kraft dieser Vollmacht befugt, den/die Vollmachtgeber/in vor allen Behörden der Verwaltung und der streitigen und nichtstreitigen Gerichtsbarkeit sowie auch Privatpersonen gegenüber rechtsgültig zu vertreten, mit der Wirkung, dass der/die Vollmachtgeber/in in gleicher Weise berechtigt und verpflichtet wird, wie wenn er/sie selbst gehandelt hätte.

Der/Die Bevollmächtigte wird ermächtigt, alle erforderlichen Auskünfte einzuholen und in sämtliche Akten Einsicht zu nehmen. Der/Die Vollmachtgeber/in entbindet Personen, die einem Amts- oder Berufsgeheimnis unterliegen, zugunsten des/der Bevollmächtigten von der Schweigepflicht.

Insbesondere ist der/die Bevollmächtigte ermächtigt, im Namen des Vollmachtgebers/der Vollmachtgeberin alle Arten von Rechtsgeschäften und Rechtshandlungen vorzunehmen, die dabei erforderlichen Formalitäten, wie öffentliche Beurkundungen von Rechtsgeschäften, Gelder, Wertschriften und andere Vermögenswerte in Empfang zu nehmen und dafür rechtsgültig zu quittieren, nötigenfalls auch Verpflichtungen irgendwelcher Art anzunehmen, verbindliche Erklärungen abzugeben, Zahlungen entgegenzunehmen oder zu leisten, Postsendungen aller Art entgegenzunehmen, Steuererklärungen abzugeben, Rekurse gegen Steuereinschätzungen zu erheben oder solche anzuerkennen.

Der/Die Bevollmächtige ist befugt, in seinem/ihrem Namen und auf seine/ihre Verantwortung einen Stellvertreter mit der Ausübung der Befugnisse aus dieser Vollmacht zu betrauen.

Der/Die Vollmachtgeber/in anerkennt hiermit alle gestützt auf diese Generalvollmacht vorgenommenen Rechtshandlungen und Rechtsgeschäfte des/der Bevollmächtigten oder seiner/ihrer Vertretung als für ihn/sie jederzeit rechtsverbindlich und verpflichtet sich zum Ersatz der entstehenden Kosten.

Diese Vollmacht gilt bis zum [Datum der Rückkehr einsetzen] *oder auf Widerruf. Sie gilt ausdrücklich auch über den Tod des Vollmachtgebers/der Vollmachtgeberin hinaus.*

[Ort, Datum], [Unterschrift Vollmachtgeber/in]

•• TIPP

Diese Vorlage für eine Vollmacht sollten Sie auf Ihre persönlichen Umstände anpassen und vor der Unterzeichnung einem Anwalt zur Prüfung vorlegen – sowohl in Ihrem als auch im Interesse des/der Bevollmächtigten!

Diese Vollmacht sowie weitere nützliche Muster und Vorlagen finden Sie fertig formatiert und zum kostenlosen Herunterladen und Ausdrucken bei *www.kidsaway.de* (15).

Muster: Familienvertrag

Ja, wir tun es!

Wir, die Unterzeichneten, beschließen heute, dass wir gemeinsam eine Reiseauszeit unternehmen wollen. Dafür werden wir bis zum [Datum] *einen Betrag von* [Zahl einsetzen] *ansparen.*

Wir geloben, nicht müde zu werden, nicht aufzugeben und unseren Traum nicht aus den Augen zu verlieren: eine Reise nach [Land, Weltregion oder Ort].

[Unterschriften aller Familienmitglieder], [Ort], [Datum]

●● **TIPP**

Nutzen Sie dieses Muster, um Ihren ganz persönlichen Familienvertrag zu schreiben. Lassen Sie dann alle Familienmitglieder unterschreiben und hängen Sie den Vertrag gut sichtbar in Ihrer Wohnung auf, zum Beispiel an den Kühlschrank. Werden Sie regelmäßig daran erinnert, wofür Sie sparen wollen, geht es leichter von der Hand!

Reisebudget-Rechner

Mit dem KidsAway.de-Reisebudget-Rechner behalten Sie unterwegs Ihr Reisebudget genau im Auge. Es gibt ihn in zwei Versionen: für kürzere Reisen in einem Land und für Langzeitreisen durch viele Länder. Keine Angst: Die Excel-Datenmappen sind vorformatiert, Sie müssen nur Ihr Gesamtbudget, die Reisedauer und Ihre täglichen Ausgaben eintragen.

●● **TIPP**

Beide Varianten können Sie auf *www.kidsaway.de* (15) kostenlos herunterladen.

KidsAway
www.kidsaway.de

heckliste: Fixkosten reduz

or der Reise
- Abonnements, Mitgliedschaften und Verträge
  als Grund für eine außerordentliche Kündigu
- Versicherungen kündigen oder in günstiger
- Festnetzanschluss kündigen (Handy genü
- Rundfunkgebühren kündigen
- Handyvertrag nachverhandeln (klappt v
- Kabelanschluss kündigen (Mediatheke
- Energieversorger oder Versorgungsta
- Kredite umschulden, Raten reduziere
- Lebensversicherungen und Ähnlich
  aussetzen oder reduzieren
- kostenpflichtige Kreditkarten kür
- Spenden aussetzen

Während der Reise
- Miete durch Zwischenvermie
- Auto abmelden und stillege
- Rentenversicherungsbeitr
- Krankenversicherung kur
- Kita- oder Hortbetreuur
  aussetzen. Kitaverbrau

KidsAway
www.kidsaway.de

Vollmacht für Kontaktperson daheim

Der/Die unterzeichnete

_____
[Vor- und Nachname]

geb. am _____
[Geburtsdatum]

wohnhaft in _____
[Straße und Hau

ernennt

_____
[Vor- und Nachname]

wohnhaft in _____
[Straße ur

zu seinem/seiner Ge
geschäftliche Vertre

Der/Die Bevollmäc
der Verwaltung u
gegenüber rechts
berechtigt und v

Der/Die Bevollm
Akten Einsich
geheimnis un
der/die Bevoll
Rechtsgesch
öffentliche E
Empfang zu
welcher Ar
leisten. Po

KidsAway
www.kidsaway.de

Familienvertrag

Ja, wir tun es!

Wir, die Unterzeichneten, beschließen heute, dass wir gemeins

Dafür werden wir bis zum_____
[Datum]
_____ einen Betrag

Wir geloben, nicht müde zu werden, nicht aufzugeben und unseren
verlieren:

eine Reise nach _____
[Land, Weltregion oder Ort].

_____
[Unterschriften all

Checkliste: Fixkosten reduzieren

Vor der Reise
- ☐ Abonnements, Mitgliedschaften und Verträge kündigen oder ruhend stellen (lange Reisen gelten oft als Grund für eine außerordentliche Kündigung)
- ☐ Versicherungen kündigen oder in günstigere Tarife wechseln
- ☐ Festnetzanschluss kündigen (Handy genügt)
- ☐ Rundfunkgebühren kündigen (→ *Müssen wir den Rundfunkbeitrag (GEZ) weiterbezahlen, wenn wir nicht da sind?*, Seite 131)
- ☐ Handyvertrag nachverhandeln (klappt vor allem gegen Ende der Vertragslaufzeit) oder Tarif wechseln
- ☐ Kabelanschluss kündigen (Mediatheken, YouTube.de und eventuell Amazon Prime/Netflix.com genügen)
- ☐ Energieversorger oder Versorgungstarif wechseln
- ☐ Kredite umschulden, Raten reduzieren oder zeitweise aussetzen (→ *Was machen wir mit unserem laufenden Hauskredit?*, Seite 141)
- ☐ Lebensversicherungen und Ähnliches kündigen (Rückkauf aber nur, wenn es sich lohnt), Beiträge aussetzen oder reduzieren
- ☐ kostenpflichtige Kreditkarten kündigen
- ☐ Spenden aussetzen

Während der Reise:
- ☐ Miete durch Zwischenvermietungseinnahmen gegenfinanzieren (→ *Wie können wir während der Reise unsere Wohnung untervermieten?*, Seite 176) oder Wohnung auflösen (→ *Wie lösen wir unsere Wohnung auf?*, Seite 142)
- ☐ Auto abmelden und stilllegen (→ *Was machen wir mit unserem Auto während der Reise?*, Seite 138)
- ☐ Rentenversicherungsbeiträge auf Mindestbeitrag reduzieren oder aussetzen

☐ Krankenversicherung kündigen oder auf Mindestbeitrag reduzieren (→ *Müssen wir während unserer Reise weiterhin unsere Krankenversicherung bezahlen?*, Seite 99)

☐ Kita- oder Hortbetreuungsverträge auf niedrigste Stundenzahl reduzieren oder (wenn möglich) aussetzen; Kitaverbrauchskosten wie beispielsweise Essens- und Bastelgeld wegverhandeln

●● INFO

Einige dieser Vorschläge lassen sich erst während Ihrer Reise realisieren, andere können Sie jetzt sofort angehen und zum Ansparen Ihres Reisebudgets nutzen.

●● TIPP

Diese Checkliste können Sie sich in abgespeckter Form (ohne Querverweise) bei *www.kidsaway.de* (15) kostenlos herunterladen.

Über KidsAway.de

Sind noch Fragen offen?

Auf *www.kidsaway.de* ⑥ finden Sie eine Vielzahl an weiterführenden Tipps, sowohl speziell zur Reisebudget-Planung und zum Sparen als auch generell zum Reisen mit Baby und Kind. Von Interviews mit reisenden Familien über praktische Reisetipps und viele kostenlose Check- und Packlisten bleibt keine Frage offen – und wenn doch, können Sie diese gern in unserer Facebook-Gruppe *Reisen mit Baby und Kind* ⑩ stellen. Hier treffen sich über 1.000 reiselustige Mütter und Väter, die Sie um Rat fragen können und die gern ihre Reiseerlebnisse mit Ihnen teilen.

Sehen wir uns auf KidsAway.de?

- Im Internet: *www.kidsaway.de*
- Bei Facebook: *www.facebook.de/kidsaway*
- Mit Twitter: *www.twitter.com/kidsaway*
- Familien-Reisegruppe bei Facebook:
  www.facebook.de/groups/reisenmitbabyundkind

Bereit zur großen Familienreise?

Für die Tipps und Ratschläge in diesem Buch habe ich mehr als ein Jahr lang recherchiert. Leider kann ich nicht garantieren, dass alle Daten und Angaben zum Veröffentlichungszeitpunkt dieses Ratgebers korrekt und aktuell sind. Gerade im Arbeits- und Sozialrecht und in der Elternzeitgestaltung ändern sich die Gesetze oft. Zur Schulfreistellung reisender Familien wiederum herrschen in jedem Bundesland (zum Teil in jeder Gemeinde!) andere Gesetze und vieles bleibt dem persönlichen Ermessen einzelner Schulleiter oder Sachbearbeiter überlassen.

Wenn Sie Tipps und Informationen aus eigener Erfahrung beitragen können, etwas ganz anders erlebt haben, als ich es dargestellt habe, oder auf einen Fehler in meinen Ausführungen gestoßen sind, dann freue ich mich sehr über eine Benachrichtigung.

Senden Sie Ihre Nachricht bitte direkt per E-Mail an mich (jenny.menzel@kidsaway.de), damit ich die zweite Auflage dieses Buches noch informativer gestalten kann. Vielen Dank!

Jenny Menzel

Kerstin Führer

Fliegen mit Baby und Kleinkind
190 Fragen und Antworten

Ein kompakter Ratgeber für Eltern, die eine Flugreise mit ihrem Baby oder Kleinkind planen. Dieses Buch gibt präzise Antworten auf die dringendsten Elternfragen. Mit zahlreichen Checklisten, Empfehlungen, Vollmachten, Adressen und Internet-Tipps.

KidsAway Verlag, 3. Auflage 2015, 245 Seiten
ISBN 978-3-000-43433-4
14,95 €

www.kidsaway.de

Kerstin Führer · Jenny Menzel

Reisehandbuch für Familien

Praxistipps, Checklisten, Vollmachten, Packlisten, Internet-Adressen, Tipps für Schwangere

Mit diesem prämierten Ratgeber sind Sie optimal für Ihren nächsten Urlaub mit Baby und Kind gerüstet. Enthält Erlebnisberichte und Insidertipps von reiseerfahrenen Eltern.

KidsAway Verlag, 1. Auflage 2015, 478 Seiten
ISBN 978-3-981-70312-2
29,80 €

www.kidsaway.de

KidsAway

Notizen

Die Bildrechte liegen, soweit nicht anders erwähnt, bei KidsAway.de bzw. der Autorin.
Vordere Umschlagseite (Familie): BlueOrangeStudio/Fotolia.de; hintere Umschlagseite Mitte: REISS AUS! family/kidsaway.de; Innenteil: Seite 18 oben: pilostic/pixabay.com, unten: motointermedia; Seite 32: mojpe/pixabay.com; Seite 56 oben: ambermb/pixabay.com, unten: kaboompics/pixabay.com; Seite 72: smackmarco/pixabay.com; Seite 103 oben stevepb/pixabay.com, unten:blickpixel; Seite 119 oben: stevepb/pixabay.com; 136 monika1607/pixabay.com; Seite 165 oben: geralt/pixabay.com, unten: fill/pixabay.com; Seite 196: thetruthpreneur/pixabay.com; Seite 234: lovetotakephotos/pixabay.com; 280 unten: unsplash; Icons: freepik/flaticon.com

© 1. Auflage Dezember 2016
ISBN 978-3-98-170313-9

Werbung
Bei Interesse an einer Anzeigenschaltung in einer folgenden Auflage kontaktieren Sie bitte den Verlag:
KidsAway.de GbR
Friedrich-Naumann-Str. 39
34131 Kassel
E-Mail: info@kidsaway.de